AU CŒUR DU RAID

Ouvrage publié sous la direction de Jean-Baptiste Bourrat.

Les Arènes,
17-19, rue Visconti, 75006 Paris
Tél. : 01 42 17 47 80
arenes@arenes.fr
www.arenes.fr

MARC VERILLOTTE
AVEC KARIM BEN ISMAÏL

AU CŒUR DU RAID

LES ARÈNES

1

J'ai pris deux balles de Mohamed Merah

« Habitue-toi à tout ce qui décourage. »

— MARC AURÈLE

« TUUUHHHT… » Ça klaxonne dans ma tête. Un son assourdissant. Comme une corne de brume qui souffle dans mes oreilles. Un vacarme qui me plonge dans un brouillard aussi visuel qu'auditif. Un bruit omniprésent qui m'extrait de la réalité qui m'entoure. Est-ce que j'ai perdu connaissance ? Je ne sais pas. Voilà que je rampe. Vite ! Me mettre à couvert sous les escaliers. Mohamed Merah vient de me tirer dessus. Il m'a logé une balle dans le casque, au milieu du front. Sous la puissance de l'impact, mon corps a pivoté avec violence. Merde, je suis à sa merci, je lui offre mon dos. Ce mouvement de rotation va me sauver la vie. Une deuxième balle m'arrivait au niveau de la gorge. En vrillant, mon corps s'est plié et tassé. Le projectile me frappe à l'omoplate.

Je m'effondre. Je tombe dans les escaliers. Merah vide son chargeur. Il tire encore, à cinq reprises. Il sait qu'il peut m'atteindre par ricochets. Le béton des murs de l'immeuble se fragmente sous l'effet des balles. Les éclats perforent ma combinaison d'intervention. J'ai les tibias en sang. Je parviens à me mettre à l'abri sous les escaliers. Je m'adosse au mur. Sonné. Ce « TUUUHHHT » insupportable sature l'espace de mon crâne. Je porte ma main à mon casque. Je sens un enfoncement, gros comme une balle de tennis. Au milieu, le sillon creusé par la balle. Je suis dans un état de demi-conscience, persuadé d'avoir une balle dans le front. Je sens que je saigne. J'ai un réflexe d'enfant : je passe ma main sous la visière de mon casque pour toucher mon sang. La chaleur m'envahit. J'ai le front en feu. Je regarde ma main. Rien. C'est un sang fantôme. Je l'ai visualisé mais il ne coule pas. La voix de Némo, un frère d'armes, me sort de la brume. Je l'entends qui gueule : « Marco est touché ! Faut aller le chercher ! »

C'était le 21 mars 2012. On avait été appelés pour intervenir sur un terroriste à Toulouse. On ne connaissait pas encore son identité. On parlait alors du « tueur à scooter ». Il enchaînait les carnages sans que personne parvienne à le localiser. Le 11 mars, il avait abattu Imad Ibn Ziaten, sous-officier dans un régiment parachutiste. Il lui avait tendu un piège sous prétexte de lui acheter une moto. « Mets-toi à plat ventre ! » avait ordonné le tueur à cinq reprises. « Je ne me mets pas à plat ventre, dégage ! » lui avait rétorqué le militaire. L'assassin a ouvert le feu une première fois. Puis son pistolet automatique a eu un raté, alors il a activé la culasse à la main avant de loger une balle dans la tête d'Imad Ibn Ziaten.

Quatre jours plus tard, le 15 mars, à Montauban, il avait de nouveau ouvert le feu sur trois autres militaires : Mohamed Legouad, Abel Chennouf et Loïc Liber qui, lui, survivra mais restera tétraplégique. Ces trois militaires retiraient de l'argent à un distributeur automatique. Il était 14 h 15. Il faisait beau. Des voitures passaient à proximité. À quelques mètres de là, un passant est resté figé, sidéré, devant la scène. Merah passera devant lui à deux reprises, sans même le regarder. Il voulait tuer des militaires. Il a tiré douze balles à bout portant, jusqu'à vider son chargeur. Une caméra GoPro fixée sur sa poitrine a enregistré les images pour en faire un document de revendication et de propagande.

Et puis le 19 mars, encore quatre jours après, vers 8 heures, l'assassin avait fait un carnage dans l'école hébraïque Ozar Hatorah à Toulouse. Il a d'abord mis sur béquille son scooter TMAX sur le trottoir d'en face. Il venait de pleuvoir, il y avait des gouttes d'eau sur le scooter et la route était détrempée. Le tueur a attendu que deux voitures, qui s'étaient arrêtées pour déposer des enfants, repartent. Il a laissé le moteur de son scooter en marche, pour être certain de pouvoir repartir rapidement. Il a ouvert le coffre situé sous la selle de son engin et en a extrait un pistolet-mitrailleur de type Mini Uzi ainsi qu'un pistolet automatique. Il n'a pas refermé le coffre, prévoyant de pouvoir rapidement y ranger les armes à son retour. Puis il a traversé la chaussée. Il n'avait pas encore atteint le trottoir d'en face quand il a commencé à rafaler une dizaine de balles sur un petit groupe qui stationnait devant le porche de l'école. Le pistolet-mitrailleur s'est vite enrayé mais la première rafale a eu le temps d'atteindre un des ados qui est parvenu à fuir dans l'établissement. Tenant l'arme défaillante dans sa main gauche, le tueur a ouvert le feu avec le pistolet automatique qu'il tenait de sa main droite : deux détonations ont claqué en direction de Jonathan Sandler, 30 ans, enseignant dans l'école. Ce père de famille qui tenait son petit garçon de la main gauche s'est tourné pour protéger son enfant et a levé le bras droit de manière dérisoire, comme pour se protéger. Il s'écroule aussitôt après les deux coups de feu. Merah va ensuite viser à deux reprises Myriam Monsonego, 7 ans, qui tente de se réfugier dans l'école. Puis il se lance à la poursuite d'Aryeh Sandler, 5 ans, qui fuit dans la cour après avoir vu son père s'effondrer. Merah l'ajuste dans le dos une première fois, puis le rattrape et lui loge une seconde balle dans la tête. L'assassin va alors revenir sur ses pas pour achever la petite fille aux deux couettes blondes d'une balle dans la tête. Toujours pas rassasié, il revient vers le père de famille pour l'achever. Aux côtés de ce papa, il trouve Gabriel, 3 ans, recroquevillé et pétrifié de terreur. À bout portant, il exécutera l'enfant de trois balles. La barbarie à l'état ultime.

Il est ensuite reparti, a traversé la chaussée. Tiré en direction d'une camionnette blanche qui s'approchait. Le véhicule a tenté de reculer, pour fuir. La culasse du pistolet automatique de Merah est restée bloquée en arrière. Plus de cartouches. Comme face aux militaires, il venait d'en tirer douze. Merah a rejoint son scooter, replié la crosse de son pistolet-mitrailleur et rangé les deux armes dans le coffre. L'a enfourché pour repartir, a calé en actionnant accidentellement le coupe-circuit. La camionnette est passée à sa hauteur alors qu'il était encore sur le trottoir. Merah fuit dans le sens opposé, d'où il est venu. Cinq secondes après être parti, au guidon de son engin, il s'est mis à crier *Allah akbar*.

Les autorités ont déclenché le plan « Vigipirate écarlate », dernier degré d'un dispositif de sécurité d'exception. D'énormes moyens policiers ont été déployés. Les enquêteurs ont effectué des dizaines d'interrogatoires, décrypté des centaines d'heures de bandes-vidéo de la voie publique, des transports en commun ou des commerces. Les fichiers de police ont été recoupés, les listings de relais téléphoniques et les adresses IP d'ordinateurs observés à la loupe. Des milliers de données associatives ou professionnelles ont été croisées. Les enquêteurs ont écouté, suivi, géolocalisé, perquisitionné, traqué, recoupé… Après dix jours d'investigations record, la bonne piste fut remontée. Ce délai était inespéré. Par le passé, en 1995, le terroriste islamiste Khaled Kelkal avait échappé aux forces de l'ordre pendant quatre-vingts jours… Le temps pour lui de supprimer neuf vies, de blesser près de cent cinquante personnes. Entre le 11 juillet 1995 et le 29 septembre, jour de sa neutralisation, il avait enchaîné assassinats, fusillades et placé plusieurs bombes : dans le RER parisien, sur la place de l'Étoile à Paris, dans le TGV Paris-Lyon, dans un square de la capitale ou devant une école juive à Villeurbanne.

Ce 21 mars 2012, nous avons été dépêchés à Toulouse pour assister la police judiciaire dans son enquête. Certaines équipes étaient descendues par la route. Je faisais partie du groupe envoyé par avion. Au départ de l'aérodrome de Villacoublay, on était chargés comme des mulets car notre mission n'était pas encore bien dessinée. En plus de nos tenues, matériels et armes d'intervention, on traînait aussi des affaires civiles pour parer à l'éventualité d'une filature en milieu urbain. À tout ce barda s'ajoutaient, au cas où, nos équipements de surveillance en pleine nature, encore plus volumineux : tenues de camouflage, imperméables, épaisses et chaudes, s'il fallait planquer en milieu rural.

Nous étions hébergés dans les locaux de l'école de police de la Ville rose. J'étais chef d'équipe. Le 20 mars, aux alentours de 16 h 30, j'ai reçu un coup de fil de notre chef opérationnel. Il avait passé la journée en réunion avec les autorités et les différents directeurs d'enquête, nationaux et locaux. Il me chargeait de constituer trois véhicules de trois policiers chacun, pour des filatures en civil censées durer toute la nuit. L'enquête se resserrait autour d'un certain Mohamed Merah, âgé de 23 ans. J'ai organisé la mission comme convenu. Sauf que, une grosse demi-heure plus tard, j'ai reçu un nouvel appel : « Annule le dispositif, Marco ! Préviens les gars : on part sur un serrage de nuit. Briefing en salle de réu à 18 heures. »

Cette réunion s'est tenue dans une ambiance plus pesante qu'à l'accoutumée. Notre chef d'unité, Amaury de Hauteclocque, a tracé les grandes lignes puis a laissé la parole à un collègue des renseignements généraux locaux qui suivait le dossier de l'homme à interpeller. Son curriculum était celui d'un voyou de droit commun, ultra précoce et ultra multirécidiviste : quinze condamnations avant un premier séjour en prison. On nous a ensuite exposé son parcours de radicalisé. Une dérive qui débute en France, par la fréquentation assidue de la mouvance islamiste dure de la région toulousaine. Puis des séjours en Afghanistan et au Pakistan, dans les contrées reculées du Waziristan. Il enchaînera par un chapelet de destinations traçant un Guide du routard du parfait djihadiste. Il fréquente deux écoles fondamentalistes en Algérie, avant de mettre le cap sur l'Égypte. Puis direction l'Irak et le Kurdistan irakien, le Liban, la Turquie, la Syrie, la Jordanie et la Bosnie… Un tas d'éléments d'enquête laissaient à penser qu'il était mêlé aux tueries de la semaine précédente. On nous a brossé le portrait de son frère, lui aussi radicalisé. À interpeller dans la foulée, à 30 kilomètres de là.

La PJ nous a ensuite mis en garde sur l'environnement de l'appartement occupé par Mohamed Merah. Pas dans une grosse cité, mais dans un quartier de non-droit livré au trafic de drogue et très hostile à la police. Les enquêteurs avaient eu du mal à planquer sans se faire repérer. Dans ce contexte, il s'avérerait compliqué pour nous d'effectuer un « serrage piéton », à savoir de l'interpeller sur la voie publique.

Le chef opérationnel nous a ensuite précisé le cadre juridique, stratégique et tactique de notre intervention. On n'entendait pas une mouche voler. On avait affaire à un animal. Des images funestes s'invitent dans nos esprits : les violentes fusillades de Roubaix, en 1996, opposant des anciens du RAID à un commando islamiste suicidaire. Certains d'entre nous ont ressenti ce petit malaise, cette lutte intérieure de celui qui entrevoit une prémonition mais veut en refuser l'idée. Arrêter des droits-communs récidivistes teintés d'islamisme n'est pourtant plus, depuis quelques années, un acte exceptionnel pour nous. Le chef opérationnel a poursuivi son briefing en nous décrivant l'immeuble et le cheminement à suivre pour atteindre l'appartement de Merah, situé entre le rez-de-chaussée et le premier étage. Il nous a décrit l'agencement prévisible des pièces. Puis a exposé l'organisation du convoi de véhicules avec la place de chacun.

Le rassemblement avait été fixé à 2 heures du matin. Les véhicules devaient finir d'être chargés pour 2 h 45, pour un départ prévu à 3 heures. Et une intervention à 3 h 30. J'ai pris la parole à mon tour en tant que chef d'équipe pour exposer les derniers détails tactiques. « On va être divisés en deux groupes d'assaut, Alpha et Bravo. » Deux fois six hommes, soit douze opérateurs, dont j'ai établi le positionnement initial dans la colonne d'intervention. Sur un tableau noir, on a détaillé notre tactique d'approche : ouverture du hall, cheminement jusqu'à la porte de l'appartement. Avec une nuance : on ne peut jamais élaborer strictement l'assaut de bout en bout, en désignant le rôle de chacun dans les pièces, car il est périlleux de faire une confiance aveugle aux plans d'agencement. On doit pouvoir s'adapter, être capables d'improviser si nécessaire.

Fini donc l'opération en civil. L'intervention se ferait en tenue noire et cagoule, avec casque, armement et transmissions. En intervention, on porte sur le dos entre 30 et 40 kilos. Personnellement, j'étais armé d'un Glock 18 C, d'un Glock 26 de secours et d'un fusil d'assaut Molot. À cette charge s'ajoutaient nos boucliers. Ils sont à l'épreuve des balles, mais pèsent entre 15 et 20 kilos. C'est lourd, mais mieux vaut avoir ce surplus encombrant que galérer pour en trouver un si ça tourne mal. De retour en chambre, j'ai fini d'ajuster la préparation de mon matériel : vérification de ma radio, des aides à la visée de mes armes, des lampes, etc. Il était déjà presque 23 heures. Trop tard pour appeler mon épouse et avoir nos enfants en ligne. Je leur avais laissé un petit message dans l'après-midi. « Tout va bien, je vous embrasse. » J'ai réglé mes deux réveils, pour être certain de me réveiller et pouvoir dormir un peu, l'esprit le plus tranquille possible.

À 1 h 30 du matin, j'étais debout. J'ai avalé un Yop au goût coco, croqué une pastille de vitamine C caféinée. Direction le dernier briefing. La situation n'avait guère évolué. Au moment de prendre place dans les véhicules, l'ambiance était toujours un peu plombée. Le réveil ultra matinal n'avait pas aidé à détendre l'atmosphère. Et puis l'analyse objective de la situation ne nous rendait pas sereins. L'affaire n'était pas claire. La piste semblait sérieuse, mais pas totalement certaine. La PJ n'a pas souhaité prendre le risque de fouiner trop longtemps autour de l'individu ciblé, pour ne pas l'alerter et risquer de le voir disparaître, ce qui aurait été une catastrophe.

Après coup, on découvrira que cette menace était bien réelle : on retrouvera trois véhicules dans des boxes loués en espèces. Un scooter, le TMAX utilisé par Merah dans ses trois virées meurtrières. Une Clio de location, payée en liquide, contenant un colt 45 et des munitions. Et puis encore une Mégane, elle aussi de location, avec un vrai arsenal : un pistolet-mitrailleur Uzi, une mitraillette Sten, un fusil à pompe, un revolver 357, deux colts 45 et un gilet pare-balles. Ces deux derniers véhicules, non répertoriés par nos services de police, ont représenté, de manière indirecte, le premier grain de sable dans le déroulement de notre futur assaut. Aux alentours de 18 heures le 20 mars, lorsque fut décidée l'interpellation de Merah, plusieurs équipes d'enquêteurs avaient eu la mission de surveiller discrètement son appartement pour repérer les allées et venues. À ce stade, Merah n'était encore qu'un suspect, sérieux certes, mais simplement suspect. Tout laissait à penser qu'il était présent dans l'appartement. Il avait été vu en train d'ouvrir un volet pour observer le passage d'un hélicoptère de gendarmerie. Il s'était aussi fait livrer une pizza à domicile. Son arrestation avait été fixée aux alentours de 3 heures du matin. En attendant, des enquêteurs planquaient pour le surveiller.

Lorsque nous sommes arrivés sur les lieux, à 3 h 10, rien de particulier n'avait été remarqué. Ni lumière dans l'appartement, ni sortie, ni entrée. Le suspect était dans son appartement, point. En tout cas, c'est ce qu'on nous avait assuré. La réalité, qu'on découvrira après coup, est que Merah était sorti de chez lui. Vers 23 heures, il s'est offert une virée en ville dans sa Mégane. Il a enchaîné les coups de fil depuis une cabine téléphonique : à BFM TV, I-Télé et Al Jazeera. Et surtout à France 24, avec qui il a eu une longue conversation dans laquelle il revendiquait ses attentats. Puis il est rentré à son domicile vers 2 heures, ni vu ni connu. Sans jamais être repéré par les enquêteurs. Lui ne manquera pas, plus tard, de se vanter auprès de notre négociateur de les avoir repérés. Peut-être était-ce du bluff, mais la boulette était faite.

On devait investir son appartement vers 3 h 30, pour profiter au maximum de l'effet de surprise. On voulait choper un mec dans son sommeil, on est tombés sur un gars parfaitement réveillé, tendu comme une arbalète, qui venait de rentrer chez lui depuis moins de trois quarts d'heure. Il se délassait devant sa télévision. Mauvais scénario pour nous. Mais ça aurait pu être pire : il aurait pu rentrer une heure plus tard et nous tomber dessus à revers. Ou bien rentrer une heure et demie plus tard, et prendre la fuite après nous avoir aperçus. Avec le recul, nous ne blâmons même pas nos collègues de l'investigation. On sait qu'il est compliqué de réaliser des surveillances discrètes dans ces quartiers où règnent les trafiquants de stupéfiants. Merah était sans emploi et n'avait pas d'horaires réguliers. De plus, son immeuble disposait de deux sorties. Le voir filer dans la nature ou prendre des otages aurait été une catastrophe, nous avons donc fait le choix, pourtant risqué vu l'éventualité qu'il détienne de l'explosif, d'aller le cueillir à son domicile.

À l'heure « H », rien n'a tourné rond. L'appartement était sans lumières et sans aucun bruit. On a décidé de casser sa porte avec un vérin hydraulique silencieux. Il dispose d'une capacité de pression de plus de dix tonnes, à laquelle aucune porte blindée ne peut résister. La porte s'est entrouverte de 10 centimètres, mais notre équipe d'assaut n'a pas eu le temps d'investir les lieux. À l'affût, Merah a ouvert le feu sur nous à travers la porte, à de multiples reprises. Deux projectiles ont frappé un collègue au plexus. Par chance, ils ont été stoppés par son gilet pare-balles, particulièrement renforcé à cet endroit. Très véloce, Merah a ensuite tendu un pistolet automatique dans l'entrebâillement de la porte pour tirer sur notre collègue miraculé. Resté debout, notre copain a tenté de se mettre à l'abri du côté des appartements voisins. Merah lui a tiré dans le dos, sans parvenir à le toucher.

Merah ne paniquait pas. Protégé par 60 centimètres de mur porteur, il a ensuite dirigé sa deuxième arme dans l'autre sens, côté escalier, pour tirer à cinq reprises sur notre colonne d'assaut. Trois balles ont été stoppées par le bouclier tenu par un premier collègue. Mais deux autres balles sont parvenues à passer. La première était sacrément vicieuse : elle a snobé les dix premiers collègues pour frapper le onzième de la colonne. Elle a traversé sa genouillère et lui a fait deux trous au-dessus de la rotule. La seconde balle a eu un parcours plus incroyable encore : elle a frôlé les douze policiers de la colonne sans en toucher aucun. Puis, après avoir ricoché contre le mur du fond, elle est revenue atteindre la fesse d'un capitaine, le chef du groupe d'alerte, placé en treizième position. Bien plus tard, on en rigolera en se disant que l'ogive en voulait personnellement aux officiers, et qu'elle n'avait pas eu le temps de lire le grade au premier passage. La blessure du capitaine n'était pas profonde et il gardera courageusement son poste. Plus tard, ce même officier sera de nouveau touché, à la trente-troisième heure de notre intervention, au moment de l'assaut décisif. Au plus chaud de la fusillade finale, notre capitaine sautera du balcon de Merah, devenu un véritable piège à projectiles, et prendra une balle dans le casque. Touché alors qu'il est en l'air, l'impact lui fera perdre connaissance. Il atterrira sur le ventre comme un pantin désarticulé, alourdi par ses 30 kilos de protection balistique. Il sera récupéré, inconscient mais en vie, par deux copains du groupe d'assaut.

Merah nous attendait, et nous a accueillis. Dès la première minute de notre intervention, il a tiré à une douzaine de reprises. De quoi nous confirmer qu'il était la bonne cible, le sanguinaire « tueur au scooter ». Sa réaction à notre présence a été fulgurante. À l'abri derrière le mur porteur, il tirait en tendant le bras droit vers la gauche, puis dans un crochet de son bras gauche ouvrait immédiatement le feu vers la droite. Il tenait des colts 45 de calibre 11,43 mm, ces pistolets automatiques que les GI utilisaient durant la Seconde Guerre mondiale. Ceux des nôtres qui n'avaient pas vu mais juste entendu ses armes vont faire remonter l'information qu'on se faisait tirer dessus au fusil d'assaut. Merah n'en avait pas. De notre côté, on a réagi instantanément, sans parvenir à le toucher. C'est un collègue, positionné en protection de notre binôme d'effraction, qui a riposté le premier. Merah s'est alors mis à gueuler : « *Allah akbar !* » « Libération Palestine ! » « J'aime la mort autant que vous aimez la vie ! » Voilà qui en disait long sur son état d'esprit.

Nous avons reflué pour nous mettre à couvert. Il nous fallait renforcer notre position et changer de tactique. Fini l'effet de surprise. Merah s'était retranché et il allait être difficile de le débusquer pour l'interpeller. On redoutait qu'il ait installé des pièges et qu'il fasse sauter tout l'immeuble à l'explosif, comme les terroristes de Leganés, en Espagne, en 2004. Recherchés après les attentats de Madrid du 11 mars, quatre radicalisés s'étaient fait exploser à l'arrivée des forces de l'ordre. Un policier avait trouvé la mort, onze autres avaient été très gravement blessés.

Dans les heures qui vont suivre, Merah va tirer à plus de soixante-dix reprises : à travers la porte, dans la direction de la colonne d'assaut, et par les fenêtres, dans la direction de nos hommes postés dehors. En tout, sept séquences de tirs.

Il parlait beaucoup. Il se présentait comme djihadiste. Il racontera avec force détails et une grande froideur ses méfaits inhumains, et ceux qu'il projetait de faire. Tout sera enregistré et acté par un officier de police judiciaire et un représentant de la justice. On ne s'attendait pas à ce qu'il cause autant à notre négociateur. À tel point qu'on ne disposait pas d'enregistreur adéquat. Heureusement, on a pu compter sur l'iPhone flambant neuf d'un enquêteur. Ce téléphone sera ensuite mis sous scellés pendant quatre ans, à disposition du juge d'instruction pour enquête. L'inspecteur n'a jamais pu obtenir que l'enregistrement soit transféré sur un autre support. Un avocat aurait pu saisir l'opportunité de plaider la manipulation de l'enregistrement. On découvrira plus tard que Merah ne fabulait pas. En fouillant son appartement, on retrouvera la caméra GoPro qu'il fixait à sa poitrine et avec laquelle il filmait tous ses assassinats, et même ses repérages. Son intention était de faire de la communication, comme le font les terroristes de la nouvelle génération. Ces vidéos serviront à l'enquête, dont les principaux objectifs seront d'essayer de remonter son réseau et de mieux comprendre son cheminement. Dans l'espoir d'éviter que d'autres ne suivent la même voie. Hélas, trois ans plus tard, en juin 2015, on dénombrera mille sept cents Français partis faire la guerre du côté des djihadistes en Syrie.

Les images qu'on retrouvera plus tard chez Merah nous confirmeront qu'il avait suivi un entraînement aux armes très sérieux, ce que nous avions perçu dès les premiers échanges de coups de feu. Sa tactique était celle d'un professionnel : il savait modifier son tir selon qu'il visait des cibles multiples ou isolées. À l'instar des tactiques que nous utilisons dans l'unité lorsque nous faisons face à plusieurs individus. Il savait rester méthodique, physiquement et intellectuellement, en dépit du stress. Et il avait une grande rapidité d'exécution, au point qu'on a longtemps pensé qu'il disposait d'un fusil d'assaut alors qu'il n'avait que des pistolets automatiques. En pleine action, il était apte à changer de chargeurs. Il savait tirer en se déplaçant. Il cheminait rapidement sur des axes qu'il avait préalablement aménagés avec intelligence dans son appartement. Il utilisait à bon escient les abris procurés par les meubles. Après ses coups de feu, il savait sortir de ses postes de tir. Il était capable de garder son arme dans l'axe lors des *double taps*, une technique de tir complexe à maîtriser. Elle consiste à tirer deux, trois, ou quatre cartouches presque dans un même temps pour augmenter l'effet de choc à l'impact. Sa vitesse de tir n'altérait pas sa précision. Il maîtrisait ce qu'on appelle les « tirs de réaction », sans prendre le temps d'ajuster l'œil, le guidon et le cran de mire de l'arme avec la cible. Il tirait « à la palestinienne », sans visuel sur sa cible ni sur son arme, juste avec sa mémoire gestuelle, ce qui lui permettait de rester derrière un abri en n'exposant que son arme. Maîtriser cette technique demande beaucoup d'entraînement, en quantité, en qualité et en régularité, car il faut développer une mémoire kinesthésique qui s'obtient sur le long cours. Il ne s'était pas formé sur YouTube mais dans des camps. Tenir une arme à l'horizontale ou dans une direction précise, puis la maintenir ainsi en faisant feu, sans la regarder, avec seulement la sensation physique de la prise en main et la représentation mentale que cela projette, est une affaire de professionnel. Impossible de le faire d'instinct, ni même avec un simple cursus d'entraînement en stand de tir sportif. Encore moins avec sa prétendue pratique régulière du paintball ou des jeux vidéo, qui « divertissent » en apprenant à tuer. Nous faisions face à un terroriste ultra entraîné. Pas du tout un « loup solitaire » ou un simple « tueur au scooter », tel que les éléments de langage politiques auraient voulu le laisser penser. Même s'il a commis quelques erreurs de manipulation, comme faire tomber un chargeur lors de l'assassinat des trois bérets rouges, il est indéniable que Merah avait été très solidement formé par une structure paramilitaire.

J'ai eu l'occasion de visionner les images des assassinats que Merah a filmées avec sa caméra GoPro. Les meurtres des enfants de l'école juive Ozar Hatorah ou des militaires parachutistes. C'est mon job. Je me dois de connaître mon ennemi. Mais là, j'ai vu des images d'une cruauté sans nom. Insoutenable. Tous ceux qui les ont visionnées m'ont dit la même chose : « Je n'aurais jamais dû regarder... » On en ressort muet. Ce qu'on voit nous plonge dans un abîme de honte et de haine. On voit Merah loger des balles dans des têtes d'enfants sans défense. Ces images sont plus qu'oppressantes. C'est comme si elles faisaient grandir en nous une espèce de bête qui se retrouverait soudain trop à l'étroit dans notre corps. On sent quelque chose de toxique se répandre en nous, dans nos os et jusqu'à notre âme. La majorité d'entre nous avons déjà vu des cadavres et des scènes ignobles, lors d'interventions ou même en vidéo, lors de formations. Il m'est déjà arrivé de marcher sur un mort en intervention. Dans ces moments-là, nulle place pour l'émotion. Mais devant la barbarie de Merah, il y a de quoi s'effondrer. Impossible de prendre de la distance, même si nous sommes des professionnels. Merah surprend des anonymes dans leur quotidien pour les tuer, les blesser, les poursuivre, et les exécuter. Leur regard nous semble familier. On ressent leur détresse, physiquement. Elle devient la nôtre. L'intonation de leurs cris résonne comme s'il s'agissait de membres de notre propre famille.

En analysant ce que j'ai ressenti devant ces images, je comprends pourquoi les terroristes s'appliquent à regarder des scènes d'assassinats, de décapitations. Ainsi, ils s'accoutument à la haine, la renforcent et l'entretiennent. Ces méthodes sont employées en Ouganda ou en Sierra Leone pour conditionner des enfants-soldats. Les mômes sont kidnappés très jeunes, vers 7 ou 8 ans. Ils sont témoins de violences sur leur famille, qu'ils voient ensuite assassinée devant eux. Ils se font tabasser et grandissent dans la menace et l'insécurité. Ils sont initiés au massacre sur des animaux puis se font la main sur des villageois. Les drogues leur permettent de franchir les dernières inhibitions mentales. Une fois le cap de l'inhumanité franchi, la barbarie devient mécanique, technique. En visionnant les exécutions commises par Merah, j'ai eu le sentiment d'avoir perdu un peu de ma foi en l'humanité.

Et j'ai failli perdre ma vie face à lui.

Quelques minutes après la fusillade de 3 h 10, nous nous sommes donc réorganisés. Je me suis retrouvé positionné dans le renfoncement de la cage d'escalier, en contrebas du demi-palier, bien protégé, avec une vue parfaite sur sa porte. S'il était venu à l'ouvrir pour se rendre, comme on le lui demandait, ou pour tenter une manœuvre de fuite ou d'attaque, j'aurais eu un angle d'observation ou de tir parfait. Vers 5 h 15 du matin, j'ai cru être sous l'emprise d'une hallucination. Juste devant l'appartement de Merah se tenait une femme. Incroyable ! Malgré les échanges de tirs nourris qui avaient fait un barouf d'enfer, elle était là, absolument inconsciente du danger. La porte était criblée de balles, elle marchait sur les douilles métalliques expulsées par les armes. Au pied de la porte, elle ne pouvait pas manquer notre vérin hydraulique, qui ne passe pas inaperçu avec ses 43 kilos de métal et de fibres de carbone. Il lui fallait l'enjamber, car cette quadragénaire tenait coûte que coûte à passer. Peut-être une forme de déni du stress la poussait-elle à se rendre à son travail comme si de rien n'était. Il lui fallait ensuite descendre les marches au pied desquelles se tenait notre « Ramsès », un bouclier de protection de près de 180 kilos qui ressemble à un sarcophage monté sur roulettes. On le déploie dans les situations les plus critiques, et celle-ci en était une.

Derrière notre bouclier étaient positionnés des collègues cagoulés et armés. Notre négociateur venait d'avoir deux heures d'échanges verbaux quasi continus avec Merah. Et voilà que cette ingénue se tenait là, impassible au cœur de l'action. Je lui ai hurlé d'avancer. J'ai remonté les huit marches depuis ma cachette pour aller à sa rencontre. Un collègue venu du couloir adjacent m'a précédé pour la saisir et la dégager de là. Par bonheur, Merah n'a pas ouvert le feu. Je me suis replacé à mon poste avec l'impression étrange d'avoir rêvé.

Trente minutes après cette scène, après avoir obtenu l'accord radio de mon chef opérationnel, j'ai pris l'initiative d'ajuster le positionnement de notre vérin hydraulique. Il avait besoin d'être remis en place pour pouvoir presser sur la porte avec efficacité. En silence, j'ai passé les mains entre les barreaux de la rampe d'escalier pour tenter de le décaler discrètement. J'ai essayé de le mettre en action. Impossible. Quelque chose bloquait. Il me fallait aller voir ce qui gênait. Par radio, en chuchotant, j'ai exposé le problème au collègue en mesure de me couvrir, positionné derrière le Ramsès. D'un clin d'œil, on s'est mis d'accord. Il me fallait remonter les huit marches du demi-étage où j'étais posté afin de m'ouvrir un angle de vue, donc m'exposer à découvert, à 2,50 mètres de la porte de Merah. J'ai tendu légèrement la tête, à peine 10 centimètres au-dessus des marches qui me protégeaient. Rien à faire: impossible de voir ce qui bloquait le vérin. Je me suis alors redressé un peu plus. Trop. J'ai soudain eu la sensation d'être nu. Je me suis tassé rapidement pour renoncer à mon exploration et mettre ma tête à l'abri. La main sur mon connecteur radio, je m'apprêtais à expliquer qu'il serait plus sûr de me faire passer un miroir ou une fibre optique. Hélas, je n'ai pas eu le temps de parcourir les 20 centimètres qui me séparaient de mon abri. Merah m'épiait à travers un trou dans sa porte créé par les précédents coups de feu. J'étais resté plus de deux heures dans ce renfoncement, sans parler ni faire aucun bruit. À peine le bout de mon canon de calibre 12 mm dépassait-il… Mais la séquence funeste avec la femme sur le palier me sera fatale.

Merah m'épiait et me guettait. Il a ouvert le feu avec précision. Tout s'est passé très vite. Une balle de colt 45 pèse 15 grammes et se déplace à près de 290 mètres par seconde. Impossible de l'éviter, quand bien même elle a la délicatesse de prévenir de son arrivée par une détonation explosive au départ de la culasse.

Une première balle a frappé mon casque en plein front et vient se loger dans le blindage en Kevlar. « TUUUHHHT… » Me voilà au sol, empesé dans un brouillard comme si Mike Tyson m'avait décroché une droite. J'ai eu un moment d'absence interrompu par la voix de mon pote Némo. « Marco est touché ! Faut aller le chercher ! » Mon épaule gauche me faisait mal, pourtant j'arrivais à bouger le bras. J'avais la sensation de saigner mais je ne voyais pas de sang. Ces incohérences, semblables à un mauvais rêve, m'ont fait revenir à la réalité. Une petite voix en moi a surpassé le « TUUUHHHT… » assourdissant pour me dire : « Arrête de te regarder le nombril maintenant ! Pense aux copains ! » Il me fallait mettre fin à mon introspection. J'ai appuyé sur mon commutateur radio, à gauche de ma poitrine, et annoncé sur la fréquence commune : « Je suis touché à la tête et à l'épaule mais je vais bien ! Ne venez pas me chercher, je m'évacue tout seul par les sous-sols. » Pas la peine de risquer la vie d'autres collègues. J'ai rampé un peu, puis je suis parvenu à me remettre debout. Avant l'intervention, discrètement, j'avais ouvert la porte donnant sur les caves et le parking. Je l'avais bloquée avec un extincteur, au cas où. Du fait de ma position dans la partie la plus basse de cette cage d'escalier, je m'étais dit qu'en cas de lancers de grenades il y avait des chances qu'elles me roulent dessus. Alors je m'étais organisé cette issue de secours.

On est formés à toujours envisager le pire. J'ai avancé, clopin-clopant, et me suis retrouvé face à une autre porte, fermée. Au moment de l'ouvrir, j'ai eu une hésitation : je redoutais de prendre une balle amie d'un des collègues sécurisant le périmètre. J'ai aperçu une ombre, une policière du RAID. Elle m'a guidé jusqu'au véhicule des sapeurs-pompiers. Ils m'ont allongé puis ont découpé ma combinaison et mon tee-shirt avant de me conduire à l'hôpital de Purpan. Ma blessure à l'épaule était bénigne. Ma combinaison avait un trou entrant au niveau du bas de l'omoplate et un trou sortant, moins propre, 9 centimètres plus haut. Mon épaule allait bien, la balle avait raclé l'omoplate sans la perforer. La peau et le peu de chair recouvrant l'os avaient juste été labourés et brûlés sur 8 centimètres. La balle dans mon casque, elle, avait été freinée in extremis, par la dernière couche de Kevlar. Ce type de matériau est, à poids égal, cinq fois plus résistant que l'acier. L'ultime couche avait bombé sous l'impact, mais n'avait pas rompu. C'est cette déformation due à la balle qui m'a assommé, à la manière d'un coup de batte de baseball. À l'extérieur, je n'avais qu'un hématome et des ecchymoses de 6 centimètres sur 2. En revanche, scanners et IRM révéleront que le choc avait occasionné une hémorragie cérébrale. Je suis resté quarante-huit heures en observation. Après quelques heures d'incertitude, elle finira par se stabiliser. Je l'ai échappé belle.

L'intervention marathon face à Merah a duré trente-trois heures. Pour moi, elle a cessé après deux heures et demie de présence. J'ai suivi une grande partie des trente heures restantes depuis l'hôpital. À mes côtés dans la chambre, il y avait mon collègue blessé au genou lors de l'assaut initial. Le médecin du RAID nous donnait des renseignements précieux sur le déroulement de la situation. C'était important pour nous : sur un lit, on ne se sentait pas à notre place.

À 7 heures du matin, j'ai tenu à téléphoner à mon épouse. Je savais qu'elle venait de se réveiller et je redoutais qu'elle apprenne par la radio que le RAID déplorait des blessés. J'avais peur qu'elle panique, qu'elle ait un accident en conduisant les enfants à l'école. « Salut mon cœur. Il y a eu des blessés durant l'intervention mais tout va bien. » Mon appel n'a pas eu l'effet escompté. « Mais tu es où Marc ? – À l'hôpital, mais tout va bien, rassure-toi. Je fais partie des blessés, mais tout va bien. – Comment ça, tu es à l'hôpital ? T'es blessé où ? – Ben, à la tête et à l'épaule mais ça va bien. ». Les mots « hôpital » et « blessé à la tête » ne s'accordaient pas trop avec mon « tout va bien ». Elle a éclaté en sanglots. Elle pensait que je lui mentais, que je minimisais mes blessures pour la rassurer. « J'arrive ! – Non, pas la peine ! Les tests IRM sont bons, des copains vont rester avec moi et me remonteront sur Paris. » Notre conversation m'a remué.

Puis je me suis retrouvé seul sur mon lit d'hôpital, l'œil fixé sur les chaînes d'info. Inquiet et impuissant, prisonnier d'un climat anxiogène. Je mesurais la distance abyssale entre le rôle d'acteur et celui de spectateur. Des collègues m'ont livré les détails de l'opération. Ils ont tout fait pour prendre Merah vivant, ils ont négocié, cherché des solutions, tenté des manœuvres, pendant trente-trois heures… Lui aura raconté sa vie pendant près de vingt heures, sans que personne ne parvienne à décrypter son vrai but. Il ne cessait de faire des promesses de reddition, il assurait qu'il allait se rendre « dans deux heures ». À 23 heures, la seconde nuit, il a estimé avoir tout expliqué, plus rien à dire. Il se plongera dans le mutisme. Il avait fait le choix d'en finir.

Pourtant, le dénouement attendra encore douze longues heures. Une attente durant laquelle le RAID a voulu l'épuiser et l'empêcher de dormir, en lançant des leurres pour l'inquiéter quant aux possibilités d'assaut imminent. Ses volets métalliques ont été pulvérisés par des grenades spéciales, tirées au fusil. Régulièrement des grenades assourdissantes étaient projetées dans son appartement. Une quinzaine. Son domicile était violemment éclairé, pour l'aveugler en cas d'initiatives de sortie. Un de nos radars l'avait localisé dans la salle de bains. Il n'en bougera pas de la nuit. Il s'était aménagé un nid dans la baignoire, avec couvertures et oreillers. Un assaut rapide pour le déloger était difficilement envisageable. Une de nos grenades avait pété les canalisations, son appartement était inondé. Dans ce champ de bataille, il s'était aménagé des petits chemins à couvert pour pouvoir faire feu puis se replier. Il avait disséminé différents objets au sol pour nous faire obstacle en cas d'irruption.

Au matin du 22 mars, l'assaut final nous a tout de même été ordonné. La « société civile » ne pouvait pas laisser un quartier paralysé pendant des jours. Plus de deux mille personnes du voisinage avaient été évacuées pour raison de sécurité. Dans leurs retransmissions en direct, radios et télévisions ne cessaient de supputer. Entre experts du « y a qu'a, faut qu'on » et du « y a plus qu'à », les cachetonneurs de plateaux en mal de publicité se relayaient devant les caméras. En entendant leurs approximations et leurs âneries, je bouillais de colère. « Ils sont soixante contre un et ils n'arrivent pas à l'attraper ? » La naïveté rivalisait avec la mauvaise foi. Parmi les pires, l'ancien patron du GIGN Christian Prouteau était venu faire son show. « Il suffirait de gazer ! » Sauf que, contrairement à la police russe, l'usage de gaz – soporifique ou incapacitant – est interdit en France, et ce pour une raison simple : les produits actifs de ces gaz sont à double tranchant. Ils peuvent tuer à cause de réactions allergiques ou se retourner contre les policiers. Ancien opérationnel, Prouteau le savait bien, mais il ne pouvait résister à la tentation de faire briller son ego. Dans un monde tout rose, on aurait envoyé des grenades lacrymogènes à Merah, il serait sorti avec les yeux tout rouges, en toussant un peu, il se serait excusé du dérangement occasionné, il aurait avoué ses meurtres dans la foulée, et on l'aurait embastillé pour les vingt années à venir. Dans un monde un peu plus réel, que se serait-il passé si après des salves de gaz lacrymogène Merah n'était pas sorti, comme c'est souvent le cas avec des individus déterminés ? Il m'est arrivé d'intervenir sur des go fast où les conducteurs, malgré une grenade lacrymo dans l'habitacle de leurs véhicules, continuent de rouler, parfois même à contresens sur l'autoroute. Prouteau, qui sait tout, serait-il venu nous aider à pénétrer dans l'appartement de Merah saturé de gaz pour qu'il ne périsse pas étouffé ? Ou alors aurait-il crié à l'exécution barbare, à la peine de mort arbitraire, voire évoqué les pires heures de la Seconde Guerre mondiale ?

Bien avant les attentats de 2015, Merah a préfiguré un nouveau type de menace djihadiste, impliquant un radicalisé déterminé à mourir depuis le début. Dans un tel cas de figure, les solutions ne sont pas légion. Nos hommes commençaient tous à fatiguer. Une équipe de renfort nous avait rejoints la veille vers 19 heures. Notre commandement a pris la décision d'effectuer une progression très lente et très précautionneuse vers la salle de bains où il était retranché. Au même moment, certains médias propageaient la rumeur qu'il était déjà mort, tué par les grenades lancées ou suicidé au moment des derniers coups de feu. Élucubrations.

En réalité, vers 11 h 15 du matin, nous avons entamé notre progression en trois mouvements. Un groupe d'assaut s'est rapproché de la porte. Un autre groupe a escaladé le balcon de son appartement, situé au premier étage. Enfin un troisième groupe a creusé un trou de la taille d'un ballon de rugby à travers le mur de sa salle de bains. En entendant les bruits de pioche, Merah a jailli de la pièce d'eau pour tirer sur la colonne d'assaut qui se présentait à la porte d'entrée de son appartement. Il portait un gilet pare-balles sur le torse et une sacoche en bandoulière contenant des chargeurs de rechange. Puis il s'est rué vers son balcon pour tenter de s'enfuir. Là, tous nos hommes ont riposté. Il a reçu plusieurs balles dans le gilet, ainsi que plusieurs balles létales, dont une de calibre 7,62 mm tirée par un de nos snipers. Il est tombé sur le dos au pied de son balcon. Dans son corps sans vie, on a remarqué qu'il faisait un signe du majeur. Un dernier réflexe musculaire ? Une dernière insulte à la vie ?

Deux autres copains ont été blessés lors de cet assaut final. L'un à la tête et l'autre au pied. Plusieurs autres seront sauvés, les uns par leurs protections balistiques, les autres par la chance. Une fois rentrés à Bièvres dans l'Essonne, au siège du RAID, on a découvert sur les murs du couloir qui dessert nos bureaux des centaines de messages. Ça a duré plus de six mois. Sur une vingtaine de mètres, de part et d'autre, s'accumulaient des témoignages d'affection. Des télex, des e-mails de services de police et d'unités militaires de France et du monde entier auxquels se mêlaient des dessins d'enfants, colorés et émouvants. Il y avait aussi des lettres manuscrites poignantes. Des anonymes de tous horizons.

Au fil des jours, j'ai mesuré la chance que j'avais eue avec cette balle au milieu du front. Un scanner a révélé une cicatrice sphérique de 6,8 mm de diamètre dans mon cerveau, à un centimètre et demi de l'os crânien, dans l'axe de l'impact. Je n'ai pas trop de séquelles si ce n'est un sifflement continu que j'entends quand le silence règne dans la maison. Certaines nuits, ça m'empêche de trouver le sommeil. Cet acouphène devient plus présent les jours où je suis fatigué. Il ne partira jamais. J'en ai pris mon parti. Quand je passe l'aspirateur, lorsque je bricole avec la perceuse ou que je tonds le gazon, je me protège avec des bouchons antibruit dans les oreilles pour ne pas l'aggraver.

Mon casque en Kevlar ne m'aura pas quitté pendant tout mon séjour à l'hôpital. De retour au service, la justice l'a réquisitionné pour le mettre sous scellés. Avait-elle vraiment besoin de cette pièce à conviction pour prouver que Merah avait de mauvaises intentions ? On a trouvé cela gonflé… on aurait préféré le garder dans notre petit musée de l'armurerie, ou d'autres casques et boucliers impactés sont exposés pour faire la leçon aux nouvelles recrues. Ce casque providentiel devait être rendu au RAID en fin de procédure. On ne l'a jamais revu. J'ai appris, deux ans plus tard, qu'il traînait dans le bureau d'une huile au ministère de l'Intérieur… Sans qu'on m'ait demandé quoi que ce soit. Sans qu'on ait rien demandé aux hommes du RAID. Bah !

J'avais été blessé à la tête par un djihadiste, et voilà que les neurologues m'indiquaient une prescription de taliban : pendant trois semaines, je devais rester au repos et faire preuve d'abstinence. Interdiction de faire un câlin à mon épouse. Pas question, non plus, de boire un coup ou de faire un peu de sport. Il me fallait éviter que les vaisseaux fragilisés de mon cerveau ne se dilatent et rompent à nouveau…

J'ai respecté les consignes du neurologue parisien. Mais je n'ai pas osé lui dire que la veille, en sortant de l'hôpital sans cette mise en garde, j'avais déjà trinqué avec les copains, trop heureux d'être en vie et de prolonger mon bail sur terre.

2

Avant la rue, le tatami

« L'homme raisonnable s'adapte lui-même au monde. Celui qui est déraisonnable persiste à vouloir adapter le monde à lui-même. Aussi, tout progrès dépend-il de l'homme déraisonnable. »

— GEORGE BERNARD SHAW

« Pan ! Panpan ! T'es mort ! » Le bruit s'échappait d'un buisson ou surgissait de l'angle d'un mur. Là, il fallait tomber à terre, puis compter jusqu'à cinquante, « Un, deux, trois, quatre… », avant de pouvoir revivre. Et repartir ! C'était ma guerre, dans la Haute-Marne de mon enfance, dans les années 1970. On s'amusait bien avec les copains, autour de la maison familiale, et dans les forêts avoisinantes. On se fabriquait des fusils à partir de vieilles planches de contreplaqué sur lesquelles on greffait des pièces de tracteurs, dénichées dans les granges. Une boîte de camembert faisait office de super-chargeur, à la manière des anciennes mitraillettes Thompson utilisées par Al Capone et la pègre du Chicago des années 1930. Un vieux tube métallique se transformait en canon superposé pour un fusil de chasse. L'imagination ne nous faisait jamais défaut.

On troquait parfois nos armes à feu pour des épées de bois. Nous devenions mousquetaires du roi. Ou alors on détalait à toutes jambes pour aller chercher nos arcs et nos flèches. Leurs empennages étaient faits de vraies plumes, taillées par nos soins pour les rendre plus stables. Nous avions aussi des lances en bois de noisetier et, bien sûr, des boucliers en carton pour nous protéger. On était des guerriers apaches, des Comanches ou des Arapahos. On se visait les uns les autres à une trentaine de mètres. Sur mon front, juste à côté de la cicatrice laissée par la balle tirée par Mohamed Merah en 2012, j'ai une estafilade encore bien visible, un souvenir de nos assauts ardus entre tribus. La lance d'un copain m'a frappé au moment où je me baissais pour en ramasser une au sol. Bilan : quelques points de suture et une remontée de bretelles bien poivrée de mes parents.

Première leçon : toujours rester vigilant. « Un train peut en cacher un autre », comme prévenait le panneau de signalisation, sur le bord de la ligne de chemin de fer, non loin de la maison. En colonie de vacances avec l'Association touristique des cheminots, le métier de mes parents, j'avais aussi appris à fabriquer des flèches indonésiennes (celles qu'on projette très loin, avec une cordelette), et aussi des boomerangs australiens. On limait nous-mêmes les bords pour affiner la courbe et améliorer la pénétration dans l'air.

Ces guerres avec mes camarades, je les ai livrées d'instinct, sans autres exemples que ce que je voyais à la télévision. Dans la famille, il n'y avait ni policier ni militaire. Le seul que j'ai trouvé dans ma généalogie a eu la tête tranchée. Il s'appelait Étienne Philippe, était né comme moi à Langres, en Haute-Marne. Il avait 20 ans. Sous-lieutenant au 7e régiment de hussard, il fut condamné à mort, le 8 prairial an II (27 mai 1794), par le Tribunal révolutionnaire de Paris. Déclaré « complice » des manœuvres pratiquées par le général Dumouriez. La Convention nationale, qui dirigea la France révolutionnaire entre septembre 1792 et octobre 1795, avait alors accusé ce général de trahison. Coupable de « tentative d'ébranler la fidélité des soldats envers la nation » et aussi d'avoir voulu « exécuter le projet de faire passer à l'ennemi deux escadrons du 10e régiment de hussards ». Bon. Le genre de passé qui ne vous prédestine pas forcément à une carrière dans le RAID.

Mes frères d'armes en bois de l'époque sont tous devenus cheminots. Je suis le seul à être resté fidèle à nos rêves de mômes.

Lorsque j'eus 12 ans, mon père a tenu à ce que je m'inscrive à une activité, culturelle ou sportive, peu lui importait, pourvu que j'aille dans un club. Il en avait marre de me voir tourner, à ma guise, autour de la maison, avec des fusils de bois. Soit. J'ai fait un an de foot, sans émotions. Je me suis inscrit au judo. Ça n'a pas été simple de franchir le seuil. Ma mère était allée voir le prof pour lui demander si ce n'était pas trop dangereux, vu ma constitution. C'est une campagnarde élevée à la dure. Elle me trouvait trop frêle pour un sport de combat. Trois ans plus tard à 16 ans, j'ai décroché ma ceinture noire. Puis, à

19 ans, j'ai intégré l'équipe de France junior. À 25, j'étais sélectionné en équipe de France senior avant de remporter le tournoi de Paris, un des trois plus grands du monde.

Voilà qu'à 33 ans, ma maman a vu son petit garçon qu'elle trouvait si chétif intégrer le saint des saints de la Police nationale : la section d'intervention du RAID. Pour y rester vingt ans ! Comme quoi, il ne faut jamais s'inquiéter, travailler encore et encore ; le corps s'adapte à la volonté.

Pas servi par un physique herculéen, j'ai envisagé dès mes débuts le judo de manière atypique. Je sollicitais mon cerveau autant que mes muscles. J'ai croisé un tas de gars doués dès le départ, sûrs de leur talent, trop confiants. Ils finissaient par se reposer sur leurs acquis, ils ont fini par stagner. Quand l'entame est difficile, on apprend mieux à observer, à réfléchir. On devient plus créatif. La créativité est en harmonie avec les lois de la nature : l'adaptabilité dirige le monde, elle permet aux espèces de survivre. J'en ai fait le socle de mon état d'esprit.

Quand je m'adonne à une activité, n'importe laquelle, j'ai très vite le réflexe de me singulariser, de trouver un angle d'attaque original qui me correspond mieux. Quel que soit l'enjeu. Même lors d'une partie de mini-golf avec mes enfants, il m'arrive de choisir une prise en main du club différente. Pareil pour une partie de fléchettes ou à la pétanque.

Ma démarche n'est pas dictée par le désir superficiel de me faire remarquer. C'est une intuition profonde : je m'en sortirai mieux en innovant. Beaucoup plus qu'en me conformant à une norme, forcément inhibitrice.

Être original ne signifie pas être excentrique ou bizarre. J'estime juste qu'il est plus judicieux d'exprimer sa propre personnalité. S'exprimer, c'est davantage créer qu'imiter. Dans cette optique, même un supposé défaut peut devenir positivement décisif. J'ai toujours beaucoup lu, j'adore ce frisson réconfortant de constater que certains écrits confirment ce que l'on ressent instinctivement. Ma découverte de Lao Tseu, par exemple, a été vertigineuse. Au ve siècle avant J.-C., ce maître de la pensée chinoise formulait déjà : « C'est dans la règle et la norme qu'on dirige un pays. C'est par l'étrange et l'atypique qu'on mène un conflit. » Merci. Du coup, en judo, dans mon petit périmètre de tatami, j'ai commencé par combattre en gaucher alors que j'étais droitier dans tous les actes quotidiens. Pourquoi diable ? Parce que j'avais remarqué que cela gênait davantage mes adversaires. Je me suis ensuite mis à élaborer ma propre stratégie de judoka, basée sur un système d'« actions-réactions ». Je multipliais les changements de rythmes, les contournements, les débordements, les saisies dérangeantes. Ma philosophie est devenue la suivante : semer la confusion, multiplier les harcèlements. J'avais trouvé, par moi-même, ce que Mao Tsé-Toung a théorisé dans son approche de la guérilla révolutionnaire. Mon but était de ne jamais laisser mes adversaires respirer. Je leur interdisais la possibilité de réfléchir, de s'organiser ou même de comprendre. Face à mes furieux assauts, il leur devenait difficile de réagir et, encore plus, de reprendre l'initiative. Ma tactique ne me permettait pas toujours de gagner, mais souvent de survivre.

Marc Alexandre, qui avait été champion olympique de judo aux Jeux de Séoul, m'avait surnommé « l'Usure ». Telle était ma réputation sur les tatamis de l'INSEP (l'Institut national du sport, de l'expertise et de la performance), où je m'entraînais avec l'équipe de France. J'étais un harceleur, un terroriste du kumi-kata, cet art japonais de saisir l'encolure du judogi de l'adversaire. Si je ne parvenais pas à faire chuter mes opposants, j'avais en stock quelques bottes secrètes, pour inciter l'arbitre à leur infliger des pénalités au score. Cette forme d'antijeu m'a souvent permis de m'imposer en compétition face à des mecs qui me dominaient à l'entraînement.

Avec mes moyens, j'ai remporté le tournoi de Paris en 1990. C'est l'un des plus prestigieux au monde, l'équivalent en judo d'un Roland-Garros en tennis. J'avais 24 ans. Mon parcours durant cette épreuve a été singulier : j'étais le combattant qui prenait le plus de points contre lui. Toujours mené au score. Puis je renversais la vapeur en fin de combat. Chaque fois. Pas assez « tanké » physiquement pour être un bon défenseur, j'attaquais avec moins de retenue que les autres.

J'avais abordé ce tournoi de Paris comme mon dernier championnat, mais au contraire il a lancé ma carrière de judoka. Il fut ma première grosse performance internationale et m'a ouvert cinq années au sein de l'équipe de France de Judo. Jusque-là, je collectionnais les accessits. Deux ans de suite, j'avais terminé cinquième des championnats de France de première division, dans la catégorie des moins de 65 kg. Et, chaque fois, je m'inclinais en demi-finale. Je bossais déjà comme policier. Il m'était difficile de répondre aux exigences du sport de haut niveau avec tout ce qu'il implique : les entraînements et leur fatigue, l'emploi du temps infernal, les régimes alimentaires stricts. Je mesure 1,78 mètre et je devais livrer un combat avant les combats : face à l'assiette. Manger peu, malgré la dépense athlétique. Ne jamais dépasser les 65 kilos sur la balance. En judo, j'ai vu des gars se priver pratiquement totalement de nourriture une semaine avant des compétitions. Certains ne buvaient même plus d'eau, trois jours avant de monter sur la balance. Ils se contentaient de sucer des glaçons pour étancher la sensation de soif. Le grand public voit la dureté des assauts, mais dans les sports de combat tels que la lutte, la boxe ou le judo, la première grande bataille à livrer est celle du poids. C'est un duel intime face à soi-même, qui peut s'avérer une torture. C'est aussi un tabou dont peu de gens osent parler.

En apprenant que la Fédération française de judo autorisait à changer de catégorie de poids en cours de sélection, je me suis inscrit dans la catégorie supérieure, celle des moins de 71 kg, pour les championnats de France 1990. J'envisageais ce rendez-vous comme un dernier baroud d'honneur dans mon aventure de judoka. J'ai terminé cinquième, encore battu en demi-finale par le champion d'Europe, Richard Melillo. Dans les tours précédents, j'avais vaincu des pointures, si bien que mon parcours fut remarqué. On m'offrit la possibilité d'être sélectionné pour le tournoi de Paris. C'était inespéré. Alors j'ai posé tous mes congés administratifs, vacances d'hiver comme d'été, épuisé mon stock de l'année en cours comme un joueur de poker qui dit « tapis », afin de bien me préparer.

Tout cumulé, cela m'a permis de ne pas reprendre mon travail de policier entre la date du championnat de France du 1er janvier et celle du tournoi de Paris, le 11 février.

Je me suis élaboré un programme d'entraînement digne de ce nom avec trois séances par jour. De la condition physique le matin, du combat l'après-midi à l'INSEP, et encore du combat le soir, à l'ASPP, le club de la police, ou alors dans des clubs amis. Je ne me souviens pas d'une journée sans courbatures. J'habitais un appartement au cinquième étage, sans ascenseur. Certains soirs, quand je rentrais les bras chargés de courses, j'étais tellement épuisé qu'il ne me restait plus que l'humour. Je laissais mon esprit se lâcher, dramatiser la situation. Je me voyais tel un himalayiste dans ma cage d'escalier, chaque palier était un camp intermédiaire dans mon ascension du K2.

Et je remettais ça tous les matins au réveil, avec une préparation physique d'une intensité extrême. C'était ma façon de me rassurer. Je m'entraînais si dur que mon mental en était galvanisé. Nul homme sur cette terre n'était capable d'endurer la souffrance que je m'infligeais. Torturer mon corps renforçait mon esprit en forgeant ma conviction d'être exceptionnel. Mes efforts et mes souffrances à l'entraînement me permettraient de faire la différence le jour de la compétition. Je me motivais devant *Rocky*, puisant de l'inspiration chez Sylvester Stallone en boxeur anonyme, un peu loser mais ultra combatif. Il se préparait en tentant d'attraper des poulets effrayés, un vieux truc pour développer sa vitesse et ses appuis ; moi, j'avais mes exercices de « poussée de voiture » dans le bois de Vincennes, avec mon pote Régis Charles, judoka, ancien champion d'Europe junior chez les moins de 86 kg, en 1979. Il prenait le volant de ma 205 Junior rouge et mettait la boîte de vitesses au point mort. Avec son chronomètre et son sifflet, il rythmait la séance. Je poussais le véhicule comme un forcené. Cet exercice athlétique, je l'avais détaillé au préalable sur une feuille de papier. Tout était chronométré : nombre et durée des efforts, etc.

Dans la même veine, j'avais aussi un exercice de « poussée de brouette » avec un autre copain, Olivier Quelin, médaillé d'argent aux championnats de France en 1991, chez les moins de 86 kg. On avait repéré une côte peu fréquentée près de chez nous, dans la rue des Jonquilles à Boussy-Saint-Antoine. Il me fallait pousser cette brouette infernale dans la montée, avec Olivier assis dedans. 10 mètres, 20 mètres, 30… Tous mes muscles se mettaient dans le rouge : épaules, bras, abdos, fessiers, cuisses. Et je ne vous dis pas le muscle cardiaque ! C'était le prix à payer pour me forger une poigne d'arracheur des tatamis.

Durant tout ce mois de préparation intensive, j'étais comme possédé. Je ne pensais qu'à cette compétition. Elle était « ma » chance. J'avais écrit « Tournoi de Paris » sur toutes les portes de mon appartement, sur la liste des commissions. Quand j'ai remporté ce satané tournoi, je me suis dit que j'avais réussi un hold-up ! Mon optimisme et ma joie m'avaient rendu imbattable ce jour-là. La journée avait été extraordinaire. J'avais été mené, largement, au cours de mes cinq combats, et chaque fois j'étais revenu au score à grands coups d'enthousiasme. J'étais sur un nuage. Je me suis imposé face à des gars qui me dominaient à l'entraînement. Du pur bonheur ! Dire que sur le moment je ne l'ai pas vu sous cet angle… Je n'ai même pas fêté ma victoire ! J'étais une roquette, propulsée dans une dynamique d'effort et de travail solitaire, et je n'ai même pas pris le temps de boire un coup ce soir-là. J'avais prévu de la glace dans mon congélateur, mais c'était plutôt pour soigner mes ecchymoses. J'avais envisagé la défaite. Pire : je l'avais prévue !

La petite histoire n'est pas très glorieuse. À la fin du tournoi, chaque vainqueur doit se soumettre au contrôle antidopage. Pour cela, il nous faut uriner dans des fioles pour des médecins préleveurs. À cause du stress, de la déshydratation et l'adrénaline de la compétition, beaucoup de sportifs ont du mal à s'exécuter. C'était mon cas. J'ai dû avaler plusieurs litres de flotte avant de pouvoir uriner. Une heure plus tard, en route vers mon domicile, je me suis retrouvé bloqué, en bagnole, dans les bouchons. À l'arrêt sur le boulevard périphérique parisien. Non ! Pas là ! J'ai été pris d'une envie pressante. Incontrôlable. Je ne tenais plus. J'ai mis les warnings et je me suis arrêté sur la file de droite pour descendre me soulager contre la barrière du périph. J'avais honte, mais impossible de faire autrement. J'avais le sentiment d'être pitoyable, minable. Très loin de la fierté du vainqueur. Il ne me restait plus qu'à me faire arrêter par les collègues et finir ma journée au poste.

Quel regret, quand j'y repense, de n'avoir pas su profiter pleinement de ma victoire. Aujourd'hui, je n'hésite jamais à célébrer chaque beau moment de la vie. Le moindre truc positif, je m'octroie le temps d'en jouir, de me réjouir. De m'émerveiller. Ce n'est pas de la naïveté ni un enfantillage, c'est une lucidité. S'émerveiller, c'est être dans l'instant présent. C'est une forme d'intelligence, une force.

Le lendemain de cette victoire à Paris, j'ai eu les honneurs d'un article dans *Le Parisien*. Le journaliste évoquait ma trogne de gamin. Il n'avait pas tort, je n'étais qu'un môme. J'avais 25 ans, j'étais licencié à l'ASPP, l'Association sportive de la police parisienne, une petite structure, comparée aux grosses écuries telles que le Racing Club de France, l'US Orléans ou le Stade français. Eux disposaient d'entraîneurs de renom, accrédités pour coacher au bord des tatamis. Moi, à Paris, j'étais tout seul. Ce sont les frères Vachon – Roger, Pierre et Christian – qui, spontanément, m'ont proposé de me coacher. Ils n'étaient pas obligés. Jamais je n'oublierai leur geste désintéressé. La vie est faite ainsi, de rencontres qui vous marquent et vous inspirent. Certaines personnes vous poussent, d'autres vous freinent, les Vachon m'ont tendu la main. À leur manière, ils ont contribué à ma victoire. Au cœur d'une performance, chaque détail compte, et celui ou celle qui s'est mesuré à l'adversité sait à quel point on s'accroche au moindre signe positif.

Fort de ce succès, j'ai été recruté par le prestigieux Racing Club de France, et l'année suivante je me suis retrouvé embarqué dans le Caucase pour combattre au tournoi de Tbilissi, en Géorgie. Un tournoi de premier plan, avec un niveau ultra relevé de combattants soviétiques affamés. Tous avides de se mesurer à des Occidentaux, car ils avaient rarement l'occasion de sortir en tournois internationaux, hormis les championnats du monde ou les Jeux olympiques.

Afin de digérer le décalage horaire, nous étions arrivés à Tbilissi trois jours avant la compétition. On était en février 1991, en plein hiver géorgien, logés dans un hôtel miteux sans chauffage. Pas d'eau chaude non plus sous les douches. On dormait en pull et survêtements. Enfin dormir… On entendait des rafales de coups de feu sporadiques dans les rues. L'empire soviétique se délitait, et Tbilissi avait des airs de Beyrouth. La capitale géorgienne était déchirée par la confrontation entre différents clans, dont certains très mafieux. Des escarmouches éclataient avec l'Ossétie du Sud depuis des semaines. Neuf mois plus tard, une guerre civile opposerait les forces gouvernementales et celles de l'opposition.

Nous, ce qui nous a dézingués, c'est le froid et la crève qu'on a chopée. Le matin de la compétition, c'était la bérézina dans l'équipe. Bertrand Amoussou n'a pas réussi à sortir de son lit, le dos cloué par un lumbago. Vincenzo Carabetta, mon coéquipier du Racing, était forfait : terrassé par une angine blanche carabinée. À cause des contrôles antidopage, impossible d'avaler le moindre médicament pour se soigner. Voilà que moi aussi j'étais touché par une angine. J'avais de la fièvre et les jambes en coton. Pour n'importe quelle autre compétition en France, je serais resté couché. Là, il m'était difficile de renoncer : c'était ma deuxième saison au niveau international. Les sélections pour les Jeux olympiques de 1992 à Barcelone se profilaient. Je vivais ma première année au Racing, rémunéré. Fier d'être payé 4 000 francs par mois, quelque 950 euros actuels, je ne voulais surtout pas trahir la confiance que cette institution m'avait accordée. J'ai été éduqué dans l'idée qu'aucun droit ne peut exister sans être associé à un devoir. C'est un principe de discipline personnelle. Et au sein du club, la lutte était acharnée pour décrocher le privilège d'une sélection en tournoi. Mon angine me faisait souffrir, je me sentais faible. Je n'avais pas fermé l'œil de la nuit. Mais je savais d'où je venais et je mesurais la chance incroyable d'être engagé ici, à Tbilissi. Alors go !

J'ai plié mon kimono, bouclé mon sac et pris la direction du gymnase où avaient lieu les combats, un peu dans l'état d'esprit du condamné qui va au-devant de son peloton d'exécution. J'ai puisé de l'énergie dans l'enthousiasme de mon ami Franck Moreau. Un soleil, ce gars. Optimiste né, il aurait combattu avec un bras en moins. Franck finira troisième de ce tournoi, avec une belle médaille de bronze autour du cou. Un signe – si ce n'est une preuve – que la positivité paye plus que la grimace. En approchant du gymnase, dès l'extérieur, on entendait une rumeur bruyante gronder depuis les gradins bondés. Des Géorgiens s'exprimant avec de grands gestes passionnés. Pas une femme. Que des visages pileux, des mines sévères, qui s'illuminaient, par instants, pour saluer de belles actions de judo.

Sur le tapis d'échauffement, j'ai été pris d'une immense fatigue, profonde et quasi définitive. Impossible de m'échauffer tellement j'étais affaibli. J'avais l'impression que j'allais m'effondrer si je bougeais trop. Alors je me suis conditionné pour le premier combat en faisant abstraction de mon corps. J'étais porté par cette seule intention : remporter mon premier combat. C'était un minimum pour ne pas perdre la face. Je me suis calfeutré dans une bulle mentale. L'heure du combat approchant, histoire de sortir de ma léthargie et afin de retrouver une once de dynamisme, je me suis mis des coups sur tout le corps, y compris des baffes dans la gueule. Telle était ma routine de concentration : me projeter mentalement en état de survie, faire monter l'agressivité en moi. Je me visualisais comme un chien furieux tirant sur sa chaîne, prêt à la briser.

Miracle ou pas, j'ai gagné mes quatre premiers combats comme ça : dans la douleur, en me fouettant le mental. Entre chaque combat, affalé dans la salle d'échauffement, j'étais si diminué que, si un marmot était venu me houspiller, je serais tombé dans les vapes. Mais dès que j'entendais appeler mon nom pour le combat suivant, je me conditionnais : « Tu n'as plus que cinq minutes à vivre. Vis-les à fond ! Après, tout sera fini ! » Chaque fois, durant les cinq minutes que dure un combat, j'ai engagé tout mon être. Cinq fois soixante secondes : un laps de temps interminable durant lequel je n'étais plus un humain mais un dément, un animal enragé face à la mort. Cet état d'esprit m'a permis de me hisser jusqu'en finale. J'ai battu des Soviétiques ultra forts, comme Guram Modebadze, devenu depuis l'entraîneur en chef de l'équipe nationale géorgienne. J'étais dans une dynamique fulgurante.

Hélas, les organisateurs avaient prévu une pause entre les demi-finales et la finale : quatre longues heures ! Cet intermède m'a été fatal. Je me suis assoupi. J'étais tellement vidé que j'ai décompensé, et je ne suis jamais parvenu à me remettre dans cet état d'esprit furieux. Je me suis retrouvé en finale, pour le cinquième et ultime combat, face au Soviétique Vlasov, un combattant que je ne connaissais pas. Avant la finale, j'avais envisagé de prendre une douche glacée. Je n'en ai pas eu le courage. Peut-être m'aurait-elle permis de retrouver toute ma vigilance. Peut-être qu'inconsciemment je me satisfaisais de cette deuxième place. C'était quand même une médaille d'argent.

Bon, j'ai livré un beau combat en finale. Nul n'a rien vu, personne ne m'a rien reproché. Moi je sais que je n'avais plus la rage. J'avais perdu « l'œil du tigre ». Toute la journée, j'avais su être un monstre, voilà que j'étais redevenu un homme. Incapable de me replonger dans une situation d'urgence et de survie. Le « refus de la douche glacée » aurait alerté l'homme expérimenté que je suis aujourd'hui. La nature punit toujours ceux qui se préservent. C'est ridicule de penser que l'on peut remporter un tournoi de judo de premier ordre si on redoute un peu d'eau froide. Quand on veut évoluer, gagner, on se doit d'avancer. Si on se protège, qu'on se recroqueville, on perd l'état d'esprit du conquérant. J'aurais dû aller sous cette satanée douche glacée, ne serait-ce que dix petites secondes ! J'aurais dû me répéter la phrase qui avait fonctionné jusque-là : « Tu joues les cinq dernières minutes de ta vie. »

Malgré ces regrets intimes, au soir de ce tournoi et les jours qui ont suivi, je me suis senti gonflé à bloc mentalement. Je pensais avoir trouvé le Saint-Graal. Je me croyais dépositaire de la « clef des choses cachées » de la réussite que tous les champions recherchent, celle qui permet d'être fort et de se surpasser. J'avais en tête ces phrases maintes fois répétées, les sensations que j'avais eues à Tbilissi. J'étais allé chercher très loin en moi cette capacité à combattre, malgré la maladie. Bilan : une belle médaille d'argent. J'avais planté des repères que je pensais décisifs. J'ai cru qu'à partir de ce jour, tout allait être plus simple, j'étais persuadé que plus jamais je ne me perdrais dans le labyrinthe des doutes qui conduisent aux défaites. Je me disais : « T'es un tueur, t'as gagné dans cet état-là, demain, en bonne santé, tu vas déchirer tous les tournois. T'es un vrai danger ! » Il m'a fallu du temps pour comprendre que « l'expérience est une lanterne que l'on porte sur le dos et qui n'éclaire jamais que le chemin parcouru », comme l'a si bien dit Confucius.

J'ai accompli d'autres performances. Je suis resté cinq ans en équipe de France, j'ai décroché des victoires dans de nombreux tournois, notamment la coupe d'Europe des clubs champions avec le Racing Club de France, en 1993. Mais je ne suis jamais parvenu à être sélectionné pour un championnat d'Europe, du monde ou olympique. Au judo, la règle du « un seul sélectionné par catégorie de poids » est cruelle. En cinq ans d'équipe de France, j'ai presque toujours été le « numéro 3 ». Insuffisant pour décrocher une sélection. Mais j'ai pu côtoyer des personnes extraordinaires, comme mes deux professeurs du Racing : le champion d'Europe Serge Feist et Waldemar Legień, l'un des deux seuls judokas au monde à avoir été champion olympique à deux reprises, à Séoul en 1988 puis à Barcelone en 1992, dans deux catégories de poids différentes. Un mec grandiose techniquement et tactiquement, mais surtout humainement.

Presque dix ans plus tard, à l'été 2004, une de mes missions pour le RAID m'a permis de renouer avec l'équipe de France de judo. J'étais affecté à la sécurité de la délégation française durant les Jeux olympiques d'Athènes, en Grèce. Les Bleus avaient choisi de ne pas loger au village olympique. À l'époque, le pays était sous la double menace de terroristes islamistes et d'activistes d'extrême gauche. Nous n'étions pas armés, on bossait avec nos yeux de professionnels et un téléphone, en contact permanent avec les services de renseignements. C'était cocasse quand je me suis retrouvé à accompagner en ville les poids lourds Matthieu Bataille, proche des 130 kilos, et le quintal du franc-comtois Ghislain Lemaire, qui avait des avant-bras puissants comme des contreforts de Vauban. Deux porte-avions de gros tonnage. Il aurait fallu un observateur très attentif pour deviner que c'était moi, la goélette de 80 kilos, qui serais allé au charbon en cas de problème.

Mon expérience de judoka a posé les fondations de mon fonctionnement de policier du RAID. J'ai conservé cet état d'esprit de vouloir toujours innover. J'ai mis au point des techniques de pose d'explosifs et des montages particuliers qui se sont montrés très efficaces à des moments décisifs pour l'unité. Par exemple, en janvier 2015, lors de la libération des vingt-six otages de l'épicerie Hyper Cacher, à côté de la porte de Vincennes. Au RAID, dans l'esprit que j'avais cultivé en judo, plutôt que de me contenter de reproduire ce qui se faisait déjà, j'ai su me nourrir d'échanges avec les rares personnes compétentes du domaine de l'explosif. J'ai modifié, un peu, leur travail, eux ont modifié le mien. De ces allers-retours sont nées des trouvailles efficaces.

La performance naît dans la pratique délibérée, l'enthousiasme et l'adaptabilité, pas sous le joug d'injonctions. On ne crée pas en restant à sa place ni en se soumettant. Si on se conforme aux moules, on n'est qu'une pauvre tarte. Accepter les barrières, c'est se destiner à devenir un mouton. J'aime cette maxime: « Tout progrès naît d'une pensée différente. » Plus qu'une belle phrase, c'est une clef des plus importantes. Il est toujours intéressant d'agir différemment des autres. Confucius – encore lui – a dit: « Le bon maître est celui qui, tout en répétant l'ancien, est capable d'y trouver du nouveau. » J'aime trouver des correspondances entre les pensées, malgré la différence d'espace-temps. Steve Jobs a exprimé la même idée: « Ne vous laissez pas piéger par les dogmes, car ce serait vivre dans le résultat de la pensée de quelqu'un d'autre. Ne laissez pas le bruit des opinions des autres noyer votre voix intérieure. Et, le plus important, ayez le courage de suivre votre cœur et votre intuition. » En japonais, *judo* signifie « la voie de la souplesse ». Cette voie a été pour moi l'engrais d'un miracle fondamental: la capacité d'adaptation.

3

À l'assaut du RAID

« J'écris une lettre et je l'envoie.
Le brouillon est là, sous mes yeux. Je le relis.
Je n'en suis pas satisfait. Mais la lettre est partie !
Je corrige le brouillon quand même. »

— SACHA GUITRY

Quand j'ai décidé de postuler au RAID, à l'âge de 31 ans, je connaissais mes lacunes avant de me présenter aux tests d'entrée. Malgré dix années passées dans la police, je n'avais qu'une faible expérience de terrain. J'avais commencé dans le métier après avoir suivi neuf mois de formation à l'école de police de Sens, dans l'Yonne, puis seize semaines dans une « compagnie d'instruction », en renfort dans deux arrondissements parisiens. Quatre mois de « bitume », à jouer le garde statique devant le perron de personnalités politiques, dans les très chics XVIe et V^e^ arrondissements.

L'institution ne cherche pas à te donner le goût du métier en initiant les jeunes recrues à l'assistance aux personnes ou à la chasse aux délinquants. Tu fais le planton, comme si tu étais puni et qu'on cherchait d'entrée à te dégoûter de la profession. On te file des postes de « plante verte », comme on dit. Je passais outre. Mon rêve était ailleurs : devenir champion de judo. Je n'étais pas entré dans la police par vocation mais parce qu'on y faisait du sport. J'avais été muté à la Compagnie sportive de la préfecture de Police de Paris, un service où l'administration aménageait l'emploi du temps d'une centaine de sportifs de niveau national. On travaillait au « tiers-temps » : un policier classique devait effectuer cinq journées de travail hebdomadaire, pour nous, deux jours étaient réservés à notre entraînement sportif. Le reste du temps, on faisait de l'anti-délinquance en renfort des commissariats ou de la police du métro. Pour résumer, je dirais qu'on patrouillait à la cool.

Sur le plan professionnel, on n'était pas des foudres de guerre : pour un mec interpellé, on se tapait avec peine deux heures de procédure. La Compagnie sportive était basée dans le bois de Vincennes, en bordure de Paris. En judo, j'étais numéro 5 national de ma catégorie. Trois fois par semaine, j'escaladais, en fraude, le grillage de l'INSEP, où sont regroupés tous les athlètes de haut niveau, pour m'y entraîner. Administrativement, je n'étais pas en règle avec le ministère de la Jeunesse et des Sports, car mon palmarès n'était pas assez fourni. La Fédération française de judo me tolérait. J'étais un partenaire d'entraînement qui ne s'économisait pas. Une bonne « viande », comme on dit dans les dojos. À force de pugnacité, j'ai fini par être appelé en équipe de France et, du coup, être détaché cinq ans durant de la police. J'étais rémunéré comme un gardien de la paix classique, mais ma motivation réelle était de mener une carrière d'international de judo.

La police utilisait notre image valorisante de sportifs de haut niveau pour sa communication externe, histoire de contrebalancer une réputation trop répressive. En communication interne, elle servait à encourager la pratique sportive dans ses rangs. Je suis devenu l'entraîneur de judo de la Police nationale, et l'entraîneur de judo et de jujitsu de l'ASPP. Pour un judoka policier, j'avais réussi, dès l'âge de 30 ans, à avoir mon bâton de maréchal. Mais ce poste était finalement frustrant : l'associatif est très exigeant. On ne compte pas ses heures ; on est le premier arrivé pour régler les problèmes administratifs des élèves. Et le dernier parti, manière de soigner l'ambiance. À cela s'ajoutait la lourdeur pesante du cadre administratif, où les moindres initiatives requièrent une validation par des autorités plus ou moins concernées et compétentes. Il me fallait, en outre, prendre le train de la professionnalisation du sport tout en la conciliant avec la très frileuse et très économe structure administrative policière. Ronger mon frein en permanence me minait. J'avais connu deux grosses structures professionnelles, qu'étaient l'INSEP et le Racing Club de France. Avoir les mains liées au sein de l'ASPP ne me satisfaisait pas.

Inspiré par les histoires exaltantes d'un mec de la PJ haut en couleur venu s'entraîner chez moi, je me suis alors penché par la fenêtre pour découvrir ce que les policiers appelaient « la rue ». Elle me paraissait pleine d'intensité et d'aventures. L'idée d'aller voir ailleurs a germé et je me suis mis en tête de postuler aux tests d'entrée du RAID (service de Recherche, d'assistance, d'intervention et de dissuasion), l'unité d'intervention d'élite de la Police nationale fondée en 1985. J'avais entendu dire qu'ils se tenaient tous les deux ou trois ans. En glanant quelques renseignements sur le contenu des épreuves imposées les années précédentes, j'ai mis en place un programme précis pour me préparer en fonction des capacités requises. Je me suis inscrit dans un club d'escalade pour avoir quelques connaissances techniques de ce que les hommes du RAID appellent « les cordes ». J'ai enchaîné quelques rounds sur un ring, avec des potes boxeurs de la Compagnie sportive. Je me suis fait violence pour fréquenter plus assidûment les piscines. Nous autres judokas, on n'aime pas trop l'eau : la densité musculaire de l'effort requis par le judo, qui conditionne le corps à pousser ou à arracher de manière explosive, n'est pas adaptée à la glisse et à la flottaison. Je me suis inscrit dans un stand de tir privé pour me perfectionner. J'en avais besoin. Un gardien de la paix de mon rang n'avait droit qu'à soixante cartouches annuelles pour s'entraîner, c'est très insuffisant. Pour finir, j'ai renoué avec l'athlétisme sur piste, afin de peaufiner mon endurance et ma résistance en course à pied. Mon dossier a été retenu, j'ai été convoqué pour une semaine de tests.

Sur six cents candidatures étudiées, seulement soixante policiers avaient été conviés. Comme je m'y attendais, ces épreuves exigeaient une excellente forme physique. Un opérateur du RAID doit supporter, pendant des heures, plus de 30 kilos de protections balistiques : des gilets pare-balles, un casque en Kevlar, etc., auxquels s'ajoute le poids de l'armement, des munitions et d'un tas de matériel d'intervention divers. Plus un bouclier.

Nos examinateurs ont testé nos capacités en baston. On a enchaîné les sessions de combat dit « de percussion », de la boxe ou du kickboxing, mais aussi des séances de « préhension » telles que la lutte ou le judo, plus utiles pour maîtriser un individu sans l'amocher. Au lieu de lui casser le nez, on le contrôle d'une clef de bras, de coude ou de poignet. Bien avant l'avènement du MMA, l'art martial mixte qui fait fureur aux États-Unis, un opérateur du RAID devait être apte à répondre techniquement à toutes les situations d'engagement physique sans arme.

La dimension psychologique, avec ses batteries de tests, fut la plus intense. La moitié de la semaine y était consacrée. On a eu droit à la totale : des entretiens individuels avec des psychologues, des questions par écrit, des épreuves de groupe avec jeux de rôle et des prises de parole. Une mise sous pression – physique et psychique – permanente. Les recruteurs se donnaient du cœur pour faire ressortir les défauts et lacunes rédhibitoires des candidats. Nous avons été testés sur nos capacités à gérer les situations d'inconfort, de pénurie ou d'incertitude. Ils évaluaient notre penchant à nous « raconter des histoires », notre propension à la contestation. Notre ouverture d'esprit, notre inclination à l'effondrement psychologique, à la rumination, au pessimisme, au défaitisme. Ils observaient le dynamisme comportemental de chacun, impulsivité ou agressivité. Ils mesuraient notre détermination, notre confiance en nous, notre motivation, notre solidité mentale, notre force de caractère, notre capacité à rester concentré. Si nous étions consciencieux ou pas. Quelle était la disposition de chacun à la « maîtrise de soi », au contrôle de ses émotions, aux raisonnements logiques. Les capacités d'abstractions et d'adaptation, les prises d'initiative, la créativité, l'intelligence et le bon sens.

Ils n'ont cessé de jauger notre aptitude à nous intégrer dans une équipe et notre savoir-vivre. C'est un élément capital, car une unité telle que le RAID ne veut pas de policiers supermen, elle réclame cohésion, coopération et sens du collectif. Du coup, ils nous testaient pour mesurer à quel degré nous aimions prendre des responsabilités. L'équilibre entre aimer diriger sa barque et savoir se plier à une hiérarchie n'est jamais aisé à trouver.

Ils ont aussi éprouvé notre niveau de claustrophobie, notre peur de l'obscurité. Avions-nous le vertige ? Quel était notre degré de résistance à la privation de sommeil, à la fatigue et au stress ? Quel était notre comportement en « zone de haute pression » : notre aptitude à faire usage de notre arme, à nous exposer physiquement, à supporter l'horreur ? Ce dernier point n'est pas des moindres, et il n'a jamais été négligé pour les recrues du RAID. Les attaques terroristes de 2012 et 2015 nous en ont rappelé le bien-fondé.

La semaine qui a suivi ces tests, je me sentais aussi éprouvé physiquement et nerveusement qu'après un tournoi international de judo, à combattre dans des lieux hostiles, amoindri par la fatigue du décalage horaire. Nous avons dû consentir à des bilans médicaux intrusifs : les yeux, les oreilles, les poumons, le cœur et j'en passe. Je dirais juste qu'une grande partie de notre anatomie a été sondée.

Bien sûr, nous avons aussi été évalués sur nos capacités professionnelles : maîtrise des armes et des rapports humains, connaissance des cadres légaux, capacités de discernement, intelligence tactique. Pour ce faire, on nous avait demandé de résoudre, par petits groupes de trois ou quatre, des situations difficiles telles que des interpellations d'individus dangereux ou des prises d'otages. On a aussi été confrontés à des problématiques de filature ou de surveillance discrète. On a enchaîné des parcours de tirs en situation réaliste. Là encore, en plus de notre maîtrise technique, toutes nos attitudes étaient passées au crible. Nos recruteurs savaient qu'il est plus facile d'enseigner des tactiques et des techniques que de changer un caractère.

Le septième et dernier jour d'évaluation, ponctué par l'annonce des résultats, fut une épreuve de plus pour nos nerfs. On nous a tous regroupés dans la salle de briefing. Pour nous faire patienter, on a eu droit à des vidéos de « propagande » du RAID en action. Les images étaient aussi impressionnantes que motivantes. Ces clips servent d'habitude à présenter l'unité lors de nos missions de formation dans les pays étrangers. À nos yeux de postulants, ils se révélaient être une véritable torture. C'était bien beau, mais le jouet qu'on nous mettait sous le nez allait être retiré brutalement à cinquante d'entre nous. Sur soixante postulants, seuls dix seraient retenus.

Punaise ! Cinquante mecs destinés à glisser à moins de deux mètres du pot de sangria ! C'est cruel.

Nul n'était confiant. Aucune épreuve n'avait été simple à négocier. Impossible d'être sûr de soi. Dans la majorité des épreuves, nous ignorions la performance des autres, et peu de signes nous permettaient d'estimer la nôtre. À aucun moment, je ne m'étais senti à l'aise. Même quand je mettais en avant ma capacité d'enchaîner quarante-quatre tractions d'affilée à la barre fixe avec mes 80 kilos. Mon niveau de judo représentait, en théorie, un atout, mais bon… Nous avions tous conscience que la moindre erreur d'attitude pouvait être éliminatoire. On redoutait la subjectivité des examinateurs, un jugement hâtif sur un mot ou un geste qui n'aurait pas plu. Ce qui nous inquiétait le plus, c'était le risque d'être recalé pour un défaut que nous n'avions pas. Une semaine, c'est trop court pour faire ses preuves. J'aurais préféré être testé sur un mois. Tant qu'à être renvoyé, autant que ce soit sur un défaut que j'avais vraiment, pas sur un malentendu.

Cette crainte avait fait naître chez nous des comportements ridicules tout au long de la semaine. Pour montrer qu'on avait « l'esprit de groupe » et la faculté de nous intégrer dans une équipe, le simple fait d'aller pisser ou boire un café prenait des airs de *Fort Boyard* : on se faisait des « checks » de la main de manière ostentatoire, un cinéma destiné à la psy qui nous observait. Durant les épreuves physiques, certains gars encourageaient leurs concurrents comme s'ils étaient leurs coachs. Les reportages sur la Légion étrangère de Jean Bertolino et Tony Comiti, diffusés en deuxième partie de soirée sur TF1 dans les années 1990, avaient laissé des traces dans les têtes.

De mon côté, je sentais que certaines attitudes étaient dues à un sentiment de malaise de la part de gars qui ne connaissaient pas la compétition. À leurs yeux, il était difficile d'oser se distinguer sans que cela soit pris pour de la prétention ou un sentiment de supériorité. Personnellement, je n'y voyais aucun mal. Je venais du judo, un sport individuel qui se pratique en équipe. « Entraide et prospérité mutuelle » n'est pas qu'un slogan de la discipline, c'est l'héritage de Jigorō Kanō, qui a fondé le judo en 1882. Ce maître japonais était soucieux d'éducation et de progrès moral. Sur le tatami, on s'entraîne en groupe. Entre membres de la même catégorie de poids, on s'affronte et on se déchire, mais on sait que notre progression personnelle n'est rendue possible que par la coopération mutuelle. Contrairement aux copains de l'athlétisme, en judo on ne peut pas s'entraîner seul : un jour on est partenaires, le lendemain concurrents. Pour ces tests d'entrée au RAID, le bon dosage comportemental n'était pas simple à trouver. J'avais beau m'efforcer de rester spontané, rien de ce qu'on nous faisait faire n'était habituel et naturel.

J'ai entendu égrener les noms. J'ai retenu mon souffle jusqu'à entendre prononcer le mien. Je faisais partie des heureux élus. Je dois reconnaître que j'ai aussi bénéficié d'un petit facteur chance. Même si l'unité recherche des profils hétéroclites pour créer un collectif complet et polyvalent, il est rare que des gars comme moi, avec si peu d'expérience dans la police, soient retenus. Ce qui m'a aidé, c'est que par le passé d'anciens sportifs avaient été recrutés, qui avaient donné entière satisfaction. Certains étaient devenus des piliers du RAID. Deux judokas, deux anciens internationaux de boxe française et un quadruple champion du monde de kickboxing, ces sportifs de haut niveau avaient, par leur comportement exemplaire, permis mon recrutement. Les athlètes étaient généralement perçus comme égocentriques, voire égoïstes. Champion ou pas, une fois entré à l'unité, il faut tourner la page des années de compétition.

Dans une unité telle que le RAID, le sport est mis au service de la profession, et non l'inverse. On dispose de créneaux quotidiens pour s'entraîner physiquement. L'ancienne abbaye qui côtoie le quartier général à Bièvres, au sud-ouest de Paris, est équipée d'un ring de boxe, de tatamis et d'une salle de musculation. Il y a aussi un terrain de rugby et, aux abords, une forêt qui abrite de nombreux circuits de footing ou de VTT. Voilà qui peut s'avérer un piège pour le flic qui aurait l'illusion de se croire au Gymnase Club, à se regarder le nombril et les abdos qui poussent autour. Le RAID n'est pas l'INSEP. Là-bas, un athlète sera toujours accepté s'il remporte des médailles en compétition. Tant qu'il est performant, on lui passera son individualisme, sa personnalité capricieuse, son narcissisme, même ses colères.

Au RAID, pas question. L'unité a besoin d'opérateurs tout-terrain, de mecs rustiques, endurants et ouverts aux autres. Ange Mancini, qui en fut le premier patron, en 1985, évoquait le profil idéal sous les traits du « bûcheron canadien » : un gars solide, bien dans sa peau et ancré dans le sol. Pas de place pour le pseudo-champion qui veut surveiller son poids et bouffe dans un coin son Tupperware avec du blanc de poulet et des haricots verts. Un flic en opération devra se satisfaire d'un saucisson de la boîte à gants d'une bagnole, les soirs de planque. Encaisser les heures supplémentaires. Le RAID recherche un élitisme plus souple, humble et bienveillant, moins radical et agressif. L'individu doit prospérer avec et pour le groupe, et non chercher à se hisser sur lui. Chez nous, tout seul, on n'est rien. On est en quête d'une relation gagnant-gagnant avec les autres. Contrairement au sport, le succès des uns ne dépend pas de l'échec des autres, bien au contraire.

Les mailles du filet du recrutement ont parfois laissé passer des adolescents attardés, des mecs qui à 35 piges se mesuraient encore les biceps chaque matin et se gavaient de protéines en poudre pour gonfler devant le miroir de leur ego. Des gars qui traînent les pieds devant une nuit blanche à bosser parce qu'elle pourrait compromettre leur anabolisme, la fameuse « prise de masse » des culturistes. Ou encore d'autres qui, transfigurés par l'écusson et quelques heures de ring, veulent « casser des gueules à la récré » pour se prouver qu'ils sont des durs alors qu'ils ne sont que des « durs à lever le matin ». Sans parler de ces « mal léchés » qui se prennent pour des sportifs de haut niveau et oublient qu'un champion, même caractériel, est avant tout un champion, alors qu'un caractériel sans palmarès est surtout un gros con.

Ces mecs n'ont pas fait long feu dans l'unité, mais ces « erreurs de casting » ont été nuisibles à l'image des anciens sportifs. Le recrutement est passé par un tas de phases. À une époque, les célibataires avaient la cote, ils étaient perçus comme plus disponibles que les hommes mariés pour les longues missions. À un autre moment, au contraire, les recruteurs préféraient les hommes mariés, plus posés, car certains célibataires avaient fait preuve d'immaturité et manquaient de stabilité sociale.

Bref, j'ai donc eu de la chance de passer mes tests à un moment où les « sportifs » n'étaient pas mal vus. J'étais bien entraîné, je n'avais pas mauvais fond, et ma motivation – quoique tardive – était solide.

Les dix lauréats, dont je faisais partie, furent convoqués au quartier général du RAID début avril 1998.

Pendant trois mois, nous avons suivi une formation balayant de manière intensive tous les champs d'action de l'unité : prises d'otages, forcenés retranchés, terroristes radicaux, suicidaires, arrestations de police judiciaire à domicile, interpellations par voie piétonne ou en véhicule, opérations dans des lieux singuliers dits « tubulaires » : avions, bateaux, bus, tunnel sous la Manche, TGV, métro ; arrestations de go fast, interventions en milieux sensibles, tels que les centrales nucléaires, avec des risques radiologiques, bactériologiques, chimiques ou même explosifs. On nous a enseigné les filatures de terroristes, la surveillance de membres du grand banditisme. On nous a appris l'art d'une bonne protection rapprochée aux côtés de personnalités à risques, dans des ambassades sous tension, lors d'événements politiques ou sportifs, faisant l'objet d'une menace. Nous avons été formés au secourisme de combat et même aux rudiments exagérément optimistes de la négociation de crise.

On a aussi étudié les différentes techniques d'effraction, les techniques de cordes grâce aux spécialistes du « groupe varappe» du RAID. On a aussi beaucoup tiré, au pistolet, au fusil d'assaut, au lance-grenades. On a effectué un stage de conduite rapide, un perfectionnement aux sports de combat et aux techniques d'interpellation au corps à corps. Le matériel technique et son évolution nous ont été détaillés. On nous a expliqué les règles officielles et tacites de l'unité.

Dès le quinzième jour de stage, je me suis acheté une moto, une Suzuki 1200 Bandit. J'avais vite compris qu'il serait difficile de cumuler la fatigue du stage avec celle des bouchons pour rentrer chez moi. On a beaucoup bossé, mais on s'est aussi bien marrés. Notre groupe de dix bizuts était soudé et, grâce aux activités partagées avec les membres de l'unité, on a fini par se sentir intégrés. Au terme des trois mois en observation, on a définitivement rejoint les effectifs. Ce n'est pas toujours le cas: dans les deux promotions 2016 et 2017, par exemple, trois membres sur la douzaine de stagiaires ont été recalés. C'est assez cruel pour les exclus, qui doivent réintégrer leur service de police d'origine alors même qu'ils y ont déjà fait leur pot de départ et qu'ils ont parfois déjà changé de résidence. Mais la haute exigence est essentielle: la terrible année des attentats de 2015 a rappelé à tous que l'excellence requise doit plus que jamais être inflexible face à la cruauté du terrain.

Lors de notre avant-dernier jour de mise à l'épreuve, nous nous étions préparés pour une démonstration finale à effectuer sous l'œil de tous les policiers de l'unité. On avait prévu une intervention spectaculaire avec la pénétration armée d'une face de bâtiment via une descente en rappel. Et bing ! on a eu droit à un bizutage potache concocté par les anciens. Nos cordes sont restées bloquées en pleine descente et on s'est retrouvés coincés comme des cons contre la paroi, suspendus dans le vide. Eux se sont régalés à nous balancer des seaux d'eau, de la farine et des œufs. Et puis ils nous ont pris en photo. Autant de pièces compromettantes à sortir au cas où l'un d'entre nous s'égarerait et prendrait la grosse tête. Ces clichés nous immortalisaient peu fiers, les cheveux pégueux, dans des postures peu flatteuses. On a dû passer ensuite un temps dingue à lessiver nos équipements telles de vraies fées du logis.

Le lendemain, une cérémonie fut organisée en notre honneur. On nous a remis la fameuse tenue noire d'intervention ainsi que l'écusson du RAID. Voilà, le plus dur était fait, on était admis dans la maison, le saint des saints, même s'il restait à faire une ultime période probatoire de six mois.

4

Accro aux explos

« J'ai toujours vu que pour réussir dans le monde,
il fallait avoir l'air fou et être sage. »

— MONTESQUIEU

À une époque, mieux valait ne pas m'inviter à l'apéro. Je n'étais pas le plus convivial des convives. J'ai toujours eu de la conversation, l'esprit ouvert et l'envie de me marrer, le souci c'est que j'avais la tête ailleurs. Un œil sur le bol de pistache, une oreille à la conversation, mais l'esprit suspendu à la porte d'entrée de mes hôtes, j'opérais en secret un calcul mental complexe : quel serait le minimum d'explosifs nécessaires pour faire péter cette porte ? À quels endroits judicieux allais-je poser mes charges ? En devenant responsable de la cellule effraction du RAID, ma spécialité a fini par m'habiter au point de m'envahir. Cette déformation professionnelle m'a amené très loin. Passionné par mon job, je me suis mis en tête d'élever l'effraction au rang d'art, tant elle nécessite précision et sensibilité.

Au terme de trois années au RAID, une fois le métier de base bien assimilé, chaque opérateur peut envisager d'approfondir un domaine technique. En gros, on a le choix entre deux spécialités propres à l'intervention. Soit l'effraction, pour ouvrir des issues dans les lieux de crises, soit le tir au fusil de précision, qui permet de renseigner ou de neutraliser à distance. Moi, j'avais choisi le « groupe effrac », en 2001. Onze ans plus tard, j'ai pris du galon en devenant le boss de la cellule recherche et développement de cette spécialité. Un boulot passionnant ! Mais je n'ai jamais voulu que cette responsabilité m'éloigne du terrain, j'ai toujours tenu à rester opérationnel en intervention.

L'effrac, c'est une clef importante du savoir-faire du RAID. Si on n'ouvre pas une issue, le groupe d'assaut reste à la porte de la crise. On aime bien le rappeler aux membres des autres spécialités pour les faire enrager : « sans effraction, pas d'intervention ». Bien sûr, toutes les spécialités œuvrent, ensemble, vers un but commun. Il ne s'agit pas de faire le fanfaron. La complémentarité de tous est vitale. Mais les missions du groupe effrac ont une dimension particulière, car on bosse sous les yeux de toute la colonne d'assaut, les gars s'impatientent et ont toujours un œil critique. Il faut avoir les nerfs solides et une sacrée capacité de concentration pour encaisser cette pression. Le moindre retard à l'ouverture de la porte d'un appartement ou d'une maison, ou alors une effraction un peu trop bruyante, peuvent nuire à toute l'équipe. On perd l'effet de surprise et les criminels alertés peuvent s'organiser, nous attendre et ouvrir le feu.

Chaque colonne d'assaut comporte deux membres de la cellule effrac, qui en compte une quinzaine au total. Ils bossent en binôme et se doivent d'être polyvalents. Dès l'ouverture de la porte principale, le binôme suit la colonne d'assaut pour la renforcer, prêt à faire tomber immédiatement les autres obstacles qui viendraient à se présenter.

Dans les années 1980, la police cassait les portes au bélier : une pièce de métal cylindrique d'une quinzaine de kilos que l'on portait par deux poignées, avec laquelle on cognait au niveau des points de fermeture. À sa création en 1985, le RAID utilisait ce type simple de moyen mécanique sollicitant les muscles de ses opérateurs les plus athlétiques. L'unité disposait aussi de plusieurs types de béliers « faits maison », bien plus lourds que ceux vendus dans le commerce. Certains d'entre eux nécessitaient deux bonshommes bien motivés pour être manipulés. Un ancien du RAID avait fabriqué un énorme pied de biche, un genre d'ouvre-boîte géant qu'on avait surnommé « la hallebarde ». Si vous aviez la force requise, c'était un outil formidable pour couper une porte en deux rapidement. On ne s'en sert plus, mais on le conserve en souvenir. Il est difficile de se séparer de ce qui a longtemps fonctionné.

À la fin des années 1990, des collègues de l'unité ont conçu le « Door Raider », un des premiers vérins hydrauliques, fabriqué avec l'aide d'un industriel. Cet engin fait désormais partie de la panoplie de chaque service de police et de gendarmerie, en France et à l'étranger. On l'aperçoit régulièrement dans des reportages télévisés, utilisé par d'autres services. Ils prennent toujours soin, au préalable, d'enlever le petit autocollant qui baptise l'outil et fait référence à notre unité. C'est le genre de guéguerres interservices et de marques de susceptibilité qu'on constate parfois, un peu puériles.

On peut aussi avoir recours à un tas d'outils « d'ouverture fine », si l'on doit ouvrir des portes sans laisser de traces. En somme, on dispose d'un bel arsenal d'effraction qui requiert une parfaite mémorisation de tous les modes d'emploi techniques et tactiques. Plus encore que de les connaître, il s'agit surtout d'apprendre à les utiliser de manière automatique, d'avoir la faculté d'agir sous le poids du stress, quand les capacités de réflexions sont étouffées ou atténuées par la pression et l'urgence des événements.

Quelle que soit la technique d'effraction, chacune réclame beaucoup de sang-froid, une grande concentration et une mémoire précise. Il faut d'abord se souvenir du fonctionnement de toute une panoplie d'ustensiles : béliers, pieds-de-biche, lances thermiques, oxydo-découpeurs, vérins, disqueuses, scies-sabres. Mais aussi des projectiles : cartouches spéciales effraction, grenades de 40 mm ou « Simon », chargées à 120 grammes d'explosif.

Il est difficile, mais indispensable, de bien se souvenir de nos « historiques » d'ouvertures. Avant de quitter l'unité, j'ai constitué une banque de données pour les futures générations de collègues. J'y ai répertorié tous nos outils et tous les types d'ouvertures que nous avions réussies à l'entraînement et en opérations. Bien sûr, il n'est pas possible de se déplacer avec son manuel. Une intervention, c'est comme une compétition de judo : sur le tatami, je n'ai jamais sorti mon cahier pense-bête, tout se devait d'être gravé dans ma tête. C'est pour ça que le transfert d'expérience est irremplaçable, pour cette raison aussi que j'ai tenu à demeurer opérationnel dans la colonne d'assaut jusqu'à l'âge de 53 ans.

La tâche du spécialiste de l'effrac est laborieuse. Il existe autant de variétés de portes, serrures, fenêtres, volets, rideaux de fer et de types de murs et de dalles que de vis dans un magasin de bricolage. Et les diagnostics sont très difficiles à établir. Réaliser une ouverture rapide et sans faute demande une grande précision. Jamais aucune ouverture ne se fait exactement de la même manière que la précédente.

Depuis quelques années, en plus de ces outils, du fait de la radicalisation de la criminalité et du terrorisme, le RAID s'est fait une spécialité d'ouvrir plus souvent des issues à l'explosif. Pour parfaire mes compétences dans ce domaine très technique, j'ai eu de nombreuses occasions d'échanges au sein des unités des forces spéciales françaises, au 1er régiment parachutiste d'infanterie de marine (1er RPIMA), avec le commando parachutiste de l'air (CPA10), les commandos marine de Lorient et Saint-Mandrier-sur-Mer ou encore chez les prestigieux SAS anglais (Special Air Service), maîtres artificiers réputés.

Tout ce qui touche aux explos est du domaine de compétence de l'effrac. Il peut s'agir de diversions sonores. Par exemple la pose d'explosifs à l'opposé de l'itinéraire d'un groupe d'assaut, côté jardin, si l'intervention est prévue côté cour. La diversion peut aussi être visuelle, afin d'attirer le regard de notre « objectif » vers une explosion avec boule de feu. Les explosifs peuvent aussi servir à choquer, sans blesser gravement.

On fait aussi office de « dépiégeurs d'assaut » : à nous de repérer et de déjouer les pièges qui peuvent être tendus à la colonne d'assaut. Notamment les IED, *improvised explosive devices*, qui ont fait des carnages en Irak, en Afghanistan ou encore au Mali. À nous de sécuriser l'itinéraire de progression de l'ensemble du groupe d'assaut. Une tâche délicate. Si, par exemple, un tir de sniper venait à abattre un terroriste porteur d'un gilet explosif, mais que des otages restaient à libérer derrière lui, sans qu'aucune autre solution soit envisageable, c'est au dépiégeur d'aller au contact du terroriste pour le neutraliser. Dans l'action, on n'a pas de temps de temporiser et de faire un diagnostic à distance. On doit aller au contact et agir rapidement. Le gars peut n'être que blessé et avoir encore assez de ressource physique pour actionner l'explosion de son gilet au passage de notre groupe.

C'est un boulot de démineur à l'ancienne, quand les robots n'existaient pas. Dans des situations plus classiques, comme la levée de doute sur un colis suspect dans un aéroport, les démineurs de la Sécurité civile envoient un robot pour faire une radiographie de l'engin piégé. Celle-ci renseigne sur le positionnement des constituants : où est la source d'énergie, le détonateur, comment est constitué son circuit électrique et sa structure explosive. Ensuite, un autre robot est envoyé, doté de charges explosives ou d'une capacité de projection de produits adaptés afin de neutraliser le danger.

Contrairement à nous, les démineurs de la Sécurité civile n'agissent pas sous le crépitement des balles dans une tension extrême. Ils n'interviennent que lorsqu'il n'y a plus de terroristes. L'explosif est un danger implacable. Un collègue y a laissé une main. Et le pire est invisible: on respire un tas de produits chimiques ultra toxiques. Dans leurs laboratoires, les ingénieurs masqués ont tout loisir d'attendre que les particules de poussières et de composés chimiques se redéposent. Nous, dans l'action, devons plonger dans le nuage délétère pour arriver au plus vite sur nos cibles et profiter de l'effet de sidération.

À tout cela s'ajoute le risque de subir les conséquences des explosions. Notamment le «blast», une onde de choc qui peut provoquer des lésions mortelles aux organes internes: foie déchiré, rate éclatée. Tympans crevés, aussi, bien sûr. Les soirs d'intervention ou même de simples entraînements avec des explosifs, on dort profondément. L'esprit est fatigué de s'être immergé dans une concentration exigeante. Le corps, lui, est éprouvé à force d'avoir encaissé des ondes de choc. Ces lésions restent comme des cicatrices invisibles dans nos chairs, dont nous souffrirons un jour ou l'autre.

Chaque dosage d'explosif sur une porte se fait «au pif», en établissant une moyenne entre notre souvenir d'ouverture d'une porte semblant plus faible et une autre, d'apparence plus résistante.

Il ne faut pas croire, même à coups d'explosif, il n'est jamais facile d'ouvrir des portes. Contrairement aux idées reçues, une intervention du RAID, ce n'est pas le déferlement des Huns. Nous ne sommes pas des bourrins, nous devons veiller à ne pas occasionner de dommages collatéraux. Pour ça, on se doit de jauger avec précision la dose exacte d'explosif pour développer la juste quantité d'énergie. Un impact trop intense pourrait blesser des innocents, un otage, voire nous-mêmes. Un policier du RAID n'est pas un militaire en zone de guerre. L'équation posée est complexe : la porte doit absolument s'ouvrir dès le premier coup, mais sans blesser personne.

La crise économique ne nous a pas rendu service : elle a encouragé la profusion de matériaux bon marché, appliqués en couches successives. Autant de facteurs qui nuisent à la régularité de nos ondes de choc explosives. Finies les bonnes vieilles portes en bois massif, compactes et homogènes. Trop chères pour les finances de certains foyers. Elles ont été remplacées par des portes composées de matériaux hybrides : PVC, cadre en bois, mousses isolantes, copeaux pressés, renforts métalliques. Parfois, il faut intervenir sur des portes ultra résistantes à certains endroits et très fragiles à d'autres. Les collègues qui trépignent en attendant l'assaut n'ont que faire de nos soucis techniques. On doit se démener, fissa ! On dispose de vérins surpuissants, certes. Mais ils peuvent parfois s'enfoncer dans un bas de porte comme dans du carton, sans pour autant ouvrir un passage, le tout dans un boucan d'enfer. L'augmentation de l'insécurité nous a aussi compliqué la tâche. Les portes blindées des années 2010 ne ressemblent plus aux portes blindées des années 2000 tant elles se sont renforcées. La Fédération française des sociétés d'assurances avait répertorié mille cambriolages par jour en 2013, sans compter ceux commis dans les entreprises et les sites agricoles. Entre 2008 et 2013, les cambriolages de particuliers ont augmenté de 50 %. Avec un cambriolage toutes les quatre-vingts secondes, pas étonnant que l'installation de portes blindées se soit propagée. Idem dans les transports où nous sommes destinés à intervenir : avions, trains, métro et bus. Les portes d'accès sont devenues très complexes pour éviter toute ouverture accidentelle ou projet suicidaire.

Se positionner devant une porte pour s'atteler à son ouverture n'est jamais sans danger. La criminalité s'est accrue et beaucoup décomplexée au fil des années. L'usage de tirs à travers les portes a énormément augmenté. En vingt années au sein du RAID, j'ai vu combien le prix de la vie avait baissé. Beaucoup de criminels se sont désinhibés par rapport à la police et à la justice. Et, dans le même temps, leur armement a monté en puissance. Hier, on faisait face à des fusils de chasse ou des armes de taille modérée. Aujourd'hui, les armes de guerre se sont répandues, conséquence des conflits en ex-Yougoslavie, en Afrique et au Moyen-Orient.

Même l'écologie se dresse contre nous ! Lorsqu'une ouverture de porte s'avère trop complexe ou risquée, on passe par les murs avec une pose d'explosifs. Sauf que… Jadis les murs ne recelaient qu'assez peu de surprises : ils étaient en parpaings, en briques, parfois en béton armé, point. C'était difficile mais pas impossible d'y faire une brèche de la taille d'un homme. Aujourd'hui les murs peuvent être constitués de plusieurs matières avec une partie vide, de l'isolant, des matériaux improbables. L'onde de choc de nos explosifs est altérée à chaque couche. Pire :

certaines ne conviennent pas du tout à l'explosif. Bref: impossible de faire des diagnostics fiables pour « péter un mur » à coup sûr.

Cette complexité, plutôt que de me rebuter, a fini par me passionner. Aux débuts, je me suis formé de manière très classique, au rythme de nos programmes d'entraînement collectif. Mon ambition était juste de devenir un professionnel compétent. Puis, au fil de mon apprentissage, « l'effrac » est devenue une seconde nature. Je ne pouvais plus me promener en ville sans jeter un œil sur les portes, les fenêtres et autres maçonneries. Dans tous les lieux que j'arpentais, centres commerciaux ou bureaux, je calculais sans cesse le volume d'explosif nécessaire à l'ouverture d'une issue. Je me suis plongé dans des recherches de plus en plus pointues, j'ai accumulé les expérimentations afin d'acquérir de nouveaux savoirs, précieux, en vue de prochaines interventions.

À un moment, je me suis demandé si je n'étais pas devenu fou. Mon cerveau tournait en boucle sur ce thème. Je comprends ces passionnés qui paraissent inadaptés à la vie normale, immergés dans la bulle de leurs préoccupations. On dort et on mange avec son obsession, notre curiosité devient une boulimie. Il faut une certaine clairvoyance pour s'en rendre compte, et il n'est pas facile de rétablir un équilibre intérieur, de pouvoir s'extraire d'une passion devenue dévorante. J'ai pris conscience que je ne devais pas devenir un « psychopathe de l'explo », même s'il faut l'être quand même, un peu. Pour progresser, il ne faut manquer aucune occasion d'apprendre. S'engager physiquement dans ce processus mental.

Judoka, je notais toutes les informations que je pouvais glaner à l'occasion du moindre stage. Puis j'achetais de manière compulsive tous les ouvrages techniques disponibles, en français et en anglais. Je nourrissais ma curiosité à grands coups de lectures. Une soif inextinguible du détail qui ferait la différence. J'avais bien conscience qu'une infime information pouvait avoir des conséquences énormes et me servir. J'ai pris l'habitude de « faire mon marché » un peu partout, d'apprendre des plus forts comme des plus faibles. J'ai vu des combattants de faible niveau développer parfois des ficelles intéressantes, mais, trop indigents techniquement, leurs trouvailles, qui ne sautaient pas aux yeux de tous, ne portaient pas leurs fruits. Si vous êtes capable de les repérer et de les intégrer à vos connaissances plus abouties, elles peuvent alors prendre une dimension nouvelle, et devenir un atout déterminant au plus haut niveau.

J'ai toujours été animé par la curiosité. Pour un policier du RAID, cet état d'esprit est primordial, il permet de ne pas se laisser distancer dans la lutte contre la criminalité. « L'esprit humain est comme un parapluie, il travaille mieux lorsqu'il est ouvert », aimait à dire le comique Darry Cowl. J'ai bien gravé cette maxime sous mon front.

Le moment crucial d'une intervention de police est à l'image d'un tournant décisif en sport, il peut ne durer que quelques dixièmes de secondes. Ces infimes instants peuvent parfois condenser des mois de travail, des années de réflexion et de maturation. Le diable se cache dans les détails. J'aime l'image du sablier, employée par l'avocat Laurent-Franck Liénard, spécialiste des affaires de police, lorsqu'il s'exprime sur la problématique de la légitime défense : « Dans ce douloureux événement qui a duré deux à trois secondes, tout votre entraînement, votre préparation, toutes vos séances de tir, de sport, de tactique, ont dû se frayer un passage dans un étroit goulot, dans lequel seule une infime partie de ce que vous avez appris et pratiqué a pu, finalement, être utilisée. Vous ne savez pas au début de l'affrontement quelle partie de ces enseignements passés va servir à sauver votre vie, à l'instar du sablier dans lequel les grains de sable vont s'écouler, sans jamais savoir lequel va se frayer un passage vers la partie basse, et passer devant les autres. »

Avant de quitter le RAID, j'ai fait un tour de France des « antennes régionales RAID » pour transmettre mon expérience, mes banques de données et surtout mon goût pour la curiosité. La connaissance n'a de sens que si elle est partagée.

5

La prière du para

« Car le feu qui me brûle est celui qui m'éclaire. »

— ÉTIENNE DE LA BOÉTIE

C'était à Bogotá, en 2003, pile dix jours après mon mariage. J'avais débarqué en Colombie avec deux collègues. Notre mission était de former des policiers à l'anti-séquestration. Quand j'ai annoncé à mon épouse que je partais, sitôt marié, surtout là-bas, j'avoue que je n'ai pas gagné des points, mais elle ne m'a fait aucun reproche. On a su se rattraper, plus tard. Les collègues et moi, on a débarqué dans un pays où Ingrid Betancourt était détenue depuis un an, une parmi les mille cinq cents otages que comptait le pays. L'enlèvement y était devenu l'équivalent du foot au Brésil, un sport national. Tourisme zéro. Vu le contexte ultra violent du pays, nous nous attendions à tomber sur des troupes aguerries, des « chiens de la casse ». Pourtant, dès le début, on a éprouvé un sentiment mitigé. Certes, les gars avaient du vécu, tous avaient connu l'épreuve du feu, mais leurs armes étaient vieilles, mal entretenues. L'indigence des forces de l'ordre colombiennes faisait peine à voir. Les policiers étaient tous crevés, forcés d'avoir un deuxième job pour faire bouffer leurs familles. On a vite eu le net sentiment que les FARC (les Forces armées révolutionnaires de Colombie) et les paramilitaires avaient des capacités de recrutement bien supérieures. Les meilleurs n'étaient pas avec nous. On a eu chaud parfois, car ces policiers pouvaient rafaler par inadvertance. Plusieurs cartouches sont passées pas loin de nos orteils. Mais hormis ce détail, on a vite fraternisé. Même si les vaches sont maigres pour eux, nos homologues nous ont invités à plusieurs barbecues sympathiques. Ils nous ont raconté et montré des vidéos de leurs opérations contre les narcotrafiquants. Les plants de cannabis qu'ils arrachaient avaient la taille de nos plants de maïs en France.

La caserne, au bout de trois jours, on en avait fait le tour. Après nos cours, comme toujours, on brûlait de découvrir un peu la vie du pays. Mais à l'ambassade, on nous a recommandé de rester discrets, furtifs même, vu le contexte de grande insécurité. Ne pas prendre de taxis et, surtout, ne jamais s'aventurer à plus de 70 kilomètres de la capitale, car au-delà on tomberait en plein territoire tenu par les FARC. En même temps, à l'ambassade, j'avais sympathisé avec un gars, un métis franco-colombien qui avait des responsabilités dans la Fédération colombienne de parachutisme sportif. « Ça te dirait de sauter ici, en Colombie ? », m'avait-il proposé. Punaise, une occasion pareille, ça ne se rate pas ! Il m'inspirait confiance, même s'il m'a refroidi en me disant : « OK, le seul souci, c'est que je ne pourrai pas venir avec toi. Mais je te donnerai le contact de mecs fiables. »

Une semaine après notre rencontre, le gars me téléphone pour confirmer la proposition. Il me donnait rendez-vous hors de la ville, le lendemain, à 5 heures du matin. Il nous fallait partir tôt, car on devait ensuite rouler plusieurs kilomètres pour rejoindre la zone de sauts. J'ai donc fait appeler un taxi par l'école de police. Arrivé à l'adresse indiquée, dans la banlieue de Bogotá, le chauffeur refuse de stationner devant la maison où j'étais censé me rendre. Je suis descendu. Toutes les lumières étaient éteintes à l'intérieur. Une épaisse couche de brume flottait sur la ville. L'endroit était flippant. « Merde, j'ai dû me tromper d'adresse... » J'ai frappé à la porte. Rien. Puis aux fenêtres. Rien. J'ai alors fait le tour par le jardin et encore cogné aux carreaux. Une loupiotte a fini par s'allumer, un gars a débarqué en short, la gueule enfarinée, et m'a fait entrer. Dans le salon roupillaient quatre autres types, au look de surfeurs-fumeurs de joint. Je ne me suis pas étonné plus que ça, j'ai même souri. Le monde du para sportif rassemble des univers différents. Il y a les crânes rasés au profil militaire. Il y a ensuite les ultra-sportifs qui enchaînent les sauts comme des sets au tennis. Et puis il y a ceux qui en combi Volkswagen aménagé arpentent les pays à la recherche de spots de sauts extrêmes dans une ambiance à la *Point Break*. Ils chassent le vent et les sensations. Les mecs étaient sympas, m'ont accueilli chaleureusement.

On a fini par s'entasser tous les cinq dans une bagnole et on a roulé près de 200 kilomètres en direction des montagnes. Je n'avais aucune idée de notre destination, mais je voyais bien qu'on filait droit vers la zone que nous avait interdite l'officier de sécurité de l'ambassade de France, en plein cœur du territoire contrôlé par les FARC. Bon. Dans ces pays-là, il y a la règle et l'usage. Les mecs papotaient. Je ne pigeais pas un mot de ce qu'ils racontaient. Ils s'adressaient à moi en espagnol, je baragouinais à peine trois mots. Je me suis dit « on verra bien où ça nous mène ». En cas de barrage de forces armées, je jouerai les sourds-muets.

On est enfin arrivé à un petit aérodrome. On était à la bourre, on a dû cavaler pour ne pas rater le premier vol. Un de mes nouveaux potes m'a balancé un Parafoil 232, un modèle de parachute que je ne connaissais pas. Vite fait, on me fait signer une décharge de responsabilité sur laquelle j'ai aussi apposé mes empreintes digitales. Puis on est montés dans un hélicoptère russe Mi-17. En France, ç'aurait été impossible : avant de sauter, on doit présenter un carnet de sauts, attestant des qualifications nécessaires à la pratique. Des militaires en tenue sont montés à bord de l'hélico. J'ai compris que l'argent que les civils payaient pour sauter servait à financer les sauts d'entraînement de militaires, notamment les frais de kérosène. Pas stupide. Avant de monter dans l'hélico, j'ai jeté un œil aux alentours. J'ai remarqué un petit étang très tortueux en me disant que de là-haut il me serait facile de le repérer. Sauf qu'une fois à 3 000 mètres, des étangs difformes, il y en avait des dizaines dans la région. Bonjour le repère, Marco ! Avant de sauter, mes potes m'ont briefé avec des gestes des bras. J'ai compris : « Pas la colline de droite, Marco, là c'est les FARC. » Je me suis tenu à carreau. J'ai sauté en les suivant, cherchant, dans ma chute, une zone d'atterrissage en cas de problème avec ma voile. J'apercevais la rivière Bogotá juste au-dessous de moi. Magnifique. Bordée de plages de sable. « Ça fera l'affaire ! » J'ai ouvert ma voile assez haut, vers 1 100 mètres, une altitude de débutant, histoire d'être certain de ne pas perdre mes potes de vue. Le saut a été top, super agréable. Ce n'est qu'une fois posé au sol que j'ai remarqué un trou de la taille d'un pamplemousse dans ma voile. Voilà qui n'a pas ému pour un sou mes potes chevelus. Ils m'ont quand même refilé un autre parachute, un Performance Designs 280, une grande voile, moins sportive que les leurs – plus petites – qui leur permettaient d'atteindre des vitesses dingues et nécessitaient un pilotage plus tendu. Mes potes avaient beau être des « cool attitude », c'étaient des connaisseurs. Et ils ne m'envoyaient pas au carton. Je n'avais que quatre-vingt-seize sauts dans les pattes, et au RAID je ne sautais qu'avec de grandes voiles du style Drakkar. Elles sont peu sportives, assez lentes, pensées pour des descentes chargé avec du matériel. L'équivalent d'une camionnette sur la route, en somme. Quand tu es habitué à ça, changer pour une voile sportive où les vitesses sont décuplées, c'est chaud.

Mes deux collègues du RAID, qui avaient préféré rester dormir un peu plus, ont fini par me rejoindre après mon troisième saut. On s'est bien marrés. On a même passé la nuit là-bas, au cœur de la Colombie profonde. On s'est trouvé un rade hors pair, assez folklorique. Dès qu'on s'est assis dans la salle du bar, on a eu les mollets qui grattaient. Pas à cause de l'abus de bière locale mais en raison des bestioles qui habitaient dans la banquette. Les serveuses, ultra maquillées, avaient des gueules et des bras de camionneurs. On n'a pas osé regarder leurs pieds. Un des collègues avait loué un gros serpent pour la journée et le portait sur ses épaules tandis qu'on buvait des godets. Je rêvais comme un singe en hiver. On a fini la nuit dans un hôtel minable, mais tellement couleur locale. La nuit fut courte, le réveil terrible : on s'est offert un baptême d'ULM, avec survol de la rivière et des plages que j'avais repérées comme piste d'atterrissage potentielle, la veille. Mais cette fois, j'ai vu plus distinctement que ce que je pensais être une paisible plage de sable blanc était en fait le boulevard des caïmans. C'était l'heure de pointe, il y en avait des dizaines !

J'ai adoré la Colombie. Tu es assis dans un bar et d'un coup ça danse. Tout le monde se lève et danse, tout le temps ! Là-bas, tout est à l'avenant. Ça vous requinque un flic, de plonger dans des ambiances comme ça ! Ce pays, comme un tas d'autres, m'a fait grandir, a renforcé mon humanité et mon sens des réalités. J'ai eu la chance de le découvrir depuis la terre et le ciel, grâce au parachutisme. Beaucoup considèrent que c'est une discipline fun, un loisir qui procure de l'adrénaline et des sensations fortes. Pour un opérateur du RAID, c'est d'abord une pratique opérationnelle d'une utilité majeure, un mode d'acheminement qui nous permet de nous rendre sur un lieu de crise sans éveiller la méfiance que cela susciterait par voie terrestre, d'approcher, par les airs, un site aux mains d'une équipe de terroristes. Une fois sur le toit, on peut investir l'intérieur de l'édifice pour créer une diversion, ou encore percer une brèche dans l'enceinte pour faciliter l'entrée d'un autre groupe d'assaut.

Quand on arrive au RAID, on doit se choisir une spécialité de déplacement. Certains choisissent le groupe « varappe », pour être aptes à escalader les parois des immeubles à l'aide de cordes. D'autres deviennent plongeurs, ils sont présents en protection lorsqu'un sommet politique a lieu dans une zone portuaire ou au bord d'un fleuve. J'ai préféré la section « para ».

Au-delà de son aspect purement opérationnel, le parachutisme nous permet de nous évaluer en situation de haut stress émotionnel. Sauter d'un aéronef en vol est une situation d'exception. Devenir parachutiste suppose un état d'esprit qui vous challenge et vous incite à ne jamais rester recroquevillé dans votre zone de confort. Là-haut, il vous faut en permanence vous adapter aux éléments, à l'imprévisible. Les événements qu'on rencontre ne sont jamais les mêmes.

J'ai eu l'occasion de sauter sur des villes depuis un hélicoptère. Ce n'est pas fréquent : les autorisations sont délivrées au compte-gouttes, pour des raisons de sécurité. Les zones de dégagement en cas de pépin sont méchamment absentes, et les terrains de football qu'on vise la plupart du temps sont souvent bordés d'arbres et de projecteurs. En pleine descente, les habitations vous montent à la gueule à une vitesse dingue ! J'ai souvent cru que mon altimètre était hors service.

J'ai enchaîné deux cent soixante-quinze sauts, dont onze en nocturne. Sauter de nuit, dans l'obscurité parfois totale, c'est impressionnant. Il est très difficile de se repérer et de distinguer la zone vers laquelle s'orienter. Et si nos altimètres nous renseignent convenablement en vol puis sous voile, ils ne sont plus d'une grande utilité dans les dernières dizaines de mètres où, les mains levées sur les commandes, on ne dispose plus que de notre estimation visuelle pour évaluer le timing de l'impact final. On court alors deux risques : soit celui de percuter directement le sol en ayant pris la décision de freiner trop tardivement, soit celui de percuter le sol après avoir au contraire freiné et donc arrondi son vol trop tôt, et d'avoir alors décroché brutalement de cette altitude d'arrêt inappropriée.

À cinquante-trois reprises, j'ai été largué depuis un hélicoptère. Quand le pilote te fait confiance, il accepte de se mettre en stationnaire et donc de se priver de la stabilité procurée par la vitesse de vol. Tu sautes alors en faisant très attention de ne pas t'impulser trop fort, pour ne pas nuire à l'équilibre et donc à la sécurité de l'engin. Dans ce cas, les sensations au sortir de la machine sont très particulières : vu l'absence de vitesse, aussi bien horizontale que verticale, on a l'impression de tomber comme une pierre, jusqu'à ce que l'air déplacé dans la chute fournisse assez d'appui pour se stabiliser. Mon cent soixante-douzième saut est resté gravé dans ma mémoire. On avait sauté à 1200 mètres d'un hélico EC145, au-dessus du quartier général du RAID à Bièvres. Les conditions atmosphériques n'étaient pas formidables. Si je m'en suis sorti sans trop de casse, un collègue a quant à lui fini sa course contre une camionnette de livraison garée sur le parking. Pas de mal. Heureusement, le véhicule non plus. Longtemps, on s'est interrogés sur ce qu'on aurait mis sur le constat à l'amiable en cas de dégâts. Un autre copain, un peu moins chanceux, s'est retrouvé dans le parc grillagé de notre chenil. Il est arrivé droit sur un malinois. Heureusement ce n'était pas un chien d'assaut mais un « renifleur d'explosifs ». Le maître-chien, qui avait repéré les pépins de notre copain, s'est précipité dans le chenil pour protéger ses arrières. Faut dire que chez nous même les « chiens explos » ne sont pas des tendres.

J'ai souvent eu des sueurs froides en parachute. Lors de mon cent soixante-dix-neuvième saut notamment. On avait été largués de nuit, à 2 000 mètres d'altitude, par hélico, du côté de Vichy. Notre largueur, qui n'avait pas beaucoup d'expérience, avait interprété le signe de la main « une minute » du copilote comme un « GO ! ». On est sortis avec une minute d'avance. Bien trop loin de notre zone d'atterrissage, que nous avions balisée au préalable avec les phares d'une voiture. Ça s'appelle « un vachage ». En clair : tu te débrouilles pour atterrir comme tu peux. C'est extrêmement dangereux, les sauts de nuit. Atterrir dans un champ de vaches est une bénédiction. Le danger, ce sont les lignes haute tension ou même les simples lignes électriques, qui peuvent faire office de potence ou de chaise électrique. Sans parler des arbres, des clôtures barbelées, des étangs, ou d'un simple champ de maïs. C'est traître et dangereux, le maïs, car il vous cache la vraie distance du sol d'un bon mètre cinquante. C'est énorme pour une rotule ou une cheville. D'autant qu'on saute lourdement chargé d'armes et de matériel. Ça aussi, c'est oppressant : on redoute toujours de perdre un truc en route ou d'emmêler nos suspentes avec du matos qui dépasserait un peu trop.

Cette nuit-là, à Vichy, je m'en suis bien sorti. J'ai atterri pas trop loin d'un des deux collègues qui avaient sauté avec moi. J'ai pu envoyer la fusée verte (la rouge signale les blessés, elle est prévue par le protocole pour qu'on vienne nous récupérer). On a mis un peu plus de temps pour trouver le troisième, qui n'avait pas pu déclencher sa fusée. Sa voile plus petite et plus rapide que les nôtres l'avait entraîné chez un paysan qui voulait d'abord finir de traire ses vaches avant de le ramener.

J'avais eu beaucoup plus peur encore le 11 septembre 2001, le même jour que l'attentat ayant entraîné l'effondrement des tours jumelles du World Trade Center. Encore un saut d'hélico, pour un largage à 1500 mètres d'altitude. C'était mon baptême en nocturne. Il faisait froid. Pour ne pas ajouter à mon stress et à l'inconfort du climat, j'avais enfilé un pull sous ma combinaison, et, en plus, rajouté une polaire par-dessus. J'étais paré pour le pôle Nord. Le hic, c'est qu'en sautant, toutes les couches de vêtements me sont remontées jusque sous les aisselles. Je ne pouvais plus saisir le *hand deploy*, la petite poignée située au niveau des reins et qui sert à déployer le parachute.

J'ai senti une décharge de peur dans tout mon corps, deux secondes d'adrénaline intense et absolue. Tout ça en pleine obscurité. J'ai dû forcer comme un dingue pour écraser mes vêtements et libérer la voile. C'est ça le parachutisme : s'attendre à l'inattendu. Vital, quand on est flic au RAID.

J'ai beaucoup appris sur moi-même le jour où j'ai eu un pépin après une ouverture de parachute un peu trop basse. Mon dispositif de sécurité avait déclenché mon parachute de secours alors que mon principal venait de sortir du harnais. Je ne m'étais rendu compte de rien, jusqu'au moment où j'ai jeté un coup d'œil pour vérifier l'état de ma voile. Effaré, j'ai découvert qu'elle n'était pas de la bonne couleur. Nos voiles d'armes sont grises, celles de secours, blanches. J'avais une putain de voile blanche au-dessus de la tête ! Mais où était passée la principale ? En me contorsionnant dans tous les sens, j'ai fini par la trouver quatre ou cinq mètres derrière, en bout de suspentes, encore emballée dans le pod, ce petit sac dans lequel on plie la voile avant de la positionner dans le harnais. En principe c'est impossible. Le rabat de ce pod n'est pas résistant, il s'ouvre facilement avec la vitesse du vent. Mais là, l'ouverture de mon parachute de secours l'en avait empêché.

Les paras qui ont sauté sur Diên Biên Phu en 1954 ne pouvaient pas vivre ce genre d'anicroches sans s'en rendre compte. Leur parachute de secours, « le ventral », ils se le prenaient dans la tronche comme une droite de Marcel Cerdan. Aujourd'hui, la voile de secours est dans le dos, à côté de la principale. Elle s'ouvre quand on tire sur la poignée, ou par sécurité, grâce à un petit boîtier réglé sur une altitude minimale. Un dispositif prévu en cas d'évanouissement.

Bref, ce jour-là, j'avais déclenché le système de sécurité par inadvertance. Disons plutôt par négligence. Comme je voulais profiter le plus longtemps possible de la sensation de chute, j'ai ouvert mon parachute le plus tard possible. Trop bas, en tout cas. Le problème, c'est qu'au moindre éternuement d'un alizé, au moindre virage de ma part entraînant une accélération, ma voile principale allait s'ouvrir et, forcément, elle serait de trop, risquant de s'emmêler avec la première. Là, c'est la mort qui allait frapper à ma porte, « toc, toc, toc ».

Je me suis dit que je n'allais contrarier personne : j'ai freiné légèrement ma voile, puis je me suis laissé porter par le vent, telle une feuille. Tout doucement, sans geste brusque. À 300 mètres, ma voile s'est déployée quand même. Là, j'ai eu la baraka : elle a eu la gentillesse de s'ouvrir juste à côté de l'autre. Elles se frappaient un peu, mais ça allait, il me fallait juste freiner davantage, façon orfèvre florentin. Et éviter que le mouvement de mes voiles s'accentue au point de se mettre en miroir. Il ne me fallait pas trop freiner non plus, car ma voile principale aurait pu, sous l'effet de l'air, doubler la voile de secours, se mettre à l'entourer, à l'étrangler. Dans ces moments-là, tout policier d'élite qu'on est, on se sent très humble. On serre les fesses et on égrène les secondes qui nous séparent du sol.

« Merde, Marco, t'as pas coupé les suspentes, comme dans *Rambo II* ?

– Non, non, j'ai pas fait le malin ! »

En l'air, ce sont toujours les éléments qui l'emportent. Comme en mer ou en montagne. Le stress en parachute est singulier, bien différent de celui, intense et immédiat, que l'on ressent lorsqu'on saute à l'élastique. Là, suspendu par les pieds, la tête en bas, on imagine bien ce qui pourrait se passer si l'élastique venait à rompre. On fait face à sa peur de manière cash et frontale. C'est très différent du parachute, qui permet de planer à 4 000 mètres d'altitude et de vivre des instants magnifiques. Si magiques qu'on devient contemplatif. Les routes deviennent des petits traits ; les champs sont des taches de couleurs. Tiens, des véhicules ! On dirait des fourmis. En parachute, on se laisse aller, on se prête à rêver… et le stress peut surgir de manière soudaine et très brutale. Par un simple petit coup de vent.

La plus grande frayeur, je l'ai vécue lors de mon quarante-deuxième saut. J'étais débutant. Le plus chevronné d'entre nous, un ancien champion de para sportif qui comptait plus de sept mille sauts, a voulu m'initier à la sensation de voler très près d'un autre parachutiste. Quand il s'est approché, j'ignore encore comment et pourquoi, je me suis retrouvé emmêlé dans la moitié de sa voile et de ses suspentes. Il pendait sous mes pieds, comme un lapin dans un collet. Impuissant. J'ignore si c'est moi qui ai commis une erreur ou si c'est lui qui s'est trop enflammé.

On a eu très peur. Lui encore plus que moi. Vu mon inexpérience, il craignait que je ne panique et me mette à effectuer une manœuvre inadaptée, par exemple libérer ma voile principale. Ça aurait pu arriver : à force de s'entendre répéter qu'en cas de problème, on libère la voile et on ouvre l'autre, on risque de le faire automatiquement, ce qui n'est pas toujours judicieux. Son parachute m'avait entouré les jambes. Je l'entendais gueuler mais je ne comprenais rien. Le vent et les voiles faisaient trop de boucan. J'ai accompli cinq gestes pour me débarrasser de sa voile ; ils ont fonctionné. En fait, il me criait

« libère pas ! ». Il réussira à freiner la deuxième partie de sa voile pour qu'elle ne continue pas à me saucissonner les guiboles. Les cordes ne me faisaient pas mal, mais j'avais comme un poids mort aux pieds. On était descendus à 400 mètres d'altitude. À cette hauteur on voit très bien le sol, et on devine que le tarif ne sera pas une simple luxation de l'orteil. Finalement, après avoir libéré sa voile, il a pu s'éloigner. On a atterri en catastrophe, sans pouvoir se mettre face au vent pour ralentir.

Une fois sur la terre ferme, je l'ai cherché du regard. Il n'en menait pas large, je l'ai lu dans son regard. Il redoutait ma colère. On est tombés dans les bras l'un de l'autre. Trop contents d'être en vie ! Allez, on pouvait aller se boire une bière. Je n'ai ressauté que six mois plus tard, au printemps, le 4 mars 2002. J'avais alors oublié l'incident depuis bien longtemps.

En février 2004, j'ai été « activé » pour une mission para opérationnelle. Un groupe terroriste qui se faisait appeler AZF exerçait un chantage sur l'État pour lui extorquer une grosse rançon. Ils menaçaient de faire exploser des voies de TGV. Pour prouver leurs capacités, ils avaient aiguillé les services d'ordre sur une bombe opérationnelle de 2 kg d'explosifs, posée en état de fonctionnement sur une voie et prête à être déclenchée. Tous les parachutistes du RAID avaient été inclus dans un dispositif d'interpellation que je ne peux pas dévoiler. La raison ? L'arrestation prévue en flag, en collaboration opérationnelle avec d'autres services, n'avait pas pu se dérouler comme prévu. Alors on a gardé la tactique globale au chaud, pour une éventuelle prochaine fois. Les services de police judiciaire ont fait avancer l'enquête de manière traditionnelle. Il y a eu des arrestations, mais j'ignore si l'ensemble du réseau a été démembré. On est souvent sollicités comme « bras armé », pour des interventions au pied levé. Quand on n'a plus besoin de nous, on rebondit tous sur une autre opération. Les enquêtes et les procédures judiciaires sont très longues, et on ne nous informe des affaires que lorsqu'elles revêtent un intérêt opérationnel qui nous concerne. Je me souviens juste que nous nous sommes retrouvés à sept, en stationnaire dans l'hélicoptère. Prêts pour un saut délicat lors d'une opération qui l'était tout autant. Je me souviens aussi des temps d'attente, chargés d'émotions et d'incertitudes. Le saut nocturne envisagé était risqué techniquement : une très petite zone de dégagement en pente au beau milieu d'une forêt, avec une autoroute d'un côté et une ligne à haute tension de l'autre. Le « top intervention », pour ce grand frisson, n'a pas été donné. Pour être franc, je ne l'ai pas vraiment regretté. Le fil du rasoir était très effilé.

6

La mort rôdait au Blanc-Mesnil

« Toute grande vocation est un sacrifice. »

— JEAN GUITTON

Cette histoire, je ne l'ai jamais racontée à ma femme. Elle l'a apprise lors d'un barbecue un peu arrosé entre collègues, pendant qu'on se remémorait nos anecdotes d'anciens, entre deux bières. J'ai préféré taire ce souvenir, bien d'autres aussi, pour ne pas l'inquiéter. J'ai toujours veillé à ce que la peur ne germe pas en elle, par ma faute, à cause de mon boulot. Je ne lui ai même pas dit le jour où le ministre de l'Intérieur m'a remis une décoration pour ce fait d'armes. Il aurait fallu que je lui raconte et je ne le souhaitais pas. Ma chérie m'a toujours laissé partir en intervention sans me faire part de ses appréhensions, elle voulait que j'aie le cœur léger en quittant la maison. Elle se disait « les gars sont bien entraînés, ils ont des protections efficaces ». Béatrice a aussi ses soucis professionnels, alors je ne parle que rarement « boutique » à la maison. Surtout devant nos deux enfants. Ou alors juste les trucs positifs. Pourtant cette histoire m'a longtemps pesé.

Le 27 septembre 2007, j'étais du groupe d'alerte appelé en urgence sur un forcené suicidaire, dans la zone pavillonnaire du Blanc-Mesnil, en Seine-Saint-Denis. Lorsque nous sommes arrivés sur place, à 16 heures, nos officiers de renseignements, associés à nos négociateurs et au psychologue du RAID, avaient déjà cerné le profil de l'individu grâce à une enquête auprès du voisinage et des proches. Le type était déterminé, très lourdement armé. Âgé de 52 ans et divorcé, il vivait du RMI, ne payait plus les traites de sa baraque depuis plusieurs années. Il avait accueilli la police et les huissiers venus l'expulser par des coups de feu. Et aussi des grenades artisanales : des boules de pétanque sciées, remplies de poudre noire et de clous. Allumées avec de la mèche lente.

Ce gars-là avait déjà braqué sa mère ou d'autres personnes pour un oui ou un non. Un énergumène qui n'hésitait pas à crever les pneus des voitures garées devant chez lui. Collectionneur, il détenait un arsenal : deux armes longues, dont un Mauser 98, un fusil à pompe, un pistolet-mitrailleur, huit revolvers, six pistolets semi-automatiques, plusieurs kilos de munitions diverses, plusieurs petits barils de poudre noire et un grand nombre de carcasses et de pièces d'armes, fruit de multiples tentatives de bricolage. Surtout, il assurait avoir piégé les issues de son pavillon. Il menaçait de faire exploser une bonbonne d'acétylène, une bonbonne d'oxygène et six bonbonnes de gaz de 13 kilos si les forces de l'ordre approchaient :

« J'emmènerai avec moi ceux qui seront entrés me chercher. » Au moins, c'était clair. C'était un ancien serrurier, dépressif. Signe qu'il était déterminé à en finir, il avait fait sortir son chat pour « l'épargner », avait-il confié à des proches. Il avait préparé son action de longue date. On avait affaire à un homme brisé, acculé par des années de procédures d'expulsion.

Par sécurité, vu la menace explosive, le périmètre avait été évacué dans un rayon d'environ 150 mètres. Des centaines d'habitants du voisinage se retrouvaient regroupées dans un gymnase pour les protéger en cas de déflagration. C'est une procédure assez rare en région parisienne, car ça représente un vrai barnum logistique, avec beaucoup de monde à évacuer.

Avec les gars de la section, on était tous exténués. La nuit précédente, on était déjà intervenus sur un autre forcené, à Chatou, dans les Yvelines. L'intervention s'était achevée au petit matin. De retour au QG du RAID, on avait en plus passé une bonne heure à ranger le matériel et reconditionner tout l'armement. On venait de finir de bosser et on s'est coltiné chacun une bonne heure de bouchons pour rentrer chez nous, piégés au milieu de ceux qui allaient embaucher. Affreux !

En arrivant chez moi, je m'étais effondré sur le canapé du sous-sol. Celui qui m'est réservé pour les retours tardifs de missions ou celles programmées très tôt le matin. Mon truc pour ne pas déranger toute la maisonnée. Pour tous les mecs qui bossent de nuit, malgré la fatigue, c'est dur d'avoir un bon sommeil réparateur en se couchant à 9 heures du matin. Trop de clarté, trop de bruit. Le repos avait été de courte durée. Vers 13 heures, mon bipeur s'est remis à sonner. J'étais retourné au service, sirène hurlante, en véhicule de rapatriement banalisé. Puis, bis repetita, on a chargé notre matos dans les monospaces de l'unité, et vlan ! direction Le Blanc-Mesnil. Avec la fatigue accumulée, j'ai pressenti que l'intervention s'annonçait difficile. Sur le coup, en arrivant, on ressent un shoot d'adrénaline, qui nous fait oublier le manque de sommeil, mais avec l'expérience on n'est pas dupe, on sait que cet effet va être éphémère. Face à un forcené, les interventions sont toujours plus longues. Vu qu'ils ne menacent pas d'otages, l'urgence est relative.

Impossible également d'envisager une relève, car deux de nos équipes étaient déjà mobilisées ailleurs. L'une en Corse, l'autre sur un événement sportif. Cerise sur le gâteau, notre « objectif » était serrurier. Au sein de la cellule effrac, on se doutait bien que ses portes allaient être compliquées à forcer. Ses proches avaient prévenu : « Même les portes intérieures sont méga-blindées. » Et ça n'a pas loupé, on en a bavé ! La situation était complexe : Primo, on ne pouvait pas tenter un assaut de choc frontal. Il nous fallait ouvrir une voie d'accès à son pavillon, à distance. Le risque d'explosion des bouteilles de gaz était réel et menaçait de pulvériser une partie du quartier. Secundo, il ne fallait pas être trop brutal à l'effraction : même si l'homme était réputé dangereux, il n'avait encore tué personne. Ces cas ambigus sont difficiles à gérer, techniquement et humainement. Alors, avec ces handicaps pesants sur nos épaules, on a d'abord fait plusieurs tentatives infructueuses d'effraction à distance. Notre vérin hydraulique, télécommandé, glissait, faute d'appui pour se caler sur le petit perron fait d'une margelle et de trois marches.

Nous sommes parvenus à arracher les grilles d'un soupirail sur le côté de sa maison en le tirant avec un véhicule de pompiers, puis on a grenadé la maison à la lacrymogène à travers ses fenêtres. Mais le gars était bien préparé. Il s'attendait à ce scénario et s'était aménagé un système de tubas lui permettant de respirer l'air du dehors. Les différentes initiatives opérationnelles et tentatives de négociation ont duré des heures, sans aboutir. Mauvais signe : la fatigue commençait à prendre le dessus. On sentait le froid nous engourdir et alourdir nos paupières.

Soudain, sans aucune concertation, notre commandement nous a demandé de nous préparer à ouvrir la porte, frontalement. On en est restés sans voix. Il était 2 heures du matin et, du PC, on nous donnait l'ordre d'aller à l'assaut. Je ne comprenais pas. Personne ne comprenait. Nous autres opérateurs de terrain, techniciens de l'intervention, on sait peser les risques. Là, c'était insensé ! On nous demandait d'obéir à un ordre absurde. La situation de la maison n'avait en rien évolué. Elle demeurait piégée et tout aussi dangereuse. Impossible d'approcher sans risquer une explosion. Le mec ne blaguait pas. On nous demandait d'aller au carton, sans nous expliquer pourquoi. Décision du préfet ? La présence, assez surprenante pour ce genre d'affaire, d'un grand nombre de journalistes ? L'impatience et la pression des familles délogées ? Reste que ça relevait de la mission suicide.

On aurait pu attendre, abaisser les risques. Bon, on a l'habitude de ne pas toujours comprendre les décisions de nos cadres et des politiques. On sait bien que ce n'est pas toujours le seul aspect opérationnel qui l'emporte. En règle générale, quand on prend le risque de menacer la vie d'opérateurs, c'est qu'on n'a pas le choix. Lors de la prise d'otages de la maternelle de Neuilly en mai 1993, les collègues ont risqué leur vie car ils n'avaient pas d'autres options. Le preneur d'otages qui détenait les enfants était retranché depuis quarante-huit heures. Avec ce niveau de stress et de fatigue, il montrait des signes d'instabilité. On sait, par expérience, qu'il allait entrer dans une phase d'hallucinations. Les enfants de Neuilly couraient un grand danger. Schéma identique lors de la prise d'otages de l'Hyper Cacher en janvier 2015. Les frères Kouachi venaient d'être abattus par le GIGN. Si le preneur d'otages l'avait appris via les chaînes d'info qu'il suivait sur son ordinateur, il aurait mis en œuvre le carnage qu'il avait annoncé. Nous n'avions pas d'autre choix que d'intervenir.

Mais cette nuit-là, au Blanc-Mesnil, il n'y avait pas d'urgence avérée, il n'était pas nécessaire de mettre nos vies en danger. On nous donnait pourtant l'ordre d'y aller. On allait même recevoir le « top intervention » le plus incroyable que j'aie entendu en vingt ans de présence dans la colonne d'assaut. Sans complexes ni peur du ridicule, le chef opérationnel avait d'abord demandé, par radio, d'informer la foule, amassée pourtant à près de 200 mètres de là, de se mettre à l'abri des éventuelles futures retombées de tuiles. Puis il nous avait demandé de monter au combat. Les hiérarchies sont habituellement assez discrètes quand il s'agit de dévoiler leur incompétence. Là, le stress l'avait totalement désinhibé : il avait donné ses (mauvais) ordres sur les ondes. Audibles par tous. Nos oreilles avaient saigné. Notre cœur aussi, car jusque-là ce chef était, pour la plupart d'entre nous, un copain. Ça a créé de la colère dans la colonne. On a dû la ravaler. Bons soldats, on s'est dit « quand faut y aller, faut y aller ! ».

Mon binôme et moi étions en première ligne. Il nous fallait casser la porte du pavillon sans la possibilité d'utiliser des explosifs à cause des bouteilles de gaz. Il ne nous restait que la solution mécanique avec le vérin hydraulique. La porte était ultra renforcée, on ne pouvait s'appuyer que sur les petites marches devant la porte et, ajoutée à cela, la gêne causée par un tas d'autres éléments : on s'est dit qu'on devait y aller à trois. Trois snipers sécurisaient les fenêtres. Un premier binôme équipé d'un bouclier s'était chargé de couvrir le soupirail à droite de la porte, pour qu'on ne se fasse pas allumer. Un deuxième binôme bouclier s'était chargé du second soupirail. Le reste de la colonne suivait à quelques mètres. Un écart qui n'aurait pas pesé lourd face à l'explosion de six bonbonnes de gaz. Un maître-chien était là, en appui. On a positionné notre vérin hydraulique face à la porte et on l'a actionné. Le point de fermeture du haut a très vite commencé à gémir. J'étais à genoux devant la porte, les deux mains sur le vérin, le visage face à la serrure. Soudain, j'ai entendu le gars aboyer derrière la porte : « Dégagez ! », suivi de deux détonations. Il venait de tirer. Pas de doute, ces balles étaient pour nous. Je n'ai pas pu m'empêcher de marquer un temps d'arrêt. J'étais certain d'avoir été touché. « Merde, pourquoi j'ai pas mal ? » Mon regard a décroché du vérin pour se porter sur ma poitrine et mes cuisses, puis sur la droite en direction de mes camarades. « Pourquoi personne n'est touché ? »

La porte s'est entrouverte sur dix centimètres. Plutôt que de laisser passer la colonne d'assaut comme d'habitude, on a tous préféré s'écarter, pour ne pas exploser. Le chien d'assaut grognait. Retenu par notre collègue. Étrangement, le forcené a capitulé. « Je me rends, n'envoyez pas le chien ! » A-t-il eu peur du molosse ? Redoutait-il de le blesser ? Il nous avait balancé ça avec la même intonation que son « dégagez ! » quelques secondes plus tôt. Rien ne tournait rond dans cette affaire. Pour le coup, la chance semblait nous sourire, alors on n'allait pas faire la fine bouche.

On a poussé la porte. Le type se tenait là, debout devant nous. Il n'avait rien dans les mains, alors on l'a menotté, puis on l'a sorti. C'est en découvrant la pièce située près de l'entrée qu'on a mesuré à quel point il ne plaisantait pas. L'endroit empestait comme si on avait brûlé un mélange de gaz lacrymogène, de poudre, de gaz butane et de soufre. Il avait bien ouvert une bouteille de Butagaz et positionné une bougie à un mètre d'elle. Mais, au lieu de faire exploser la bouteille, la flamme avait eu un effet chalumeau dont le souffle avait fait tomber la bougie sur le sol. La bouteille de gaz était noire, calcinée, et avec elle, tout le plancher en dessous. Cinq autres bouteilles de gaz avaient été disposées à proximité. Dans ce genre de cas, le taux de saturation du gaz dans l'air est un équilibre complexe à trouver. Trop ou pas assez de gaz, et l'explosion n'a pas lieu. Il l'ignorait. Mais il n'avait pas bluffé.

Le lendemain, dans la presse, j'ai lu qu'ils avaient attribué la reddition du forcené au mérite de nos négociateurs. Leur sens du dialogue avait bien réglé la situation, disait l'article. Foutaises ! On a l'habitude. Les négociateurs, comme les chefs, s'octroient toujours la gloire de nos résultats, se font mousser. Certains politiques trouvent leur compte dans ce bourrage de crâne. Pour eux, c'est tout bénef de faire croire à la population que tout va bien, qu'il ne faut s'inquiéter de rien. « Notre police veille, on a des résultats. » « On sait négocier sans violences, avec les mots. » Balivernes ! De la petite délinquance au terrorisme, en tant que policier de terrain, j'ai toujours été surpris de la manière dont sont présentés les faits. Souvent étouffés, parfois maquillés. Au final, notre « mauvais coucheur » du Blanc-Mesnil a été présenté par les autorités comme un mec un peu colérique. Il a écopé de trois ans de prison. Je ne suis pas certain qu'il ait exécuté sa peine entre quatre murs. Nous, on venait d'échapper à deux balles tirées à bout portant, avec pour bouquet final prévu une explosion d'une puissance telle qu'elle nous aurait pulvérisés aux alentours.

Jusqu'à ce jour, j'avais toujours cru en nos tactiques, à notre équipement. Policiers d'élite, on bosse dur à l'entraînement pour réduire le facteur risque au minimum. Au Blanc-Mesnil, notre salut, on le doit au seul facteur chance ! C'est fou ! Ce n'est pas normal ! Une institution telle que le RAID ne peut pas se reposer sur de l'aléatoire. Nos premiers ordres, formels, avaient été : « Ne vous approchez pas de la porte ! » Puis, sans aucun élément le justifiant, il y avait eu un revirement, on nous avait intimé l'ordre hallucinant de « péter la porte ». Winston Churchill a dit un jour : « Rien dans la vie n'est aussi réjouissant que de se faire tirer dessus sans résultat. » Du bla-bla. J'ai entendu siffler pas mal de balles, mais je n'y ai jamais pris de plaisir. La fumée d'un bon cigare cubain n'a rien à voir avec celle, plus âcre, que j'avais reniflée dans le pavillon. Et son arrière-goût avait la saveur de ma colère.

Durant une intervention, on est concentrés sur les gestes techniques et tactiques à réaliser. On garde la tête froide. On ne cherche pas trop à mesurer les autres aspects de la situation. Ça ne signifie pas qu'on obéit sans réfléchir ni qu'on agit sans penser au contexte. C'est juste que notre réflexion est axée sur l'action à effectuer. Notre discernement est totalement focalisé sur l'opérationnel, à 100 % dans nos automatismes et nos points clefs. En opération, nous ne sommes ni dans l'affect, ni dans le jugement, ni dans la contestation, ni dans la gamberge, ni dans l'anxiété. On n'est pas dans le « pourquoi ? ». Que la décision stratégique et politique ne nous revienne pas, on ne s'en occupe pas. Chacun son rôle. De la même manière que l'on fait confiance au partenaire qui s'occupe de la zone de danger à droite quand on s'occupe, soi-même, de la zone de danger à gauche. On fait confiance aux autres rouages de l'intervention et donc à nos cadres qui s'occupent de l'aspect stratégique, organisationnel, logistique et politique.

En cas de dysfonctionnement, comme ce fut le cas ce jour-là, la colère vient plus tard, après l'intervention. Idem pour la tristesse, la frustration, la haine, la rage… Au cœur de l'action, on est conditionné pour n'être touché que par certaines émotions et pensées en lien avec l'opérationnel : la peur de prendre une balle est autorisée, par exemple. C'est elle qui nous fera lever le bouclier au bon moment. Par contre, la peur d'être mal jugé par une hiérarchie ou de désapprouver un ordre hiérarchique, on ne se l'autorise pas. Elle pollue l'action plus qu'elle ne la sert. Le curseur émotionnel dans l'action est différent du curseur émotionnel en société. Alors nous nous sommes lancés dans l'assaut sans rechigner. Ce n'est qu'une fois chez moi, assis dans mon salon, que je me suis dit : « Merde, j'aurais pu crever là ! Le jeu n'en valait pas la chandelle. »

J'aime bien les bouquins de Jean Lartéguy, sa poésie de baroudeur. Il a écrit : « On ne peut pas toujours passer à travers les gouttes… les gouttes de sang. » Je me répétais : « Faut accepter la part de risques, mon gars. » On ne peut pas faire carrière au RAID sans accepter l'idée de sa propre mort. Alors on y va, c'est notre boulot. On a signé pour ça. On prend des risques pour le groupe, pour nos camarades. En conscience.

En revanche, la légèreté – pour rester poli – et l'inconscience de certaines décisions hiérarchiques, prises loin de la réalité du terrain, depuis les postes de commandement, sont inacceptables, ça passe une fois, deux… À la longue, ça use les hommes.

Ces mauvaises décisions altèrent durablement la confiance des opérateurs envers leur hiérarchie. La défiance affaiblit l'institution. La nuit suivante, ma troisième sans sommeil, une colère est montée en moi, semblable à une fièvre. Alors je me suis mis à écrire. J'avais besoin de consigner, de raconter tout ce qui venait de se passer. Exorciser. Comment pouvais-je expliquer à mon épouse, à mes parents, à mes enfants que j'étais encore en vie grâce à la Providence ?

J'ai tout noté sur un rapport, informel. J'y avais mis en cause toute notre chaîne hiérarchique. Dix pages. J'y avais passé la nuit ! Je n'ai finalement pas transmis officiellement ce rapport, mais je l'ai gardé sous le coude et n'en ai fait lire que le brouillon à un officier que je respecte, un ami. Je lui ai demandé son avis sur la démarche à suivre, sans trop d'illusions. Il ne m'a pas encouragé à shooter dans la fourmilière, il m'a rappelé le dicton en vogue dans les hautes sphères : « Pas de couilles, pas d'embrouilles. » Attention, là-haut, on est adepte de la ritournelle de Guy Béart : « Le premier qui dit la vérité, il doit être exécuté. »

Lors du débriefing de l'opération du Blanc-Mesnil, les chefs ont vite tourné la page. Certains n'étaient même pas présents pour ce feed-back. C'est peut-être ce qui est le plus grave dans cette histoire : on prend de moins en moins le temps de débriefer, pour ne pas froisser les susceptibilités, alors que c'est un moment important pour une unité comme la nôtre, où des vies sont en jeu. C'est un révélateur opérationnel essentiel. Mais l'époque ne veut plus froisser personne.

On m'a remis une breloque en bronze pour acte de courage et de dévouement. Fermez le ban. Dans leurs cerveaux, tout était réglé. Mais dans le mien, ça klaxonnait : « Fais gaffe, Marco ! La chance ne sera pas toujours là. »

J'ai envisagé de démissionner. « Pourquoi tu fais ça ? » « Pour qui tu fais ça ? » J'ai eu un énorme coup de stress. La plupart du temps, la pression est là et on fait avec, on décide, on s'adapte, on agit, on domine. Au Blanc-Mesnil ça n'a pas été la même limonade : on a subi. Plus aucun processus de maîtrise, plutôt une dynamique d'abandon. Quasi suicidaire. Impossible de contrôler sa vie lorsqu'on subit. Comment, dès lors, avoir une perception positive, constructive, des événements ? Le RAID avait coutume d'aborder l'adversité avec l'état d'esprit dynamique, au Blanc-Mesnil, le RAID a buté face à une situation mortelle.

Dans la police, on est comme chez les militaires : on prend sur soi, on va de l'avant et on ferme sa gueule. On n'est pas des pleurnichards. Il y a la culture de groupe aussi. Au RAID, on peut vite passer pour un « PSBI », celui qui « perd ses bras en intervention ». Les militaires des forces spéciales, avec lesquels j'ai pas mal bourlingué, parlent, eux, de « NAC », « nul à chier », ou « SNAC BAR », un « super nul à chier, bon à rien ». Alors on ferme sa gueule, on arrête de penser. L'urgence le fait pour nous. Le bipeur se remet à sonner. Il nous faut repartir.

7

Corsica, et cætera

« Aucune chasse ne vaut la chasse à l'homme,
et ceux qui ont longtemps chassé des hommes armés,
qui ont aimé ça… ne trouvent plus saveur à autre chose. »

— ERNEST HEMINGWAY

C'est joli, la Corse. Son soleil, ses dégradés bleus de la mer, ses senteurs de pinède… On s'y croirait en vacances. Sauf qu'après avoir arpenté l'île sous toutes ses latitudes, au RAID, on a fini par connaître l'envers du décor. Passé la carte postale, le *figatellu* a un arrière-goût de sang. Une de nos équipes s'y est fait attaquer alors qu'elle filochait des indépendantistes-braqueurs. C'était le 16 avril 1996. La voiture des voyous s'était brusquement arrêtée au détour d'un chemin, pour se positionner en embuscade. Ses occupants ont ouvert le feu pour tuer. Sur le siège passager, le chef de groupe d'intervention, René Canto, charismatique et chevronné, a subi un tir mortel. Il était père de deux enfants. L'opérateur qui était au volant a pris une balle qui s'est arrêtée juste au contact d'une vertèbre. Il a dû quitter le RAID, et a poursuivi une carrière en province, au sein des Renseignements généraux. Le troisième collègue, assis à l'arrière, est parvenu à s'extraire de la bagnole. Il s'est faufilé entre les balles. Il a éliminé l'un des deux assassins en ouvrant le feu avec son pistolet-mitrailleur HK MP5, puis est parvenu à mettre l'autre tireur hors d'état de nuire, le blessant à la main et à l'épaule. Les deux types apparaissaient dans un tas de rapports et de procès-verbaux: assassinats, tentatives d'homicide, escroqueries. Dans leur coffre, on a retrouvé des gilets pare-balles et un véritable arsenal. Celui qui a survécu a écopé d'une condamnation à vingt-huit ans de prison, en 1999. Le collègue qui l'a interpellé a reçu, un jour, dans sa boîte aux lettres privée, un petit cercueil en bois en guise de menace de mort.

Le RAID a toujours opéré en Corse. Sûrement parce que, là-bas, tout est politiquement assez sensible. Tous les policiers qui y ont été affectés ont connu ce maelström d'enfer et de paradis. Au fil de mes missions sur l'île, j'ai vu évoluer nos techniques de manière incroyable. Au début des années 2000, nous multipliions encore les opérations «capots chauds». En clair, on bondissait de nos lits dès l'annonce d'un attentat nocturne pour filer en direction du maquis. Là on tâtait à la paume de nos mains la température des véhicules des différents suspects qui étaient dans notre collimateur. La chaleur d'un capot était un indice, une culpabilité éventuelle. J'ai aussi connu ces balises qu'on glissait sous le bas de caisse d'une bagnole, en faisant mine de lacer nos pompes. Aujourd'hui, c'est plus compliqué. Pour tracer le parcours d'un véhicule, il faut, au préalable, avoir assiégé un juge de doléances appuyées. Les lois restreignent de plus en plus le travail d'enquête. De leur côté, les voyous sont de mieux en mieux renseignés sur nos moyens techniques et procéduraux par le biais de leurs avocats. Il leur est devenu très facile d'avoir un train d'avance sur nous.

Les évolutions techniques mises en œuvre pour rester opérationnel, paradoxalement, ne nous facilitent pas la tâche. Jusqu'au début des années 2000, on suivait les voitures à vue, parfois aidés de balises radio. Les années 2010 ont fait place au traçage par satellites. Nous n'étions même plus obligés de sortir, le trajet de nos « objectifs » s'affichait sur notre ordinateur. Lors de mes premiers séjours, on parvenait de temps à autre à aller piquer une tête dans la mer. La « période moderne » ne nous en a plus laissé le loisir. Avec l'« ancienne » méthode, on ciblait au flair et à l'expérience les créneaux les plus favorables à la récolte de renseignements. On savait estimer, en se basant sur les circonstances et en observant le comportement de nos cibles. On sentait tout de suite s'il était utile d'alléger ou de renforcer notre dispositif de surveillance. La modernité a supprimé le filtre du discernement humain, les machines ont pris la main. On a fini submergés d'informations, inodores et incolores, que l'on nous demandait d'aller exploiter, parfois même avec un temps de retard. Il nous a fallu cumuler des kilomètres de routes pour aller contrôler toutes les données recueillies par les balises. Les hommes se sont aliénés aux machines. On s'est usés la rétine à vérifier et à traiter les kilomètres de bandes de nos caméras vidéo espionnes. On n'a pas interpellé plus de malfrats pour autant. Il y a là un phénomène qui échappe à tout le monde : la technologie nous a asservis au lieu de nous faciliter la vie. C'était pourtant une de ses principales raisons d'être : faciliter l'enquête. La technique est censée servir l'homme, pas l'inverse.

En Corse, on a enchaîné toutes sortes de missions. Beaucoup d'arrestations au service de la police judiciaire : braqueurs et dealers. On a aussi collaboré avec le service des unités financières, pour des affaires d'escroquerie. Et, bien entendu, on a appréhendé de très nombreux individus pour des affaires de terrorisme indépendantiste. Les dossiers étaient souvent mixtes. On a accumulé bon nombre de missions de surveillance et de filature, tantôt au service d'autres unités de police, tantôt de manière autonome. Parfois, il y avait de quoi être perplexes : l'expérience malheureuse de nos collègues nous avait alertés sur le danger mortel de nous faire repérer, mais il nous est arrivé de nous faire griller et que la mésaventure se conclue par un « coucou » de la main d'un indépendantiste corse. Pas le genre d'attitude qu'on peut espérer d'un djihadiste ou d'un membre de l'ETA militaire.

Nous avons souvent été sollicités pour de la protection rapprochée discrète, en troisième rideau d'un président de la République ou de ministres en visite en Corse. On m'a aussi missionné sur des protections moins traditionnelles, par exemple protéger un homme politique natif de l'île, pendant une semaine de vacances, avec la consigne de ne pas se faire remarquer. Ce VIP redoutait que la présence d'un service de police n'attire la suspicion des autonomistes. « Quand on n'a rien à se reprocher, on ne prend pas de mesure de sécurité. » Du coup la mission se muait en un mélange de filature et de protection. On protégeait de loin, en suivant. On se montrait de temps en temps, histoire de rassurer, tout en maintenant plus de distance qu'à l'accoutumée, pour sauvegarder les apparences. Il n'y a que dans cette région que j'ai été amené à bosser ainsi. Ce mode opératoire farfelu n'était pas seulement dû à la paranoïa de notre homme politique : l'année précédente, il avait été pris en charge par des officiers zélés qui étaient sortis de leur bureau pour effectuer « la mission de l'année, voire de leur carrière ». Le VIP redoutait de se retrouver, de nouveau, dans la peau d'un président américain en déplacement.

La vie sur l'île de Beauté est souvent un peu teintée de folklore. Ma première mission là-bas remonte au mois de janvier 2004. La répression du terrorisme corse battait son plein. On bossait sur cinq individus à localiser et à interpeller. On venait d'avoir un tuyau sur une réunion nationaliste d'importance à Corte, une ville montagnarde du centre de l'île, fief réputé. On avait positionné notre dispositif d'observation aux entrées de la ville avec un objectif double : repérer la venue éventuelle de nos objectifs prioritaires, et en savoir plus sur cette réunion. Après quelques heures infructueuses et plusieurs « coups de chaud », à savoir le sentiment d'avoir été repérés, mon équipier et moi avons dû quitter notre poste pour ne pas compromettre la mission dans sa globalité.

Les autres équipes n'avaient pas plus d'informations, mais avaient décidé de tenir leurs positions tant qu'elles étaient en mesure de le faire. On s'est donc repliés, on a décroché de l'objectif mais en restant disponible. On est allés se poser dans un bar qui semblait parfait : lumineux avec de grandes baies vitrées. Il y avait une entrée donnant sur une place, l'autre sur le cours Paoli, l'artère principale de la ville. Le rade portait un nom sympa, avec le nom « France » dedans. Difficile de trouver plus tranquille et d'apparence plus républicaine. La mousse de notre première gorgée de bière à peine essuyée de nos lèvres, on a mesuré notre bévue. Juste à côté du billard qu'on squattait descendait un petit escalier en colimaçon. Les voix d'une conversation s'en échappaient dont une, caractéristique, que nous avons immédiatement reconnue. Coup de bol, la fameuse réunion, d'une vingtaine de nationalistes de premier plan, avait lieu à cinq mètres de notre coupelle de cacahouètes.

Je suis sorti dare-dare pour téléphoner à notre officier. « Postez-vous autour du bar, on reste à deux dans l'établissement. Dès que les objectifs remontent, je ferai sonner ton téléphone, et là, vous rappliquez tous les six. On profitera de l'effet de surprise. On avisera au mieux, selon les circonstances. » Au même moment, six jeunes pompiers sont rentrés dans le bar. Une bouffée d'optimisme m'a envahi : ces hommes en uniforme nous aideraient sûrement en cas de difficultés. Une demi-heure plus tard, notre partie de billard à peine achevée, les nationalistes sont remontés. Tous. Ils n'avaient pas des mines spécialement patibulaires, mais ne semblaient pas non plus très réjouis de nous voir. Ils nous braquaient de leurs regards froids. Dire qu'on pensait passer inaperçu ! Le serveur derrière le bar nous avait grillés.

Première leçon : dans les petites villes corses, tout le monde se connaît. Ils ont tous joué ensemble dans la cour de l'école. Quand tu as 40 piges, l'air athlétique avec le ventre plat et un faciès inconnu, tu pues le flic à plein nez. Et alors si tu es accompagné d'un autre type, avec le même profil et tout aussi inconnu, plus de doutes possibles : ça chlingue la flicaille. J'ai plongé ma main au fond de ma poche pour actionner mon téléphone portable. C'était le signal d'intervention pour le reste du dispositif.

Deuxième leçon : ne jamais compter sur un téléphone d'officier pour ce genre d'appel urgent. Ils ne sont jamais disponibles ! Un officier, ça passe son temps au téléphone. Pour des motifs opérationnels, c'est vrai, mais souvent aussi pour des motifs personnels. Ils s'arrogent le droit d'utiliser à tout va leur téléphone pro plutôt que leur perso. Mon officier du jour occupait la ligne malgré l'urgence de la situation. Peut-être commandait-il une pizza ? Une palette de parpaings pour bricoler chez lui à son retour en région parisienne ? En tout cas, il n'a pas reçu mon « top intervention ». Un officier ne doit-il pas se rendre absolument disponible pour ses hommes en pleine opération ? Y a-t-il motif d'appel plus vital ?

Troisième leçon : l'habit ne fait pas le moine. Les six pompiers, complices de la cible, l'avaient escortée hors du bar. Puis les nationalistes se sont dirigés vers les issues pour « les blinder ». Trois mecs à l'extérieur, devant chaque porte. Quatre ou cinq à l'intérieur. Les autres gars restants se tournent vers nous : « Qu'est-ce que vous voulez ? Ici, on n'aime pas les espions ! » Gros moment de solitude. Quelques images négatives me sont venues à l'esprit.

J'imaginais déjà une grosse baston, je voyais ma tronche avec des coquards et des chicots en moins façon touches de piano. Puis des questions ont tourné dans ma tête. Vu le surnombre, on allait finir attachés au fond du bar. Ou alors on allait finir à poil, rivés à un châtaignier dans le maquis, comme c'était arrivé à un collègue CRS deux ans auparavant.

J'ai dû, vite, mettre fin à mes divagations. Me reprendre et faire preuve d'initiative. On a serré notre coude contre l'étui de notre arme : la plaquer contre nos côtes, pour ne pas se la faire arracher. Puis on a forcé le passage. On a arraché des mains de la poignée de porte. Après quelques ruades et coups d'épaule, on est parvenus à sortir dans la rue. Ces nationalistes n'étaient pas de jeunes fougueux mais des mecs qui avaient de la bouteille. Ils ne tenaient pas à sortir trop ouvertement du cadre de la loi. Ils auraient pu aisément nous retenir, s'ils avaient voulu nous démonter, ils étaient vingt, nous étions deux. Ils se sont contentés de nous mettre sous pression. À moins qu'aucun d'eux n'ait voulu prendre la responsabilité d'une initiative qui aurait pu se terminer en bain de sang. Souvent, un seul gars suffit à mettre le feu, les autres ne font que suivre. Ce jour-là, personne n'a senti le truc, nul n'a osé. Tant mieux. La situation se serait gravement compliquée, physiquement, administrativement et judiciairement. C'est vrai qu'on n'avait pas le profil facile, et on était calibrés.

On a remonté le cours Paoli, sans courir, mais le cœur pulsant à 180 battements par minute. Notre officier ne répondait toujours pas au téléphone. Au rond-point, en haut de la rue, un 4 × 4, aux vitres teintées a déboulé en trombe, a freiné brutalement et s'est arrêté à notre niveau. Nouveau coup de stress. Quatre individus en sont sortis rapidement, gueules de tueurs, tous vêtus de treillis. Ils sont passés à côté de nous, pour finalement entrer dans un bar. Ouf! On n'a pas eu à dégainer nos armes. Ils n'étaient pas là pour nous. Nous étions à cinq mètres de la statue du « Père de la Patrie », le général Pascal Paoli, héros de la guerre d'indépendance de la Corse au XVIIIe siècle. La grande statue en bronze avait eu un sourire en coin. Les gars de l'unité nous ont récupérés pour nous ramener à Bastia. Notre officier avait le cœur léger : nous n'avions interpellé personne, mais les apparences étaient sauves. Il n'y avait pas eu de couilles, et il s'était évité des embrouilles. Rien de négatif ne viendrait entacher sa carrière. RAS, rien à signaler. Allez, oust ! « La vie suit son cours, on fera mieux demain. » Nous, on était passés pas loin d'un fait divers. Ça faisait froid dans le dos.

8

Objectif Yvan Colonna

« Notre monde n'a pas besoin d'âmes tièdes.
Il a besoin de cœurs brûlants. »

— ALBERT CAMUS

On nous avait assigné pour mission de fouiller les bergeries de la montagne corse. Pendant des jours, on a arpenté l'île, par binômes, à la recherche d'Yvan Colonna, l'assassin du préfet Claude Érignac. Déguisés en randonneurs, une carte IGN à la main, notre job consistait à répertorier toutes les bergeries susceptibles d'abriter le fugitif. Aucun opérateur ne râlait contre cette mission au grand air, dans un cadre aussi magnifique. Voilà qui nous changeait des interventions en cités et des forcenés.

Mon binôme et moi étions heureux comme des papes après une semaine paradisiaque sur les hauteurs, à « visiter » plusieurs dizaines de bergeries. Soudain, nous avons reçu l'ordre de redescendre pour une nouvelle mission, consistant à surveiller de près ce qui était supposé être la bergerie d'hiver d'Yvan Colonna, du côté de Cargèse. On s'est lancés sur cet objectif avec le même enthousiasme que pour les précédents. Mais notre manque d'expérience concernant la vie en montagne allait nous causer bien des déboires. Premier souci : la bergerie n'était pas isolée. Pour ne pas nous faire repérer, il nous a fallu nous cacher sous des arbustes épineux, si piquants que nous avons dû nous enfoncer dans nos sacs de couchage pour nous protéger. Le hic, c'est qu'une bergerie d'hiver est située bien plus bas que celles d'été dont nous descendions. On était en plein été sous une chaleur atroce. D'accord, nos sacs de couchage nous protégeaient des épines. Mais dedans on crevait de chaud.

Les alentours de notre petite cachette étaient jonchés d'excréments de cochons sauvages, d'ovins et de bovins. Du coup, on se retrouvait en classe premium à l'eldorado des mouches. Nos corps ruisselants de sueur les surexcitaient. On se liquéfiait et on se faisait bouffer. Ça ne pouvait pas être pire.

Ben si ! Une énorme laie s'est invitée pour le café. Sympa ! Sauf qu'elle était accompagnée de marcassins… J'ai grandi en Haute-Marne, là-bas on sait à quel point un sanglier peut devenir dangereux lorsqu'il s'agit de protéger sa portée. J'ai connu des chasseurs qui s'étaient fait violemment charger. Quand l'animal s'est approché à moins d'un mètre, mon binôme et moi avons eu le même réflexe. On a dégainé nos armes doucement pour les pointer sur son crâne. Si jamais elle montrait le moindre signe d'agressivité, on s'apprêtait à vider nos chargeurs. Je ne sais pas si on aurait été tirés d'affaire, mais on n'avait pas d'autre option. Putain, ce qu'on avait l'air fin ! Deux superflics, engoncés dans leurs sacs de couchage, en sueur, empêtrés sous un buisson d'épineux. Incapables de bouger. J'ai encore en mémoire la vision du flingue de mon binôme. Il tremblait, faisait des écarts de cinq centimètres. Au moins autant que le mien. On était pris d'un fou rire nerveux. À la fois exaltés, joyeux et paniqués. La laie a lentement tourné son groin vers nous, et nous a fixés. Trois interminables secondes. Puis elle s'est remise à fouiller le sol pour bouffer, comme si de rien n'était. Elle avait l'air blasée, comme si ce n'était pas la première fois qu'elle se faisait braquer dans le maquis par deux flics ruisselants, en plein été. Ses trois petits ont eu la bienveillance de ne même pas lever leur tête vers nous.

Une fois la laie éloignée, on a eu le sentiment d'avoir eu une hallucination due à un coup de chaud.

Il était 17h30, le jour déclinait. Un miracle s'est produit, les mouches en ont eu assez de nous harceler. La chaleur a baissé d'intensité. L'enfer tirait le rideau. On allait être cool. Mauvais diagnostic: la trêve consentie par dame Nature a été de courte durée. Une demi-heure plus tard, les moustiques sont entrés dans la danse. Des dingues! Ils pénétraient dans nos oreilles, s'enfonçaient dans nos narines. Pas des insectes, des psychopathes. On aurait dit qu'ils prenaient de l'élan pour nous piquer le plus durement possible. De vrais Corses.

On n'avait pas croisé un seul moustique de la semaine, là-haut dans nos bergeries d'été, et on n'avait prévu aucun répulsif. On s'est fait manger, dévorer. Quand la nuit est tombée, on était toujours embusqués sous nos épineux. En contrebas de notre petite colline, on entendait le « boum boum » des infrabasses d'une boîte de nuit, le Club Med de Cargèse. Mon compagnon de buisson était un robuste, ancien chasseur alpin. Mais quand même, vers une heure du matin, quand j'ai tourné la tête vers lui, il n'était pas bien. Il faisait une réaction allergique aux piqûres de moustiques, son visage avait gonflé, entre Elephant Man et Pierre Richard dans *La Chèvre*. Ses mains sont devenues énormes. Valait mieux pas risquer qu'il fasse un œdème... On a dû lever le camp, en abandonnant piteusement la mission. Un acte de bravoure qu'on n'a jamais mentionné dans nos curriculums. Beau bilan les gars : on avait subi la loi d'une légion de mouches, été terrassés par des hordes de moustiques, après avoir croisé un renard, une laie et ses trois marcassins. On a bien embrassé la honte, mais pas vu l'ombre d'un Yvan Colonna.

Bon, lui, on a quand même fini par l'interpeller, le 4 juillet 2003, près d'Olmeto. Le dénouement d'une traque qui a duré quatre ans. Pas en continu, certes, mais quatre années, quand même. Un tas de services de police avaient bossé d'arrache-pied. Le RAID, mais aussi la DNAT (Division nationale antiterroriste), la BREC d'Ajaccio (Brigade régionale d'enquête et de coordination), la SRPJ corse (Service régional de la police judiciaire), l'OCRB (Office central de répression du banditisme), les RG (la section de recherche de la direction centrale des Renseignements généraux). Et même les CRS (compagnies républicaines de sécurité) de montagne, venus de la compagnie de Lannemezan, dans les Hautes-Pyrénées. Chaque policier de ces différentes unités avait apporté sa pierre à l'édifice. Personne n'avait ménagé ni sa peine ni son temps. À l'image d'un match de football, chacun avait remonté un peu la balle vers les filets, même s'il y eut, parfois, quelques crocs-en-jambe entre équipiers. Le 4 juillet 2003, c'est le RAID qui s'est retrouvé en position de marquer le but.

L'étau s'était resserré autour d'un berger isolé que l'on suspectait fort d'être Yvan Colonna. Les trois quarts du service étaient descendus sur l'île de Beauté, au compte-gouttes, pour ne pas attirer l'attention des réseaux régionalistes insulaires, très présents dans les zones aéroportuaires. Nous avions attendu d'être en nombre, pour écarter tout risque de complications, si des complices étaient venus s'opposer à l'arrestation. J'avais déjà vécu ce genre de situation délicate en 1998, lors de l'arrestation d'un chef nationaliste. L'interpellation s'était bien déroulée, nous avions notre objectif ainsi que ses lieutenants aux casiers judiciaires débordants. On avait aussi saisi une pile de documents compromettants, et la collection du parfait défilé autonomiste : cagoules, combinaisons et banderoles. Surtout, un stock d'armes impressionnant. Des armes de la Seconde Guerre mondiale, pas le genre de celles qui servent pour le tir à la perdrix. À l'issue de cette interpellation, il nous avait été difficile de repartir, les nationalistes avaient organisé une manifestation avec une foule compacte protestant avec véhémence. Malins, ils avaient positionné des femmes au premier rang. Virulentes, dans leurs gestuelles autant que dans leurs propos, ultra agressifs. Il nous fallait éviter de tomber dans cette provocation. Derrière les femmes, en second rideau, on distinguait des gros bras, les mains semblant serrer des flingues dans leurs poches ou sur des « bananes », qui devaient abriter des armes. Un traquenard. Sous l'œil de journalistes, avec caméras, appareils photo et micros.

Les services d'ordre locaux avaient mis un temps fou à venir nous prêter main-forte. Sûrement parce que les enfants de ces locaux allaient à la même école communale que ceux des manifestants. Il nous a fallu compter sur nous-mêmes pour faire barrage à la foule. Le souci, c'était qu'avec nos armes de secours à la poitrine, aller au contact était risqué, nous n'étions pas des CRS. Ce face-à-face d'équilibriste a duré une bonne heure. Lorsque enfin nous avons reçu des renforts, c'est sous une pluie de pierres que nous avons évacué nos prisonniers.

Le contexte était différent en ce 4 juillet 2003, jour où nous avons interpellé Colonna. L'objectif était une bergerie perdue dans le maquis. Une parmi des centaines que nous avions ratissées au cours des derniers mois. Celle-ci avait paru suspecte dès le premier abord. Les hommes envoyés en reconnaissance avaient découvert un lit de camp. Pour observer la bergerie, ils étaient montés sur une colline qui la dominait. Cette butte se révélait être un poste de guet idéal : on pouvait y observer toute la région à 180 degrés et sur plusieurs kilomètres. Sans nuire au panorama, des arbres assuraient un camouflage parfait et apportaient un petit ombrage que l'on imaginait bien propice à de belles siestes. Si un lit de camp était installé là, c'est bien que les caractéristiques du site étaient déjà connues de quelqu'un d'autre. Après avoir pris quelques clichés, l'équipe de reconnaissance avait déguerpi, mais les gars, en jetant un œil sur les journaux qui traînaient là, avaient repéré des publications autonomistes. Assez pour donner envie d'approfondir la surveillance.

Une quinzaine de nuits blanches de planque s'étaient ensuivies, le nez dans la verdure. La bergerie était bien habitée. De superbes fromages mûrissaient dans une cabane attenante, grâce aux chèvres avec lesquelles l'hôte conversait. Un détail d'importance en effet : on avait appris qu'Yvan Colonna parlait aux chèvres. Des photos de l'occupant avaient été prises, de loin. Le profil physique de Colonna était compatible avec notre homme. Voilà assez d'éléments pour décider notre hiérarchie à procéder à une interpellation.

Si une approche discrète était possible par groupes de deux, sans matériel, c'était différent pour une équipe d'assaut complète. L'environnement était un domaine familial. Plusieurs pavillons étaient desservis par un long chemin finissant en impasse. Aucune excuse n'était plausible pour un touriste « perdu ». Le risque de se faire repérer était trop élevé.

Et puis surtout la bergerie était protégée par le meilleur dispositif d'alarme qui soit : des oies et trois chiens, dont deux en liberté, assuraient la garde en permanence.

Nous n'avions guère le choix : avant d'envisager un assaut, il nous fallait placer, en toute discrétion, le plus d'effectifs possible autour de la petite bergerie. Nos tireurs fusils étaient déjà en observation depuis plusieurs jours. Mais le dispositif n'était pas encore tout à fait étanche. Deux binômes avaient été envoyés au plus près, histoire de verrouiller les deux issues majeures. Et pour nous donner des informations complémentaires avant l'arrivée du gros de la troupe.

La bergerie surplombait la zone. Pour endormir la méfiance d'éventuels observateurs, des couples de promeneurs, homme-femme, ont été constitués. J'en faisais partie. Deux policières, puis cinq, puis neuf au total, avaient été recrutées par le RAID, en même temps que d'autres hommes, pour constituer une « antenne filature ». L'unité avait recruté une vingtaine d'effectifs spécialisés dans l'investigation, que l'on avait mixés avec une dizaine d'entre nous acceptant de lever le pied un temps sur les interventions normales. Le but de ce dispositif était d'accélérer l'enquête Colonna, car la mission commençait à être trop chronophage et affectait nos capacités d'entraînement interventionnel. Ce dispositif fut dissous à l'issue de l'enquête. Certaines filles sont retournées dans leurs anciens services, des unités de filature, dans la police judiciaire ou dans des services de renseignements. Une ou deux ont tenté d'intégrer la section intervention du RAID, sans succès. À cause de la dimension physique requise : en intervention, un opérateur porte 30 kilos, entre ses protections balistiques et son armement. À cela, il faut ajouter 10 à 20 kilos de bouclier ou d'outils divers. Deux filles sont restées, au départ pour quelques filatures dans le milieu du banditisme et de l'islamisme, et ont ensuite été formées au tir au fusil de précision. Mais la flamme de l'opérationnel pur n'a pas brûlé en elles très longtemps, elles ont intégré les bureaux de l'état-major.

La policière avec laquelle je devais faire équipe n'avait pas été formée aux interventions musclées. Le truc, c'est qu'on risquait tout de même de tomber sur Colonna au détour d'un chemin, et il pouvait être armé. De plus, il était de constitution robuste, apte à lutter. En cas de rencontre fortuite, j'avais donné pour consigne à mon équipière de participer au combat en s'accrochant au premier membre du fugitif qu'elle serait susceptible d'attraper. Une jambe, un bras, peu importait. Je savais que, l'individu ainsi lesté, j'aurais plus de chances de le maîtriser. Mieux vaut parfois assurer une technique simple que de risquer l'inefficacité d'une confusion. L'autre binôme était constitué d'une policière, devenue magistrate depuis, et d'un ancien vice-champion d'Europe de boxe française savate. On allait savoir, sempiternelle question qui ne vaut rien, qui des boxeurs ou des judokas étaient les plus efficaces. Notre joute, puérile, a contribué à désamorcer la tension.

Rien ne s'est déroulé comme on l'espérait. La nasse n'était pas encore refermée que nos snipers ont vu le fugitif en train de prendre un sac et de partir. Son comportement ne montrait pas d'empressement particulier. Impossible de savoir s'il s'agissait d'une fuite, d'un départ programmé depuis plusieurs jours ou d'une simple promenade. Le risque était là : Colonna était peut-être en train de nous filer sous le nez, à moins de trente minutes du déclenchement de notre assaut. Il n'a jamais voulu nous renseigner lorsque, plus tard, nous lui avions demandé s'il nous avait repérés. Il n'a rien dit, non plus, sur la raison de son départ. En le voyant boucler son sac, on a décidé de jouer le tout pour le tout : rester dans l'expectative. Nos effectifs n'ayant pas eu le temps de bien se positionner, on a misé sur le retour éventuel du fugitif dans les heures qui suivraient. On avait miné le terrain avec tous les raiders disponibles. Par deux, nous nous étions répartis sur la quinzaine de routes et de petits chemins de promenade avoisinants. Il faisait jour, il faisait beau. Rien ne s'opposait à ce que l'on temporise et que l'on attende notre chance.

Les ordres étaient de rester cachés le plus longtemps possible à proximité des chemins et d'interpeller le fugitif s'il réapparaissait. À deux contre un, et avec l'effet de surprise, la manœuvre était jouable. La zone était bien quadrillée. En cas de problème, les renforts pouvaient converger rapidement. Plus de trente opérateurs se sont donc retrouvés à habiter les buissons, les arbres morts, ou un rocher des alentours. Et la chance nous a souri. Colonna était bien sur le départ mais, avant de disparaître, il lui fallait récupérer un sac. On a su, plus tard, ce qu'il contenait : des vêtements, deux cagoules noires, une grenade défensive, un chargeur de pistolet automatique Luger et une enveloppe de 3 700 euros en petites coupures. En revenant à la bergerie pour récupérer son sac, il a quasiment marché sur deux d'entre nous. Il a tenté de fuir en courant dans un petit chemin escarpé et pierreux. Très vite, il a été rattrapé et neutralisé dans les cailloux par un camarade lancé à sa poursuite. Un ancien judoka qui avait fait de la compétition à un niveau interrégional, et pas mauvais boxeur. Il avait en soutien un autre collègue, footballeur, à même de shooter une reprise de volée dans les côtes si besoin.

Au terme de quatre ans de traque, nous n'avions pas souvent été bénis par la chance. Elle finit toujours par apparaître à ceux qui sont patients. Pour éviter tout soutien populaire en faveur de Colonna, nous ne sommes pas rentrés au commissariat, mais sommes restés en attente dans un local à proximité de l'aéroport. Mon binôme boxeur et moi avons, contre l'avis hiérarchique, laissé Colonna prendre la douche qu'il nous demandait. Il sentait mauvais, et puis on estimait que ce n'était plus le moment de la confrontation. Un peu d'humanité, diable ! Pour que la suite se déroule bien, aussi. Je l'ai quand même surveillé de près, j'avais peur qu'il tente de se suicider. La pression de la chasse à l'homme était retombée, et je me projetais déjà dans ma prochaine mission. Sous la douche, Colonna n'était pas l'ennemi public numéro 1, je voyais juste un homme qui pouvait me pourrir la fin de journée si je le gérais mal.

On est remontés sur Paris dans le Falcon présidentiel. Une première. C'est un tantinet plus confortable qu'un avion de ligne, nettement plus douillet que le Transall, le transport de troupes qu'on avait pris à l'aller. Mais le trajet m'a paru long. Il n'y avait plus rien à manger ni à boire. Toutes les Corona, bières très prisées de Jacques Chirac, avaient été descendues par l'équipe qui avait amené l'avion. Bah ! l'ambiance n'était pas à la fête. Nous étions sept ou huit policiers, de services et de profils différents, on aurait eu plein de trucs à se raconter, mais c'était difficile aux oreilles d'Yvan Colonna. On devait éviter qu'il prenne connaissance d'informations sensibles. On lui a, quand même, demandé s'il nous avait repérés lors de son départ dans le maquis en début d'après-midi. Il s'est montré évasif, nous faisant comprendre qu'il était inutile d'espérer une conversation franche avec lui. La mission était de le ramener à Paris, au siège de la Division nationale antiterroriste, afin qu'il soit auditionné. On l'a amené à bon port puis on est rentrés au quartier général, toujours en tenue de randonneurs, en bermuda et bob sur la tête. On s'est débarbouillés, on s'est changés, et on est allés retrouver nos familles. Plus tard, des camarades m'ont remonté mon sac d'intervention et mes affaires civiles, que j'avais laissés en Corse. Enfin ! on était tous soulagés de nous être retiré du pied cette épine de la traque d'Yvan Colonna.

9

En Afghanistan, au cœur du nid de serpents

« La prospérité découvre nos vices
et l'adversité nos vertus. »

— FRANCIS BACON

Survivre à Kaboul, dans l'Afghanistan en guerre. À votre avis, quel est l'exercice le plus adapté pour s'en sortir ? La conduite rapide anti-agression ? La maîtrise du tir de réaction rapide ? Le combat au corps à corps ? Rien de tout ça. Pour sauver votre peau dans cet enfer sur terre, il vous suffit de jouer au « jeu des 7 erreurs ». Ce truc que je lisais gamin dans *Le Journal de Mickey* a été mon plus précieux atout là-bas. Deux images quasi identiques, mais dans l'une d'elles ont été glissés sept détails différents. Regarde bien, Marco, observe ces deux images. Il y a sept points qui diffèrent, « sauras-tu les retrouver ? » Un truc d'enfant tout simple mais qu'un bon nombre de guerriers ont oublié : apprendre à voir, à capter, à saisir et à sentir.

Se mettre dans un état d'esprit félin. Une attitude qui demande d'être très « ouvert » intuitivement, à ne pas être mû uniquement par des automatismes de combat.

En tout, j'aurai séjourné huit mois en Afghanistan. La première fois, en 2007, c'était pour y former une unité spéciale d'intervention de la police afghane. Un truc dingue. Divine surprise, j'avais pu choisir mon hébergement, et même parmi trois options possibles, sensiblement du même coût : 1 000 euros mensuels, nourri, logé. La première était de séjourner à l'hôtel Continental, très confortable mais coûteux avec les à-côtés. Il proposait un bar avec piscine mais, avec mes deux collègues du RAID, on n'a pas senti le truc. Sa sécurité, bien qu'impressionnante, avait des failles. D'ailleurs plus tard, l'hôtel serait attaqué dans un raid qui ferait de nombreuses victimes. On avait pour autre choix de rejoindre l'enceinte des *contractors* américains de la firme Blackwater, spécialisée dans le recrutement de mercenaires. C'était au cœur du dispositif de l'armée américaine et tout confort. Des salles de musculation géantes, des cafétérias ouvertes vingt-quatre heures sur vingt-quatre. L'aspect ultra sécuritaire nous en a dissuadés : un couvre-feu se déclenchait à la moindre alerte, les procédures d'entrée et de sortie étaient bien trop strictes. On a préféré une troisième option.

Grâce à l'attaché de sécurité intérieure (ASI) de l'ambassade, qui nous avait mis sur un bon plan. Lui, son adjoint et le chiffreur de l'ambassade avaient loué une grande maison, une ancienne ambassade, et y vivaient ensemble. Mais ils l'avaient également reconvertie en chambres d'hôtes, si j'ose dire : les coopérants qui étaient de passage à Kaboul venaient y séjourner. L'endroit était sécurisé, bien sûr, gardé en permanence par des hommes en armes. En tout, cinq employés, pour la sécurité mais aussi pour la cuisine et le ménage. Ce style « à la française » nous convenait. Notre hôte était bien implanté dans le tissu social local, naviguait avec tact entre les autochtones, l'univers des expatriés et les autorités diverses, locales et de la coalition. Sa compagne, responsable d'une ONG, venait de traverser l'Afghanistan en stop. Incroyable. Il nous avait même prêté un véhicule, sans plaque d'immatriculation, avec en prime deux pistolets automatiques et une kalachnikov. Ne pas avoir de plaque d'immatriculation permet de ne pas afficher son statut d'étranger.

On a passé un séjour extraordinaire. Des sacs de sable étaient entassés jusqu'à mi-hauteur de chaque fenêtre dans nos chambres, mais on ne se sentait pas pour autant oppressés ou en insécurité. Les journées de boulot commençaient à 8 heures et s'achevaient vers 15 heures. Grâce à quelques bons tuyaux, on sortait un peu les fins d'après-midi, entre 16 et 18 heures. À l'époque la guerre faisait rage, mais au loin, dans les montagnes. On s'était même trouvé un bar avec piscine. Voilà qui nous mettait en porte-à-faux lors d'échanges téléphoniques avec nos épouses. « Ça va, tu tiens le coup, chéri ? C'est pas trop dur ? » On laissait imprudemment notre arme dans un petit casier, à l'entrée du bar. Pas les deux premiers jours, on avait réussi à les camoufler dans des serviettes, mais les types du bar ont fini par nous griller.

Bien plus tard, ce bar deviendra le lieu de tournage de la série télévisée *Kaboul Kitchen*. Une cible de choix pour les talibans, qui en feront une ruine après l'avoir attaqué et incendié. Oui, Kaboul était en guerre. Comme on n'était pas des mythomanes, on a avoué à nos épouses qu'on s'était dégotté une petite oasis dans cette ville de brutes. On a été plus discrets vis-à-vis de notre hiérarchie. Il faut connaître Kaboul pour comprendre que plusieurs mondes s'y côtoient. Il nous revenait de nous y frayer un chemin. Si nous avions trop baissé la garde, on se serait fait kidnapper ou tuer. Trop tendus, on aurait aussi chopé la mort, pété un câble.

Avec nos élèves policiers, les relations étaient courtoises, sans plus. Les collègues qui nous ont succédé l'année suivante nous ont rapporté qu'un instructeur de la coalition s'était retrouvé avec la kalachnikov d'un de ses stagiaires sous le nez. La France a fini par mettre fin à ces formations. Les missions qui ont suivi ont été plus tendues, plus proches de l'univers carcéral. J'ai appris à naviguer entre le « tout va mal » et le « tout va bien », quand bien même le nombre de morts donne raison aux pessimistes.

Après ce baptême de l'Afghanistan, j'y suis revenu pour des séjours plus longs, entre 2009 et 2012. Et d'un autre ordre : la protection de l'ambassadeur de France à Kaboul. Et là, chaque jour, chaque heure et chaque seconde, le jeu des 7 erreurs me revenait en tête. C'est la clef du métier en protection rapprochée : savoir sentir, percevoir ce qui détonne dans l'environnement, être à l'affût du moindre détail qui ne colle pas avec le reste, les mouvements dissonants, la moindre accélération ou syncope dans un rythme général. Un ralentissement, une immobilité incongrue qui cloche dans l'atmosphère et le paysage.

Tout doit être considéré comme suspect : un ouvrier sur un toit, une personne habillée différemment ou avec des vêtements trop amples, un véhicule qui ne se fond pas de manière fluide dans la circulation, le bruit du pot d'échappement d'une moto qui se rapproche, d'une autre qui remonte une file. Trop de monde. Pas assez de monde. Un truc qui ne cadre pas… Si votre mission dure cinq heures, vous jouez aux 7 erreurs pendant cinq heures. Si elle dure trois mois, le tarif c'est trois mois.

J'ai appris à porter mon attention sur chaque poteau, chaque arbre, chaque tas de pierres. Un vrai pisteur indien. Une voiture en stationnement peut s'avérer un repère pour un tireur embusqué dans un immeuble, même à plusieurs centaines de mètres. Pas forcément pour vous viser : il peut tirer pour déclencher une charge explosive ailleurs, sur une bombe artisanale, qui peut aller de 10 à 100 kg, enfouie dans une canalisation, sous la route, ou placée simplement dans le bas-côté. Les pièges sont partout, un vrai jeu de billard.

Surtout que s'il y a une chose dont les Afghans ne manquent pas, ce sont les explosifs. En 2012, je me souviens que 9 tonnes avaient été découvertes dissimulées dans un camion qui transportait des bananes. C'était en mars. Ce même mois, encore, 17 tonnes, sous la forme de cinq mille pains de 3 à 10 kg. Avec deux cents détonateurs, le tout camouflé dans des remorques fermées, tirées par des tracteurs, dans le sud du pays, dans la province de Kandahar. Kaboul n'était jamais en reste. Le 21 avril suivant, cinq gars avaient été chopés avec 10 tonnes, cachées sous des pommes de terre, dans un camion.

En Europe, il y a des centres de formation au football, en Afghanistan, on forme des assassins artificiers à tour de bras. En septembre 2008, un camion chargé de 2 tonnes de TNT avait explosé devant l'hôtel Marriott, à Islamabad, dans le Pakistan voisin et ses frontières poreuses. Plus de cinquante morts et trois cents blessées.

Là-bas, c'est simple : les bombes sont servies à la tonne. Et par camions ! Les talibans ont fait sauter 4 tonnes d'explosifs, en septembre 2012, près d'un camp militaire. Puis 2 tonnes dans un autre camp de l'armée afghane en juillet 2013. Si le *Guinness Book* avait une catégorie terrorisme option « explo », les mecs seraient dedans. D'ailleurs, des Afghans ont failli pulvériser le record en octobre 2013 : 28 tonnes d'explosifs, bien conditionnés en une bombe artisanale géante, cachée sous du bois de chauffage, toujours à proximité d'un camp militaire. L'attentat a été déjoué in extremis.

La société de consommation a beau être quasi absente en Afghanistan, la loi de l'offre et de la demande y survit assez bien. Les explosifs s'achètent grâce à l'argent de la drogue. Trois millions d'Afghans participent au trafic de drogue, selon une estimation. Il y a ceux qui cultivent le pavot, pour l'opium, ou le cannabis, ceux qui transforment la matière première, et d'autres chargés de la contrebande. En volume, ça représente une moyenne de plus de 6 000 tonnes d'opium par an. 8 000 tonnes en 2007, une très bonne année, contre « seulement » 4 000 tonnes en 2010, à cause d'une maladie qui avait affecté les plants. Ça fait quand même pas mal. Pour donner une échelle, c'est 90 % de la production mondiale.

Le tout converti en achat d'explosifs, ça laisse un crédit quasi illimité…

Dans la rue, à Kaboul, pas question de se laisser aller aux rêveries du promeneur solitaire. Une simple voiture stationnée sur un point de passage obligé peut s'avérer goinfrée de 250 kg d'explosifs. Lors d'un de mes séjours, un minibus qui en contenait une demi-tonne a explosé au passage d'un convoi américain. On appelle ça des IED, *improvised explosive devices* (engins explosifs improvisés). Ils se déclenchent à distance par un simple téléphone. Trois jours avant, lors d'une mission de précurseur d'un déplacement de l'ambassadeur, nous étions passés au même endroit. On y avait même stationné un quart d'heure ! Quinze minutes d'arrêt à Kaboul, c'est énorme. D'abord, on est vite repéré par les mômes qui accourent pour mendier. Les voitures piégées qui explosent à votre passage, c'est très fréquent. C'est arrivé cent trois fois à la coalition occidentale pour la seule année 2004. En 2011, ce chiffre avait grimpé à quinze mille six cent soixante-quatre attaques de ce type ! Voilà qui pousse à réfléchir : les Afghans ne sont pas du genre à lâcher, ils montent en puissance.

Le jeu des 7 erreurs renforce le nerf optique, travaille la vision périphérique et l'intuition. À Kaboul, c'est plus utile que les pecs et les biceps. Les Américains ont mis du temps à le comprendre. Grâce à ce jeu, on appréhende différemment un immeuble en construction. Il peut abriter plusieurs types de danger. Un tireur embusqué, ça, c'est plutôt classique. Mais aussi un actionneur de charge aux allures d'innocent. Il a juste à appuyer sur la touche d'un téléphone portable, par exemple. Lors de mon dernier séjour en Afghanistan, tous les jours un militaire ou un civil périssait dans ce type d'embuscade. Forcément, quand on se déplace dans Kaboul, on finit par voir le mal partout.

Ce n'est pas simple d'avoir à assurer une protection dans cet environnement incontrôlable. Même le plus pro des opérateurs est loin d'y maîtriser son destin. On a l'habitude de dire qu'il faut, dans ce domaine, faire son job précautionneusement mais aussi très ostensiblement. L'idée, c'est de dissuader l'individu mal intentionné par un travail bien fait, et qu'il se choisisse une autre cible ailleurs.

Tous les lieux sont dangereux, même les sites officiels comme les camps militaires. Soixante membres de la coalition ont été tués par des *green and blue*, ces militaires ou policiers locaux qui retournent leurs armes contre leurs « collègues occidentaux ». Rien que pour les huit premiers mois de l'année 2012. Vous imaginez bien que je faisais ultra gaffe, du coup, y compris dans des supposés sanctuaires sécurisés. Quand on arrivait dans le camp américain avec l'ambassadeur de France, nous avions beau appartenir à un pays allié et ami, on devait consentir à laisser les policiers inspecter le bas de caisse du véhicule et le capot, et attendre que se termine le travail d'un chien renifleur d'explosifs.

Dans les embouteillages, je regardais sans cesse les mains des piétons pour voir s'ils n'avaient pas d'armes ou des *sticky bombs*, genre de bombes magnétiques qui adhèrent aux véhicules grâce à des aimants récupérés sur les disques durs ou des enceintes de voitures. Les burqas aussi pouvaient dissimuler une ceinture d'explosifs : 2 kg, ça peut faire des dégâts. Les Afghans alternent les recettes : une charge lourde pour une explosion « passive », déclenchée à distance. Une charge « légère » pour des opérations à l'arme légère d'infanterie. Elles servent à créer une brèche dans un dispositif défensif.

J'étais à Kaboul le 8 septembre 2012 quand un *suicide bomber* s'est fait exploser, en pleine zone sécurisée, à 400 mètres de l'ambassade de France. Une zone dite « verte », ou *safe*, proche de l'ambassade d'Italie et du quartier général de l'ISAF (Force internationale d'assistance et de sécurité). C'est très étonnant qu'on ne communique jamais sur le bilan de ces attaques. On ne sait rien du nombre de morts ni du poids des explosifs. Chaque pays ajuste sa communication selon ses intérêts politiques. Dix minutes avant la déflagration, un de nos véhicules franchissait ce carrefour, cinq minutes après, un autre s'y est retrouvé bloqué. La raison ? On évacuait les cadavres des lieux. En Afghanistan, tout semble se dérouler avec lenteur. Et, d'un coup, tout s'accélère. Une bombe explose sur un marché fréquenté, un quart d'heure après tout a été nettoyé, évacué par pick-up. Rien à signaler, tout est rentré dans l'ordre. En apparence… Cela crée une fausse impression de sécurité. Il y a énormément de morts, mais on les voit rarement. Cet envers du décor nous plonge dans une brume émotionnelle permanente, on oscille entre un sentiment de tristesse et de la désillusion.

Le 28 mars 2015, un piéton s'est précipité sur le convoi de l'ambassadeur de France, à un carrefour, au moment où le trafic routier se trouvait ralenti. Le véhicule VIP a pu s'échapper d'extrême justesse. Mais un de nos véhicules suiveurs, avec deux collègues du RAID à son bord, n'est pas parvenu à s'extraire. Un véhicule civil qu'ils avaient laissé s'intercaler dans le convoi, pour plus de discrétion, les bloquait. Le piéton s'est collé à leur portière en agrippant la poignée. Il a fixé un des collègues du regard, puis a passé sa main gauche sous ses vêtements en effectuant un geste brusque de tirage. L'homme n'a pas explosé. Un coup de chance incroyable ! La faucheuse est passée devant la vitre, figeant un instant les esprits. Le collègue qui tenait le volant a alors percuté deux véhicules, puis a foncé sur un bus avec l'idée de se frotter à lui pour décoller le terroriste. Ce dernier a lâché prise avant l'impact et disparu dans la foule. Quand il vous reste encore trois mois de mission à faire, ce genre d'incident, ça vous pèse. À Paris, notre hiérarchie n'a jamais communiqué sur cet attentat auquel ces collègues avaient échappé. Nos chefs n'ont jamais eu de manifestation chaleureuse pour eux. Pas un mot, rien. Pas même une poignée de main en rentrant. Silence radio. Officiellement, tout allait bien.

Notre lieu de vie à l'ambassade avait des allures de prison de haute sécurité. Nous n'en sortions que pour bosser. Je partageais une petite chambre avec un collègue, dont la fenêtre n'avait pas de barreaux, mais était recouverte d'un film plastique. Une précaution : en cas de blast, pas de polycriblage. L'ambassade d'Allemagne, qui avait subi un attentat de 300 kg d'explosifs, nous avait gentiment recommandé de nous méfier des fenêtres. Si elles n'explosent plus, grâce au film plastique, elles peuvent se transformer en frisbee, traversant les pièces en tranchant tout ce qui se dresse sur leur passage. Confirmation en mai 2017 : un « camion-bétonnière suicide » a sauté sur un checkpoint, à 300 mètres de l'ambassade de France. Les vitres ont résisté, mais les fenêtres ont été projetées, avec les faux plafonds et les meubles. Dans la cour de l'ambassade, la poussière était telle qu'on n'y voyait plus à un mètre. Dehors, dans la rue, un cratère de 4 mètres de profondeur et 9 mètres de diamètre. Cent cinquante morts. Quatre cents blessés. Plus d'une tonne et demie d'explosifs employés.

Voilà le quotidien d'un séjour en Afghanistan. Il faut l'accepter, pour parvenir à se détendre, s'inspirer du fatalisme des Afghans pour ne pas être atteint par l'alarmisme ou la paranoïa. Notre boussole interne nous indique de rester professionnel. Faire son job, ça aide déjà à survivre. C'est aussi con que ça.

Dans ce contexte, c'est compliqué d'entretenir une relation amicale avec la population locale. Et c'est triste. On a essayé, un peu : « *salam* » (bonjour), « *bale* » (oui), « *taschacor* » (merci). Dans l'ambassade, on bossait avec des agents de sécurité locaux. On ne les connaissait pas bien, ils ne parlaient ni français ni anglais. On a noué de réels contacts qu'avec trois ou quatre d'entre eux. Surtout leur chef, qui parlait bien notre langue. Un Afghan nous préparait le repas de midi, un autre faisait le ménage dans les parties communes. Le soir, on se débrouillait pour faire la bouffe nous-mêmes. Pas simple de trouver un bon cuistot. À Kaboul, on ne passe pas une petite annonce pour en recruter, on essaye déjà d'avoir un mec un peu « safe ».

Notre cuistot nous avait été recommandé, mais pas par le guide Michelin ! Deux d'entre nous ont chopé des hépatites. Les médecins français ne sont jamais parvenus à coller la bonne lettre dessus : A, B, C, D ? Un des gars est devenu orange fluo. Pour de vrai ! Rapatriement en France illico. Long traitement, convalescence, guérison.

Du coup, après avoir formé des policiers afghans, nous sommes devenus formateurs de cuistots. D'abord expliquer les règles d'hygiène de base. Question de survie. Non ! La même éponge ne peut pas servir à la fois pour les travaux ménagers et la vaisselle. Se faire les ongles des pieds, c'est bien, mais pas devant la marmite qui mijote. Bon, niveau sécurité, il n'y avait rien à redire, le gars était fiable. Et super sympathique. Une fois qu'on lui a enseigné quelques rudiments sanitaires, histoire de ne plus nous empoisonner, il a été de bonne compagnie. Je dirais même plus : grâce à lui, on pouvait manger des produits frais qu'il nous rapportait du marché. Pour nous, ce genre de petite balade était strictement interdite. Grâce à notre chef afghan, on a pu bouffer autre chose que des conserves, des soupes chinoises et des rations militaires. À la longue, c'était dur. L'ambassadeur avait ses propres cuisines et son propre cuisinier, mais pas question de s'incruster, on n'y avait pas accès. À une époque, pour bouffer, on pouvait aller dans le camp américain, situé en face de l'ambassade. Là, ce n'est pas la même chose… Côté logistique, les Ricains sont incroyables : repas gratuits à volonté. Gargantuesques. Ils disposaient d'un large choix de produits de qualité, des viandes, du poisson, des fruits.

Pour les gars du RAID qui partaient en Afghanistan, c'était la loterie du «je t'aime, moi non plus» diplomatique. Mieux valait arriver dans les périodes où ça se passait bien avec les Ricains. On allait parfois flâner dans leurs magasins, incroyablement achalandés. Ça rendait service, surtout quand on tombait malades: leurs médicaments sont surdosés par rapport aux nôtres. Un de leurs cachets de caféine vous tenait éveillé la moitié de la nuit. Une angine? Leurs pilules vous requinquaient en deux jours. Pour le sport, avec leurs protéines, vous preniez deux centimètres de tour de biceps en quinze jours!

Les médocs, c'est précieux en Afghanistan! Une bénédiction, même. Avant mon premier séjour là-bas, un médecin du RAID m'avait assuré qu'il n'y avait pas de moustiques à Kaboul: «L'altitude est la même qu'à Courchevel, 1800 mètres. Il n'y a pas de moustiques à Courchevel.» Bilan d'incompétence: on s'est tous fait dévorer, l'un de nous a même chopé le palu. Bon, notre doc a fini par avouer: il connaissait très bien Courchevel, un peu moins l'Afghanistan. Et pas du tout Kaboul, avec ses taux record de matière fécale en suspension dans l'air. Et la Kaboul River, il ne connaissait pas non plus: un dépotoir à ciel ouvert qui se remplit jusqu'aux crues d'hiver, qui font office de chasse d'eau. À ceux qui projettent une petite villégiature là-bas, je conseille fraternellement deux médicaments: l'Ercéfuryl, qui fait office d'antibiotique intestinal, et, bien sûr, l'Imodium, un bon allié pour endiguer les flux malvenus.

The place to be in Kaboul? Je recommande le Camp Warehouse, je me suis fait pote avec le gérant. Allez-y de ma part ! Il est situé à 10 kilomètres à l'est de la ville, c'était devenu le QG tactique de la Force internationale d'assistance et de sécurité de Kaboul. Ambassadeurs, colonels et généraux de la coalition y commandaient leurs plateaux de charcuteries et de fromages pour les réceptions. Nous, on n'était pas généraux, mais il prenait nos commandes. Mon pote savait fermer les yeux. Bon, et puis il nous restait toujours la poste militaire. Nos familles bénéficiaient des avantages de l'armée pour l'affranchissement de colis. Du saucisson et quelques quilles de bordeaux ou de bourgogne, nom d'un chien !

À l'époque de ma première mission en Afghanistan, on avait recours à des chauffeurs locaux, qui connaissaient bien mieux le terrain que nous. Quand l'environnement politique s'est dégradé, on a dû prendre le volant, pour être en mesure de conduire de manière plus professionnelle en cas d'attaque. Dommage. On discutait beaucoup avec nos chauffeurs. Les occasions ne manquaient pas, pendant que l'ambassadeur faisait son job, on papotait de longs moments assis dans la voiture. J'avais bien sympathisé avec un de nos trois chauffeurs. Il me semblait cependant super décalé par rapport à sa mission. Dépassé, presque paumé, peu au fait des enjeux politiques. Son épouse en province portait la burqa. Il acceptait un peu d'alcool, qu'il engloutissait comme un trou. Il causait des rapports sociaux, compliqués, dans le pays, me racontait son impossibilité d'avoir des projets à long terme. Bosser pour l'ambassade lui rapportait du fric mais pas de quoi lui donner le sourire. J'ignore ce qu'il est devenu. Son fatalisme était flippant, mais bien raccord avec le reste de la population. La situation économique, autant que l'idéologie religieuse, l'incitait à vivre au jour le jour. Chaque matin il se levait avec la conviction que Dieu avait écrit la journée qu'il allait entamer.

C'est spécial, l'Afghanistan. Le pays se trouve sur la route de la soie. Les mecs ont subi la poigne des plus grands conquérants : Cyrus le Grand, Alexandre le Grand, Gengis Kahn, Tamerlan. Ce pays est un carrefour entre l'Asie centrale et le sous-continent indien. Un verrou stratégique qui suscite, en sous-main, la convoitise de toutes les puissances mondiales et régionales, depuis la nuit des temps. Après avoir enduré l'invasion britannique au XIXe siècle puis soviétique en 1979, les Afghans se sont colletés avec la dureté du régime taliban. Otages d'enjeux géopolitiques majeurs pour des pipelines de pétrole ou de gaz.

Dans les rues, j'ai eu beau chercher, je n'ai jamais croisé le moindre regard féminin. Toutes étaient entièrement dissimulées sous des burqas. Par contre, j'ai pu puiser de l'énergie dans le regard des enfants. Dans leurs yeux brillants et pétillants quand ils venaient nous quémander de l'argent. Allez, « OK ! ». On craquait devant cette humanité en devenir. Ils portaient un peu d'espoir dans les sourires. Engager la conversation avec un môme, c'était renouer de manière puissante avec la vie. Allez, je vais lui payer des chewing-gums à celui-là ! Tant pis si ensuite je suis submergé par dix autres gosses, jaillis de nulle part.

Je n'ai pas retrouvé cette lumière dans le regard des hommes. Ils m'ont paru accablés par ces décennies de guerres, hantés par la litanie des disparus. Dans leurs yeux, nous ne représentons plus l'espoir. Depuis longtemps, les Occidentaux ont déçu, et sur le terrain des espérances, la religion est bien plus à l'aise que nous. Dans les séjours plus récents, les rares contacts qu'on avait se réduisaient aux employés de sécurité locaux, lors de nos sorties avec l'ambassadeur. Quand on débarquait en éléments précurseurs, pour préparer l'arrivée du VIP. Ça fournissait de brèves occasions de bavarder. Ou alors avec des plantons de checkpoints privés. Tous nous disaient que les Français avaient une bonne réputation auprès des gens du pays. On enlevait nos gants pour leur serrer la main, on ôtait nos lunettes noires pour leur parler. Les Américains ne se laissaient pas aller à cette proximité, peu de nations se comportaient de la sorte. On leur filait nos bouteilles d'eau, des gâteaux. Quand l'adresse était récurrente, on partageait un peu plus. On faisait gaffe, quand même. Pour le thé, surtout. Ne jamais oublier qu'ils puisaient l'eau à des endroits improbables. Et certains n'étaient pas très regardants sur le temps d'ébullition nécessaire.

On cherchait à se lier par nature, par besoin d'échanger, par intérêt aussi. Ces gens connaissaient parfaitement bien leur environnement, ils auraient pu être en mesure de nous prévenir si quelque chose se tramait. Pour ça, il fallait qu'ils nous aient à la bonne. Une fois posé le jeu des 7 erreurs, il y a trois principes à respecter : Primo, un peu d'humanité ne fait jamais de mal, au pire ça permet de passer le temps de manière plus agréable. Secundo, dans notre job, plus on a de renseignements, mieux on se porte. Tertio, quand on a quelqu'un dans son dos armé d'une kalachnikov, autant faire en sorte d'être son ami.

Lors de ces échanges avec les Afghans, j'ai compris que ce pays a sa propre philosophie. Rien ne semble avoir d'importance : ni les armes, ni la vie, ni le froid mordant de l'hiver, ni la canicule de l'été, ni même cette poudre verte qu'ils chiquent pour rester éveillés et ne pas sentir la faim. Comme si leur propre destin pouvait se jouer sur une intuition, un coup de tête. Sans réflexion, ni trop d'analyse, sous l'effet d'une pulsion soudaine, d'une émotion. J'ai senti dans leurs yeux comme une forme de respect, de sympathie, peut-être même de fraternité. Tu te dis que ce mec pourrait te sauver la vie. En cas de soucis, il préférera tirer sur un autre. C'est toujours ça de bon à prendre.

À Kaboul, je conduisais toujours avec une kalach à côté du frein à main et un automatique sous la cuisse. C'est plus rapide que dans un étui à la hanche. Un jour on a eu de grosses sueurs froides à un checkpoint. On nous avait prévenus : « Faites gaffe aux faux checkpoints de talibans, c'est souvent là qu'ont lieu les enlèvements. » C'était à la tombée de la nuit, dans une zone un peu périphérique à la ville, au niveau d'un terrain vague. On a aperçu un barrage devant nous, trop tard pour faire demi-tour. De toute façon, ça n'aurait pas été la solution. Des anciens de l'unité avaient vécu cette situation au Liban, en novembre 1991. À une bonne distance d'un checkpoint, ils avaient manœuvré pour rebrousser chemin. Pas à cause du barrage : un des opérateurs avait juste oublié un truc dans son logement. Les militaires libanais, trouvant ça louche, avaient ouvert le feu à l'arme lourde. Une ogive avait coupé le cuir chevelu d'un des trois collègues, une autre balle était venue se loger, après avoir ricoché, dans la tête d'un autre. À l'hôpital, les urgentistes s'étaient précipités sur le premier tant il saignait. Ils ne comprenaient pas pourquoi celui-ci se débattait en montrant du doigt son collègue, bien plus gravement blessé même s'il saignait beaucoup moins. Ce dernier s'en sortira, avec une plaque en plastique pour remplacer son bout de crâne fragilisé et percé, et reprendra, quelques mois plus tard, son poste d'opérationnel au RAID.

Alors, face à ce checkpoint, dans le crépuscule de Kaboul, on a jugé qu'il n'était pas prudent de faire demi-tour. On ne savait pas où on mettait nos pneus : difficile de faire la distinction entre les tenues des policiers et celles des rebelles paramilitaires. Au barrage, une demi-douzaine d'hommes en armes. On a roulé au pas puis freiné. On s'est retrouvés chacun avec une kalachnikov sous nos museaux. Leurs doigts n'étaient pas tendus mais appuyaient bien sur la détente. Ils nous ont posé des questions. Enfin je crois. On ne comprenait rien. C'était déjà bon signe qu'ils nous parlent, même si leurs armes étaient pointées sur nous. J'avais anticipé ce genre de situations quand j'étais à Paris. J'avais demandé à un copain de m'écrire quelques mots en arabe : « Je suis policier à l'ambassade de France. Je collabore avec la police afghane. » J'étais plutôt fier de mon initiative. Le seul souci, c'est qu'en Afghanistan, l'arabe n'est parlé et lu que par une minorité de personnes. Ils parlent un tas de dialectes dont le plus répandu est le dari. Mauvaise pioche, Marco ! Gros manque de culture gé. On a sorti tous nos papiers. J'ai donné ma carte d'électeur, ma carte de piscine municipale, ma licence de judo, plus les papiers du véhicule, estampillés ambassade. On a aussi sorti notre sourire le plus sincère, le plus serein, le plus empathique. Les mecs étaient bien des policiers. Ils nous ont laissé repartir avec notre voiture sans plaque, notre kalach, nos flingues. On avait eu très chaud. On ne s'est guère vantés de cette affaire, pour éviter de s'exposer à un tour de vis de notre hiérarchie.

J'ai eu un flash après cet incident. Je me suis revu en France, refermant mon sac au moment de partir pour l'Afghanistan. J'avais la boule au ventre juste avant d'embrasser mon épouse et nos enfants. Filer à Kaboul, c'est pas aller au judo à l'autre bout de la ville. C'est un aller qui peut être tout simple. Un mois avant mon départ, j'avais rehaussé tous les montants de mon assurance-vie, au cas où...

J'étais conscient du danger, mais je ne voulais pas devenir obsessionnel. C'est terrible de partir en te disant qu'il y a peu de chance que tu reviennes. T'es membre du RAID, tu pars à Kaboul comme on roule vers une intervention difficile. Le risque existe, on le sait. C'est le job. On est super entraînés, bien préparés pour faire face au danger. On sait pourquoi on est là. C'est un choix personnel. Un désir, un appel. Dès lors, tu ne peux pas te laisser envahir par des pensées négatives et inhibitrices. Je reste déraisonnablement optimiste, porté vers l'action et vers l'avant. Ce n'est pas l'événement qui est stressant, c'est la représentation que l'on s'en fait.

Ma confiance et mon optimisme ont certainement aidé ma compagne à accepter ma passion. Elle ne m'a jamais mis la pression au sujet des risques de ma profession.

Elle me voyait heureux, rayonnant dans l'action, ça lui allait. Quand je partais pour trois mois de mission en Afghanistan, je n'ai jamais eu le sentiment d'abandonner les miens. Même si je savais que ce n'était pas anodin, que les liens familiaux allaient forcément en pâtir.

Pour engranger un peu de positif, avant chaque grand départ en mission, mon épouse et moi organisions un petit week-end familial à l'hôtel. Je me souviens d'un séjour sur les plages du nord de la France, en plein hiver. Il pleuvait. Tant pis. J'avais anticipé le truc et mis deux pelles de chantier et des combinaisons de ski dans le coffre de ma bagnole avant de partir. Mes enfants m'en parlent encore. Pas un chat sur la plage. On a bâti des châteaux de sable énormes. Odin, mon fiston, était rayonnant. Éolia, ma grande, était un peu moins emballée de se retrouver en tenue de ski sur une plage. On a récidivé deux ans plus tard, avant mon départ pour une nouvelle mission. Direction la baie de Somme pour faire du char à voile. La pluie était encore de la partie, j'avais ressorti les combinaisons de ski. Là, Éolia n'a pas apprécié : « Papa ! On va encore se taper la honte avec nos tenues de ski sur la plage ! » Mes enfants se moquent de moi. Je suis frileux, j'ai la manie de toujours trop m'habiller. À l'école de char à voile, on était les seuls à être habillés en skieurs. Mes ados étaient remontés contre moi. Mais au cœur de la balade, quand les autres étaient trempés, grelottants, frigorifiés et violets, je n'ai plus entendu mes enfants se plaindre. On était bien.

C'est ce que j'appelle se construire une « pensée parade ». Quand on a un souci, une pensée négative en tête, il est difficile de la faire partir. Le cerveau humain ne dispose pas de touches « Suppr », « Échap » ou « Reset ». Mon truc, c'est de superposer une pensée positive sur une pensée négative. Ça fonctionne aussi dans l'autre sens : ces superbes pensées construites sur les plages du Nord allaient résister longtemps avant de se faire recouvrir par d'autres, plus sombres, au fil de ma mission. Le but était qu'elles résistent au moins trois mois. À mon retour, on se faisait une autre sortie, une balade encore plus précieuse que celle du départ.

10

Bienvenidos sur RAID Airlines

« Voyager rend modeste.
On voit mieux la place minuscule
que l'on occupe dans le monde. »

— GUSTAVE FLAUBERT

À Accra, au Ghana, j'ai eu pour élève un personnage : il se trimbalait en santiags et Stetson du matin au soir. C'était monsieur le directeur général de la Police béninoise. Il avait dû s'infuser l'intégrale de John Ford en guise d'académie de police. Il était toujours accompagné du commissaire divisionnaire de Cotonou. Deux pointures. Ils s'étaient invités, en voisins, dans une section de policiers que j'avais pour mission d'aguerrir au tir. Ces deux VIP, qui allaient à leur guise dans mes cours, étaient logés à l'hôtel. Mes stagiaires ghanéens, eux, étaient consignés en caserne.

Les pauvres. Ils étaient censés dormir dans des chambres sans fenêtres, autant dire des cachots, infestées de moustiques. Alors, tous les soirs, ils traînaient leurs matelas vers le bord de mer, là où le vent du large fait fuir les insectes. Ils y traînaient leur couche de fortune, des morceaux de mousse décrépis par le temps, rongés par l'humidité. Leurs armes n'étaient pas moins piteuses, rarement utilisées, jamais graissées. En fait, ces policiers ne savaient pas tirer. Normal, ils ne s'entraînaient jamais, faute de munitions. En France, un gardien de la paix dispose d'un quota de soixante cartouches annuelles. C'est très insuffisant pour maîtriser l'usage d'une arme létale. Pourtant, ça reste un luxe par rapport à ces confrères ghanéens. Voilà, telle était ma mission : apprendre à tirer à des policiers sans munitions.

J'avais deux options devant moi. Soit faire comme mes prédécesseurs : m'en balancer le carafon. Me conformer au protocole. C'est simple : on échelonne nos séances de tir de un à dix en fonction des difficultés. Une fois le premier niveau assimilé, on passe à l'échelon supérieur. Autant dire jamais, vu le matos et le niveau, on n'avait aucune chance de progresser.

J'ai préféré imaginer une autre solution. J'ai mis en place des *drills*, des enchaînements de tirs en mobilité. Dès qu'ils se trouvaient dans la bonne situation pour ouvrir le feu, au moment d'appuyer sur la détente, ils devaient crier « Pan ! Pan ! ». Nul mépris, rien d'insultant. Il faut savoir, parfois, se satisfaire du dérisoire. En plus, la méthode fonctionne, on fait ce genre d'exercices à Bièvres. C'est de la visualisation. Et mon shérif en Stetson, ça lui allait bien de gueuler « Pan ! Pan ! ».

J'étais au Ghana avec deux potes du RAID. On a enchaîné de bonnes journées de boulot pour tenter de transmettre le max à ces policiers qui n'avaient rien. Un après-midi, on a eu envie d'aller piquer une tête dans l'océan, juste en face de la caserne. La plage était superbe, à perte de vue. Avec une luminosité extraordinaire, de gros rouleaux. J'ai pensé à nos plages landaises. Personne ne se baignait. Je me suis dit qu'il devait y avoir des requins, ou alors des baïnes. Là, aucun CRS ne serait venu nous chercher. Parmi mes deux potes se trouvait le chef de notre groupe « plongée ». Allez, on y va ! On s'est foutus en caleçon, mais on a quand même gardé nos godasses. La plage faisait aussi office de salon de coiffure. Nos stagiaires venaient s'y raser le crâne, et balançaient les lames de rasoir dans le sable après usage. Bon, on a plongé, bien barboté dans les vagues. Les stagiaires nous observaient en riant, nous applaudissaient avec ferveur. On était des vedettes. Aucun n'avait l'air de savoir nager. Les piscines sont rares à Accra. On en trouve dans les ambassades pour les diplomates. Eux n'étaient que policiers. Et pas possible d'apprendre à nager sur cette côte, si souvent agitée.

Un soir qu'on se baladait, on a découvert que notre plage servait aussi de toilettes publiques. Ah ben on avait l'air fin ! Dire qu'on s'était imaginé que leurs applaudissements étaient à mettre au crédit de notre maîtrise aquatique. C'est pas tous les jours qu'on peut voir trois gogos s'éclater dans une chasse d'eau. Belle leçon d'humilité. Comme quoi, on doit savoir prendre du recul sur les critiques, autant que sur les compliments.

Le Ghana a été un beau séjour. En vingt ans au RAID, j'ai fait le tour du monde pour un tas d'autres missions.

L'intérêt principal de ces échanges ne nous touche pas directement, il est politique : contribuer au rayonnement de la direction de la Coopération internationale sous l'égide du ministère de l'Intérieur. C'est assez lointain comme concept, mais bon. Pour nous, opérateurs d'assaut, ces missions sont des bols d'air régénérants. Une bénédiction. Elles requinquent notre motivation, nous changent des interpellations tendues, des opérations stups dans les cités.

On est accueilli dans le pays hôte par un officier, parfois même un commissaire, qui est le référent de l'ambassadeur de France en matière de sécurité. C'est souvent notre premier contact. Il nous accueille dès la descente de l'avion. Ce poste d'expatrié est plutôt à la cool : la paye est bonne, vous ne subissez pas une hiérarchie intrusive, vous disposez d'un logement de fonction confortable et d'employés de maison, pour pas cher.

En vingt ans, je n'ai jamais vu un de ces fonctionnaires de police venir assister à un de mes cours. Pas même à une séance de tir, histoire de vider quelques chargeurs. Leur truc, ce n'est plus trop la police. Certains basculent dans l'art local, deviennent de véritables experts. En Colombie, c'était les émeraudes. En Russie, les icônes. En Afghanistan, les tapis, en Chine, la porcelaine, et en Afrique, les masques tribaux. Ces gars-là ont accès à la valise diplomatique. Ils peuvent expédier un tas d'objets précieux en France. J'en ai vu qui arboraient la médaille des Arts et des Lettres à la boutonnière. Ils n'avaient pas vraiment les mêmes préoccupations que les collègues affectés en commissariat de quartier.

J'ai adoré enseigner à l'étranger. C'est ultra motivant, ça oblige à s'adapter. On se doit de modifier son approche pédagogique en fonction des cultures, du contexte. Selon les gars que tu as en face de toi, du matos dont tu disposes. Chaque fois, c'est un challenge.

Tu ne pars pas en mission « RAID Airlines » juste en short et en tongs. J'élaborais mes cours, je les structurais. J'approfondissais chaque sujet abordé pour être en mesure de répondre à toutes les questions. J'étudiais pour enseigner mieux, je m'investissais à fond. Par respect pour tous ces flics qui me faisaient l'honneur de m'écouter. Souvent ces mecs avaient connu l'épreuve du feu. Ils avaient leur propre vécu opérationnel. On ne vient pas dire la messe, on vient partager une expérience.

J'ai beaucoup appris au contact de mes confrères étrangers. En fait, on est tous en train d'inventer l'eau chaude chacun de son côté, selon sa culture, la législation. Comparer nos manières de trouver des solutions pour résoudre nos problèmes respectifs, c'était stimulant. La criminalité mute en permanence. Se reposer sur ses acquis, s'enfermer dans des certitudes, ce serait se creuser une belle ligne Maginot. Et s'attendre à s'en prendre plein la gueule en retour. Un policier doit être en mesure de s'ouvrir à ce que pensent les autres. On doit être capable de s'exposer à la critique, c'est la clef. Avec un tel état d'esprit, on peut rester alerte, affûté, opérationnel.

Dans chaque unité visitée, j'ai perçu des points forts, qui m'ont permis de mettre le doigt sur nos faiblesses. À l'inverse, leurs manques m'ont aidé à prendre conscience de nos qualités. J'ai effectué des exercices dans quasiment tous les pays d'Europe. En République tchèque, par exemple, deux jours intenses de simulation de prise d'otages dans un barrage hydraulique. On s'exerce beaucoup dans ces grandes infrastructures, la nuit, quand il n'y a personne : dans les aéroports, les galeries commerciales, au cœur du tunnel sous la Manche, à Eurodisney, dans des prisons en cours de réfection. À Prague, chaque groupe d'intervention devait résoudre des situations de crise, chacun de son côté, sans concertation, puis on débriefait ensemble. On soulignait les meilleures initiatives, on décortiquait les moins bonnes.

En 2013, les Belges avaient obtenu un gros budget du Parlement européen pour un entraînement à l'effraction rassemblant les groupes d'intervention de cinq pays. Dans une carrière à ciel ouvert, ils avaient installé une vingtaine de parois identiques aux murs des bâtiments du parlement de Bruxelles. On s'est exercés à créer des brèches de la taille d'un homme. Ça nous a fait énormément progresser. Jusque-là, nous n'avions accès qu'à de vieux bâtiments voués à la destruction, avec des normes techniques dépassées.

À Monaco, la police de la principauté avait eu le droit d'utiliser les anciens locaux de RMC, avant qu'ils ne soient réhabilités. C'était gigantesque. Ils nous ont invités, en contrepartie on leur a expliqué nos méthodes et permis de s'essayer à nos nouvelles pratiques. Là encore, on a engrangé une expérience précieuse. Ce n'est pas évident de trouver des portes à fracturer : c'est très coûteux, leur prix a augmenté avec la recrudescence des cambriolages. Les fabricants nous cèdent parfois celles qui ont des défauts, on les installe sur un portique qu'on a construit, avant de les fracturer. Mais rien ne vaut des portes « à l'état sauvage », comme celles de RMC. Alors quinze jours non-stop de fracture de portes à Monaco, on était en première classe. On a remis ça en Suisse. À Pise, en Italie, on a eu le luxe de bosser sur des vitres de banques ultra résistantes. La technique de casse est différente, plus complexe, c'est celle qu'on emploie pour des vitres de TGV ou des cockpits d'avions.

La Pologne, c'est pas le Ghana. Je veux dire qu'à Varsovie, mes stagiaires avaient un niveau très élevé. Les mecs pigeaient vite. Le programme que j'avais prévu pour deux semaines, ils se le sont infusé en trois jours. Ils disposaient de très nombreux sites d'entraînement, du coup j'ai pu aborder avec eux des cas pratiques vécus en intervention. Paradoxalement, c'est avec ces policiers de très bon niveau que j'ai connu mon seul accident. Un gars s'est logé une balle dans la cuisse lors d'un exercice de tir dynamique. Le coup est parti alors qu'il rangeait son pistolet dans son étui. J'étais mal. Quand ce genre d'incident se produit dans ton cours, tu te sens responsable. Le gars était un bon pro, mais il a dû quitter l'unité quelques mois plus tard à cause des séquelles. Je veux quand même garder un souvenir positif de mes confrères polonais. Ils nous ont reçus comme des papes, et par moins dix degrés, ça nous a fait chaud au cœur.

Un super accueil. Pas comme celui qu'on a reçu en Algérie, en 2011. On nous avait envoyés à Alger pour en apprendre davantage sur les pièges explosifs utilisés là-bas. On était reçus chez les « Ninjas » du GIS, le Groupement d'intervention spécial, des gars qui avaient morflé durant la « décennie noire » des années 1990. Le premier accueil avait été chaleureux, plein de promesses, et puis ça s'est dégradé, c'est devenu pourri. On a dû se taper une vérification d'identité de trois heures dans un commissariat. Comme si le gouvernement cherchait à nous éprouver. Puis on s'est fait interpeller lors d'un contrôle routier, à une heure du matin, sans avoir commis aucune infraction. On ne nous a raccompagnés à l'hôtel qu'au petit matin, après qu'on a fait jouer un nombre incroyable de rouages hiérarchiques. Réexpliquer, chaque fois, que nous étions là pour coopérer avec la police locale. Impossible de saisir ce qu'ils nous reprochaient. On a fini par penser que notre seule infraction était d'être français.

La douche tiède s'est refroidie. Notre interlocuteur Ninja ne cessait de nous parler des croisades, de la présence française pendant la colonisation, de l'absence de la France durant la décennie noire. Il appelait Marseille « la petite Alger » pour tenter de nous provoquer. Il était perclus de griefs. Il a surtout mis notre vie en danger : lors d'un exercice d'ouverture de porte à l'explosif, il nous a positionnés trop près de la charge. On a subi un énorme blast. Ce type était dans un bras de fer permanent, en quête de je ne sais quelle revanche. Lors d'un exercice de rappel, j'ai remarqué que les cordes étaient en mauvais état, mal assurées. J'ai refusé d'y participer. J'ai quitté l'Algérie sans y avoir rien appris, sinon que je n'y étais pas le bienvenu.

Au Vietnam, je n'ai pas senti ce trauma postcolonial. À Hanoï, au nord, j'ai eu l'impression que le temps s'était arrêté. Ce fut l'une de mes plus belles missions. Les commerçants portaient encore sur l'épaule des paniers à balancier, marchaient indolents sous des chapeaux coniques. Des nuées de vélos et de motos essaimaient à chaque feu rouge. Je donnais mes cours théoriques sur une estrade, sous l'œil de l'oncle Hô, père de la Nation, derrière un immense drapeau rouge fiché d'une étoile jaune en son centre. C'était en 2005, le pays semblait avoir adopté un communisme bienveillant. Jamais nous ne nous sommes sentis oppressés. Nos traducteurs parlaient un français châtié, mais ne connaissaient pas Alain Delon, ni Jean-Paul Belmondo, ni Lino Ventura ou Johnny Hallyday. Pas même Elvis Presley ! Par contre, ils connaissaient Descartes et Montesquieu. C'étaient des universitaires.

Les séances de tir avaient lieu en pleine nature, au milieu des rizières, avec pour simple sécurité un petit amas de terre derrière les cibles. Un commissaire politique braillait dans son haut-parleur avant chaque salve. Nos stagiaires étaient tout le temps souriants et prévenants, mais je les sentais bien plus guerriers et combattants qu'ils n'en donnaient l'apparence. En France, les murs de nos hangars d'entraînement sont souvent sales à hauteur des genoux : en s'y adossant durant les moments d'attente, les gars y reposent les semelles de leurs chaussures, qui laissent des traces. Au Vietnam, cette marque était à hauteur de visage. Je l'ai compris en les surprenant à faire des étirements, pendant les poses. Grand écart vertical, dès qu'ils en avaient l'occasion. La souplesse des jambes, c'est précieux en Vo Vietnam, leur art martial ancestral. Un muscle fort est un muscle souple, pas hypertrophié comme celui des GI.

L'Asie, j'y suis retourné souvent. J'ai passé quelques semaines en Chine, à Pékin, en amont des Jeux olympiques de 2008. On devait donner une formation sur nos techniques d'intervention à la PAP, l'unité antiterroriste de la police de l'Armée populaire. Une grande première ! Jamais aucune unité étrangère n'avait été conviée. On a donné nos cours sous d'immenses portraits de Mao, entre la faucille et le marteau. Mais on a aussi eu l'opportunité de partager le quotidien des membres de cette unité, et pas seulement leurs cadres. On partageait avec eux les repas et les moments de repos...

Les journées étaient denses, scandées à coups de sifflet. Un coup bien strident pour signifier l'heure de la douche. Un autre au moment de se savonner. Encore un pour se rincer, et un dernier quand est venu le moment de s'essuyer. Une danse frénétique, une vraie « choré » de Beyoncé ! C'était en novembre, on avait froid, mais l'hiver avait beau être précoce, la date officielle d'ouverture des radiateurs n'était pas négociable. Quand même, la révolution a permis un vrai progrès social : la sieste est institutionnalisée, même si elle aussi est annoncée à coup de sifflet... On a fini par ne plus répondre à ces stimuli. Pour éviter de devenir chèvres.

Pas étonnant que nos stagiaires aient eu tant de mal à prendre des décisions individuelles. Au RAID, nos tactiques laissent une large place à l'initiative personnelle. En intervention, si un opérateur file à droite, son binôme va couvrir le flanc gauche, intuitivement. On n'attend pas l'assemblée générale du Parti. À Pékin, quand un bonhomme obliquait sur la droite, le second et le troisième l'imitaient. Ce n'était que le quatrième, ou le cinquième, au vu de l'encombrement, qui commençait à se poser des questions. À se préoccuper des dangers potentiels sur le flanc gauche. Lors des séances de tirs, si le premier de l'alignement prenait une bonne position, celle-ci se dupliquait parfaitement sur le reste de l'équipe. À l'inverse, si un mec prenait une position malencontreuse, elle se dupliquait en cascade.

Leur propension à l'imitation est devenue, pour nous, une source de contrariété. On n'avait pas pour mission de « rééduquer » la police chinoise. Et encore moins la latitude. En Chine, le truc, c'est d'accueillir toute surprise avec un grand sourire et de la bonne humeur. De la même manière, les autorités accueillaient chacune de nos requêtes ou de nos remarques avec un enthousiasme affirmé, pour finalement n'en faire qu'à leur tête. Pendant nos cours, il nous était impossible de faire des apartés. On avait en permanence des micros, dictaphones, caméras et appareils photo sous le nez.

On a mis leur rigidité, et cette tendance à suivre des procédures, sur le compte de leur inexpérience. À l'époque, les Chinois étaient assez peu confrontés au terrorisme. Vu le nombre impressionnant de leurs effectifs, ils n'avaient pas encore appris à manœuvrer avec subtilité. Ils ne s'entraînaient pas assez à gérer l'incertitude, à savoir faire face à l'aléatoire, incapables de modifier leurs schémas tactiques de base. Leurs entraînements ressemblaient à des katas japonais, déconnectés des phases du combat réel. La réalité crée toujours des déséquilibres.

Un matin qu'on avait prévu un petit atelier interactif pour vingt bonshommes, on en a vu débarquer deux cents. Nous n'avions pas été prévenus. Là, c'est nous qui avons dû faire preuve d'adaptation. En direct, en plus, devant une caméra de télévision des années 1980, bien braquée sur nous. Peut-être étions-nous retransmis dans une académie de police d'une province reculée. Un genre de cours en Zoom avant l'heure.

Le soir, on s'aventurait en ville pour se dénicher une gargote sympa. On s'est hasardés sur des plats à base de méduse ou des langues de canards. Le plus risqué, c'était les repas officiels, quand même. On a failli rendre l'âme après le rituel des toasts. Des levées de coude infernales. Chaque fois, une grosse lampée de *maotai*, de l'alcool de sorgho. Cul sec ! On a trinqué à tout. « À la famille ! » « À la patrie ! » « Au Parti ! » « À l'amitié franco-chinoise ! » « À la vie ! » On a souvent vécu l'enfer, devant concentrer toute notre énergie à reprendre pied. On n'avait pas les épaules, Paulette ! Et encore moins le foie calibré pour. Je l'affirme : le *maotai* a failli nous tuer. On avait beau être des policiers d'élite, avoir une réputation à tenir, à mi-séjour, c'est simple, dès qu'une bouteille de *maotai* entrait dans notre champ de vision, on détournait la tête.

Je me suis éloigné du *maotai*. J'ai traversé l'océan Pacifique pour un autre genre d'épreuve, du côté de San Francisco. Le rassemblement de la grande « maison bleue » : l'Urban Shield, une épreuve marathon dans laquelle s'affrontent leurs différents SWAT, les *Special Weapons And Tactics*, leurs unités d'interventions. Avec une équipe de poteaux du RAID, on a été la première nation étrangère à y être invitée. On n'était pas peu fiers. Vingt-cinq équipes, huit opérateurs dans chacune. On s'est tiré la bourre sur un tas d'épreuves : des libérations d'otages, des assauts sur des forcenés, une crise face à des terroristes. Plus de deux mille bénévoles faisaient tourner le barnum. Des juges pour départager les équipes, des figurants, et même un staff de maquilleurs pour que ceux qui jouaient les blessés aient l'air bien amochés. Un cadre à l'américaine. On est même intervenus sur un porte-avions sur des otages retenus dans le poste de commandement !

En tout, cinquante-deux heures, sans dormir, à enchaîner les scénarios. Extrêmement éprouvant. Toutes les équipes étaient monitorées médicalement, à des fins d'études scientifiques. Une visite médicale initiale, complète, avec des électrocardiogrammes ; une autre, aux trois quarts des épreuves ; une dernière batterie de tests, vers la fin des épreuves, histoire d'étudier les réactions de nos organismes à l'« ultra-stress ». Notre *team RAID* a longtemps occupé la troisième place. Une dernière épreuve nous a fait perdre beaucoup de points, on a fini cinquièmes. Pas si mal. Tout ça nous a permis de jauger nos capacités, nos compétences techniques, physiques et bien sûr mentales. Cette compétition était une énorme opération de communication auprès des citoyens américains. Histoire de démontrer le dynamisme et l'efficacité des unités d'élite de la police. Dans un tel contexte, des étrangers sur le podium, ça aurait fait tache.

À mes débuts au RAID, en 2000, j'avais été envoyé en Slovénie pour une mission de formation avec six autres jeunes recrues. On n'a rien enseigné du tout. On s'est retrouvés en plein stage commando façon Armée rouge.

On s'attendait à réaliser des exercices en rapport avec l'intervention policière, du tir de discernement ou des progressions tactiques. Rien de tout ça ! On a été embarqués dans une compétition entre unités militaires. Avec mes 35 piges, je faisais figure de vieillard. Lors de la cérémonie d'ouverture, j'étais face à des mômes de 20 ans, boule à zéro. J'ai dû m'enquiller dix bornes de course commando, le truc qu'on ne fait jamais dans la police, puis porter un camarade dans une civière avec mes potes. Il nous a fallu franchir à la nage un étang dans lequel la plus microscopique des bactéries devait avoir la taille d'un hamster. Vu qu'on en redemandait, on a eu du rab : un parcours du combattant. Il nous a aussi fallu porter une roue de Jeep sans que jamais elle touche terre. Et on s'est terminés par des poussées de véhicule en côte. Du raffiné, façon infanterie de légion, quoi !

À deux pas du pays de Galles, à Hereford, j'ai eu le privilège d'entrer au saint des saints, chez les SAS britanniques. Le commando de forces spéciales le plus respecté au monde. Les étrangers y sont admis au compte-gouttes. Avec mon binôme, on y a croisé des collègues haut de gamme : deux membres des Delta Forces américains, deux gars du FBI, deux autres du GSG9 allemand et des forces spéciales norvégiennes (FSK). Ce fut extraordinaire ! Passionnant ! Trois semaines de rêve. Avec des cas pratiques intenses, seul un dixième du temps était consacré à la théorie. Les Angliches sont pragmatiques. On se levait à l'aube, et on affrontait le début de l'hiver avec un bon thé fumant. Ils nous en distribuaient plusieurs fois par jour. Le soir venu, on s'endormait sur nos fiches de révision. J'avais 47 ans, j'ai retrouvé mes 20 ans. Les jeunes commandos me reluquaient avec les yeux d'une poule qui a déterré une baïonnette de 14-18. Ils n'avaient jamais vu un gars des forces spéciales aussi vieux. Chez eux, le plus ancien avait 40 ans, il était dans les bureaux, affecté à la gestion du matériel.

C'est vrai que nos missions sont différentes au RAID. On ne fait jamais de grands trajets d'approche au pas de course, du coup on peut continuer à s'appuyer sur les hommes d'expérience malgré leur âge.

Tout était immense à Hereford : les hangars d'entraînement, leurs réserves d'explosifs. Des ingénieurs travaillaient à nos côtés pour récolter des données sur les explosions. On a fracturé des dizaines de portes, créé des brèches dans un tas de murs, brisé des dizaines de vitres, ouvert des portes d'avions. Nos frères d'armes SAS nous ont transmis un tas de connaissances ultra précieuses, et de bon cœur !

Au Venezuela, j'ai vécu une mission un peu plus *roots*. L'objectif était de former des policiers dans un camp de jungle. On avait débarqué par avion à Caracas. Le flic venu nous récupérer à l'aéroport conduisait avec un flingue coincé sous la cuisse. « Les mecs des bidonvilles descendent à certains carrefours, nous a-t-il raconté. Une vitre ouverte et vous pouvez vous faire trancher le poignet à la machette pour une montre, ou le doigt pour votre alliance. » On a vite refermé. On avait chaud mais on s'est tenus à carreau. Pendant le transfert en hélico, on était heureux de survoler la forêt, d'aller en immersion dans un camp militaire du Venezuela profond. Mais, quand on a découvert l'endroit, on s'est regardés tous les trois. On a pensé la même chose: «exfiltration!» D'accord, ça ne faisait pas trop baroudeurs, pas très confraternel non plus, de déserter le bivouac collectif. Mais vu la taille de leurs moustiques, je ne comptais pas me reconvertir dans la mercerie chaque matin au réveil. À vingt minutes de piste, on s'est dégotté une petite pension. Quatre chambres équipées de ventilateurs. Qu'importe le raffut qu'ils faisaient, dans la jungle, un ventilo ça vaut des lingots! On était des pachas. Et puis le soir, après le boulot, c'était sympa de boire des bières dans une ambiance de chants et de guitares.

J'ai effectué trois missions au Liban. La représentation diplomatique française y est très importante. Par deux fois, j'ai été affecté à la protection de l'ambassadeur. Pas simple, ce job: l'ambassadeur de France au Liban est une personnalité qui pèse, la tâche est ardue. Tous les soirs, il est invité à dîner. Autant de convois à préparer et à sécuriser. Et lorsque l'ambassadeur doit délivrer la parole de la France, c'est une tempête logistique qui se met à souffler: on se dirige, au minimum, dans cinq lieux différents; les interlocuteurs et les factions politico-religieuses sont nombreux au Liban. Ce pays est un billard. Y séjourner m'a vacciné contre les paradoxes.

Un lundi matin, je me souviens avoir escorté l'ambassadeur au siège du Hezbollah, dans le sud de Beyrouth. Le «Parti de Dieu» est une organisation déclarée terroriste par les États-Unis et un tas d'autres États. En arrivant dans leur fief, on pouvait voir partout sur les murs de grands portraits de Hassan Nasrallah, leur leader.

L'ambassadeur s'est engouffré dans un salon, je suis resté seul avec de gros barbus, balèzes et en armes. Des gars courtois. Ils avaient eu le tact de ne pas me désarmer, de me faire confiance. Ils m'ont même offert le café. Du turc, avec le marc bien dense au fond du verre. Le lendemain, un mardi, ambiance toute différente à l'ambassade du Canada. C'était un pays ami, membre de la coalition, pourtant ils ont exigé nos armes, puis nous ont laissés attendre debout, dans un couloir, surveillés de près par un garde-chiourme.

C'est au Liban que j'ai rencontré mes meilleures sources de renseignements dans le domaine des explosifs de circonstance. J'ai énormément appris de leur sens du système D. En tant qu'artificiers, on connaît tous des soucis pour faire adhérer nos supports de charges explosives, parce que les colles ou les gels spéciaux sont hors de prix. À Beyrouth, les gars savent bidouiller des trucs avec un pack de lait, des bouteilles de soda et du pneu de bagnole. Un recyclage quasi écolo. Ils sont démerdards, ils savent te fabriquer des colles puissantes en mélangeant des plaques de glu anti-rats ou du gel visqueux Canard WC. Certains de leurs produits faits maison étaient même plus efficaces que les produits industriels. Dire que j'étais parti là-bas pour enseigner… Dans mon paquetage, au retour, j'ai rapporté un tas d'objets dont peu d'ingénieurs auraient été en mesure de deviner l'intérêt. Moi je savais. Les Libanais me l'ont confirmé : l'imagination et l'adaptation sont la base de l'apprentissage.

En Corée, j'ai fait de la figuration, pas grand-chose d'autre. C'était avant la Coupe du monde de football, en 2002. On s'y est rendus à cinq mecs, en éléments précurseurs, pensant faire le même genre de missions que d'habitude. Rien de tout ça : à chacune de nos apparitions, des dizaines de journalistes nous attendaient. On nous a demandé de jouer des simulacres d'intervention. Entre nous, on s'était doutés qu'il y avait un loup. Notre commissaire numéro 3 faisait partie de la promenade, le truc qui n'arrive jamais. On était là pour six jours, on a laissé filer. Le matin, on se laissait prendre en photo en train d'applaudir des discours sur le rapprochement des deux Corées. Et l'après-midi, on tirait sur des cibles représentant un militaire nord-coréen en uniforme, non armé. Tout le séjour s'est joué sur ce tempo. Le but était de produire une belle vidéo de propagande, les exercices étaient des démonstrations théâtrales, pas des séances de travail. On nous demandait de bien nous orienter, face caméra. On a fait ce qu'on nous disait de faire.

La même année, au Mexique, j'ai vécu cinq semaines tambour battant. J'avais quatre ans de service, c'était ma première formation. J'accompagnais des anciens. J'ai observé, appris. La mission était particulièrement longue. D'habitude, elles ne duraient qu'une quinzaine de jours. Mais là, notre tâche était coton : créer un groupe d'intervention de A à Z. De l'étape de sélection jusqu'à la formation des policiers. Nous étions basés dans une grande académie de police, à San Luis Potosí, en plein cœur du Mexique, loin des grandes agglomérations. Une expérience formidable ! Totalement immergés dans la culture mexicaine. Il n'y a pas de touristes à San Luis, pourtant les sites sont grandioses : avec des déserts, des fleuves, des chutes d'eau, des gouffres à hirondelles.

On avait pris nos habitudes dans une boîte de nuit aux allures de hangar. Les locaux y dansaient tous dans le même sens, autour d'un grand poteau, une valse chaloupée façon country. Parfois on préférait rester dans l'école qui disposait de tout le confort : une piscine, un parcours du combattant pour rester en forme, un mur d'escalade et une belle salle de muscu. Et puis, magie, une salle informatique. On a pu envoyer les premiers e-mails de notre vie, c'était en 2002 ! Parfois on préférait sortir dans un petit rade, pas loin de l'école. Avec juste six chaises, pile-poil. Nos recrues s'investissaient dans nos cours, appliquées car impliquées. Tous avaient de l'expérience dans la répression du narcotrafic.

J'avais organisé des séances de judo. Bien sûr, j'en avais autorisé l'accès aux policiers qui n'appartenaient pas à notre promotion. Un jour, lors d'un combat d'entraînement, je me suis retrouvé face à un gars très solide. J'ai été obligé de hausser le rythme pour ne pas le laisser prendre le dessus. J'étais encore affûté, mes années d'équipe de France n'étaient pas loin. Après la séance, j'ai taillé le bout de gras avec ce judoka. Il sortait du lot. Un ancien athlète de haut niveau, reconverti en policier d'élite. Il m'a rappelé quelqu'un. Il enseignait à l'académie, le temps de sa rééducation : lors d'une opération anti-narco, il avait reçu plusieurs balles. Pour le maintenir en vie, les médecins l'avaient opéré sur place, à cœur ouvert. Il avait près d'un mètre cinquante de cicatrices disséminées sur le corps. Pendant tout le reste du séjour, les collègues m'ont chambré. Dès qu'on croisait un vieillard ou un amputé qui mendiait, ils faisaient mine de me retenir. Punaise, je me sentais minable d'avoir laissé mon ego prendre le dessus sur cet agent spécial en pleine convalescence. Lui et moi on a ensuite partagé un bon coup à boire. On a fraternisé. Je lui ai offert mon tee-shirt aux couleurs du RAID.

La semaine suivante, des flics qui prétendaient être des sélectionnés olympiques en taekwondo ont débarqué. Ils tenaient à nous exhiber leurs talents. Ils enchaînaient des coups de pied sautés, retournés en l'air, comme des hélicoptères. Ça devenait dangereux pour nos recrues, pour nous aussi. On les a laissés faire, puis se frotter à un collègue, vice-champion d'Europe de savate, catégorie lourds-légers. Notre ancien leur a tellement bombardé les guiboles avec des coups de pied, au moment où leurs cannes se posaient au sol, qu'ils sont repartis en boitant. C'est comme ça, dans une mission à l'étranger, la convivialité doit parfois se gagner. On évolue dans un milieu blindé de testostérone. Il est toujours de bon ton de répondre aux premières frictions. Un coup reçu, trois coups offerts, le genre de mise aux poings qui aide au bon déroulement pédagogique de la suite.

En Équateur, j'ai croisé Staline. Hitler n'était pas là. Quinze jours de mission dans une école de police à une centaine de kilomètres au sud de Quito, au pied du volcan Cotopaxi. 6 000 mètres d'élégance : il a attendu notre départ pour se manifester. Un pote qui avait fait une mission là-bas m'avait prévenu : « Tu seras pris en main par Hitler, tu verras, il est très sympa. » Pour me prouver qu'il ne me faisait pas une blague vaseuse, il m'avait montré une photo de la carte d'identité de notre correspondant local. Le mec se prénommait bien Hitler, et aussi Himmler. Il avait un troisième blase du même cru dont je ne me souviens plus. Bon, du coup, je n'ai pas croisé Hitler, il avait été muté à Quito.

En revanche, j'ai fait la connaissance de son remplaçant. « Bonjour, je suis Staline. » J'ai cru à une caméra cachée. Le type a dégainé sa carte d'identité. Putain, il s'appelait Staline et aussi Washington ! Sa hiérarchie préférait Washington. Le séjour a été plutôt calme, à l'image du pays. Là-bas, la police d'élite fait du sauvetage et de la sécurité civile. On bougeait un peu en ville, histoire d'aller bouffer dans des bouis-bouis. Des galettes de pomme de terre ou de maïs cuites sur des pierres volcaniques. Le dernier jour, nos collègues équatoriens se sont cotisés pour nous inviter à déguster un plat de fête : du cochon d'Inde. Tout le monde ne peut pas se l'offrir. Ils nous regardaient, cherchant à lire sur nos visages si on aimait ça. C'est un privilège culinaire. Certains d'entre eux n'y ont pas eu droit, ils n'avaient pas les moyens de payer. La chair du cochon d'Inde est assez proche du lapin, ça n'a pas mauvais goût. J'ai été moins emballé par la peau, très grasse, avec une odeur plutôt forte. J'ai feint de me régaler, surjoué l'enthousiasme, par savoir-vivre, par respect. Du coup j'ai eu l'honneur de terminer le plat. Il ne restait plus que le gras et la peau ! On ne devrait jamais mentir, même pour la bonne cause.

11

Derrière la Seine

« On devrait toujours se voir comme des gens qui vont mourir le lendemain. C'est ce temps qu'on croit avoir devant soi qui vous tue. »

— ELSA TRIOLET

J'ai escaladé la tour Eiffel à mains nues. On ne peut pas planter de pitons dans un tel monument. La technique consiste à progresser par groupes de cinq hommes encordés, puis à zigzaguer entre les structures métalliques. En cas de chute, c'est cet « emmêlage » qui nous sauve. J'ai participé à un exercice de libération d'otages dans la cabine de pilotage d'un porte-avions américain. J'ai sauté en parachute d'un hélicoptère russe MI-17, en Colombie avec le COPES, le Comando de Operaciones Especiales. Lors d'une mission de filature en corse, j'ai dormi dans des bungalows désaffectés avec, au lever du jour, la mer Méditerranée toute bleue, rien que pour moi, à quelques mètres. J'ai fait des « baladex » en Afghanistan : dans notre jargon, ce sont des protections de l'ambassadeur de

France et de ses VIP, en temps de guerre, aux frais du contribuable. Une occasion pour les politiques de faire un peu de communication du côté des postes avancés des militaires français. Des vols en rase-mottes exaltants mais avec un fort goût de danger, à tout moment on risque de se prendre un tir de lance-roquettes. Les montagnes afghanes en hélico, c'est extraordinaire.

Au Stade de France, à Saint-Denis, j'ai assisté aux Championnats du monde d'athlétisme aux premières loges : assis sur les structures du toit. J'ai vu toutes les finales d'un angle de vue inédit, juste au-dessus des athlètes. Toutes sauf les épreuves de javelots. Non pas par crainte de me faire transpercer par un jet mal ajusté mais plutôt pour ne pas accrocher le regard d'un spectateur ou d'une caméra de télévision. Les souvenirs s'entassent dans ma tête. En vingt ans au RAID, ma carrière de policier a dépassé ce que mon imagination avait envisagé de plus fou. Chaque fois l'adrénaline se mêlait à l'exceptionnel et même au rêve.

On a fait quelques belles sorties en bateau sur la Seine aussi, dans le cadre d'exercices visant à maîtriser la navigation sur ce fleuve. Au cas où se présenterait, sait-on jamais, une prise d'otages sur une des nombreuses embarcations touristiques de la ville. Pour ce genre d'opérations, on s'appuie sur la brigade fluviale, le service de police parisien qui s'occupe spécifiquement des cours d'eau de la capitale. Créée en 1900, à l'occasion de l'Exposition universelle, son QG est amarré quai Saint-Bernard, au pied du Jardin des Plantes, dans le Ve arrondissement. Le RAID dispose de deux bateaux à coque semi-rigide, qui lui sont propres.

Pour le reste, la brigade fluviale nous prête les siens quand cela s'impose. Faire des exercices et s'entraîner avec eux est toujours un plaisir. Et puis c'est un vrai privilège que de découvrir Paris vu de la Seine, avec des angles de vue exceptionnels ! Faire le tour de l'île de la Cité, passer saluer le Zouave du pont de l'Alma, longer l'île aux Cygnes jusqu'à la réplique de la statue de la Liberté. Et puis il y a la tour Eiffel, le Louvre, Notre-Dame… C'est juste merveilleux ! On est seuls sur le bateau, loin de la cohue des touristes qui braillent et des bus qui crachent leur carbone. Pas de trottinettes ni de pickpockets menaçants. La lumière qui se reflète dans l'eau donne à l'environnement des airs de tableau de maître. On devient poètes. Et puis soudain, on est arrachés à notre contemplation. Il faut s'accrocher aux poignées de maintien, car le bateau accélère. On est alors submergé par d'autres émotions, tout aussi extraordinaires. Le bateau frappe les vagues, rebondit, vire sur la tranche et manque de se renverser. On a le visage fouetté par l'eau, le vent et les souvenirs exaltants sur l'océan, à l'occasion de quelques autres entraînements, avec les commandos marine de Lorient. On passe d'une promenade bucolique et sentimentale à une virée dans les montagnes russes. En descendant du bateau, on a l'impression d'avoir pris une semaine de vacances.

Hélas, comme souvent, la médaille a son revers. Dans notre job, l'idéal peut très vite basculer en spleen, voire en cauchemar. C'est ce qui s'est passé un matin lors d'un exercice d'assaut sur un bateau de croisière touristique. L'entraînement a mal tourné. C'était le genre d'exercice assez compliqué à mettre en place, car il faut réussir à synchroniser plusieurs services et compétences. Il faut s'organiser avec la brigade fluviale, avec la base hélicoptère aussi, qui nous met deux aéronefs à disposition ; avec l'entreprise de bateaux touristiques, bien sûr, ainsi qu'avec une école de police pour fournir la foule d'otages figurants ; avec la sécurité publique pour sécuriser les bords de Seine de sorte que la circulation ne soit pas affectée par des automobilistes trop curieux. Il faut choisir le lieu le plus adapté pour la manœuvre, pour ne pas nuire au trafic fluvial. Positionner les snipers à même de renseigner et de faire usage fictivement de leurs armes. Il faut positionner les plongeurs pour qu'ils soient aptes à jouer leur rôle mais aussi pour sécuriser l'ensemble de l'opération. Enfin, trouver un bel observatoire aux autorités afin qu'elles soient témoins privilégiés des opérations.

Nous sommes rodés à ces gros « entraînements-barnums ». Ils ont tous la même caractéristique : pour quelques minutes d'actions réelles, on passe des heures entières à attendre que les autorités sortent la tête de leurs petits-fours.

Ce jour-là, le dispositif d'assaut comptait trois bateaux de sept opérateurs. J'étais dans le bateau numéro 3, et nous faisions des cercles de quelques centaines de mètres en attendant le « top assaut ». Les premiers tours avaient été assez agréables. Sous le soleil, avec un panorama splendide et la mission assez exaltante. Il y avait malgré tout un peu de tension, comme c'est toujours le cas dans ces exercices inhabituels où la marge d'actions, sans automatismes, est forcément plus grande que dans les exercices d'assauts d'un appartement que l'on répète deux fois par semaine.

Et puis ces exercices se font en *one shot*, parfois en deux essais, mais rarement davantage, à cause du courant du fleuve, de la consommation de kérosène des hélicoptères et de quelques autres facteurs légaux concernant la logistique et la sécurité. Il faut veiller à bien jouer son rôle dès le clap de départ. Et, même s'il ne s'agit que d'une situation d'entraînement, avec de faux terroristes, la mission reste dangereuse : nos protections balistiques pèsent plus de 30 kilos et ne sont pas faciles à retirer en cas d'urgence. Mieux vaut ne pas tomber à l'eau ! On nous équipe d'une sorte de gilet de sauvetage ressemblant à un airbag censé se déclencher au contact de l'eau mais pas des éclaboussures.

Des plongeurs du RAID sont dans le bouillon au moment de l'assaut pour pouvoir nous secourir en cas de chute. Dans la Seine, le courant est bien plus fort que ce qu'on peut imaginer. Entre la boue et le sable dragué par les péniches, la visibilité dans l'eau est quasi nulle. Le temps de survie d'un opérateur qui tombe à l'eau est réduit. Une minute trente d'apnée dans une salle de bains se transforme en quinze secondes dans la panique d'une chute dans la Seine. En novembre 2013, un gendarme du GIGN avait trouvé la mort lors d'un entraînement au contre-terrorisme maritime. Un exercice de nuit, conjoint avec la Marine nationale. La mission consistait à donner l'assaut à un bâtiment militaire naviguant au large de Toulon. Les Zodiac avaient abordé le navire vers 21 heures, et les opérateurs avaient commencé à grimper sur des échelles souples. Mais au bout de quelques mètres d'escalade, l'un d'eux s'est pris le pied dans les cordages. Il est tombé à l'eau et a disparu dans les courants. Son corps n'a été retrouvé que deux jours plus tard, par un robot sous-marin, à plus de 800 mètres de profondeur. Eux aussi disposaient de tous les dispositifs de sécurité et de plongeurs.

À Paris, sur la Seine, la répétition des tours en bateau a commencé à être pénible. Ils cahotaient de vague en vague. On se serait cru dans une diligence tirée par des chevaux sur une piste caillouteuse. Notre casque en Kevlar, qui pèse près de 5 kilos, ne cessait de sauter sur nos crânes. Les éclaboussures de flotte rendaient notre visière opaque. Ces embarcations n'ont qu'un siège, pour le pilote, placé au centre. Tous les autres passagers sont assis en amazone sur les boudins gonflables assez inconfortables. Une main accrochée à une corde à l'avant pour ne pas basculer vers l'arrière, l'autre main accrochée à une corde à l'arrière pour ne pas basculer vers l'avant. Un pied accroché à ce que l'on peut pour ne pas basculer de côté.

Alors que nous complétions une boucle autour du pilier d'un pont à un rythme assez lent, j'ai aperçu, à quelque 200 mètres devant nous, le bateau numéro 1 entamer son virage. Peu de temps après, il fut imité par le bateau numéro 2. On s'apprêtait à les imiter quelques secondes plus tard. Notre pilote avait laissé une très grande distance avec le bateau qui nous précédait, pour éviter tout risque de collision. Le rythme de notre embarcation était propice à la rêverie et, surtout, ce temps d'attente était susceptible d'entamer notre concentration. L'assaut futur allait se faire à un tempo bien plus élevé et en formation bien plus serrée. La cathédrale Notre-Dame, imposante et majestueuse, nous regardait opérer.

D'un coup, je me suis redressé sur mon boudin. J'ai vu le bateau numéro 2 couper la courbe un peu trop tôt. Puis il a glissé et est monté sur le bateau numéro 1. Assez lentement. On aurait dit une simple imprudence, un petit accrochage banal. Avec les copains de la troisième embarcation, on s'est exclamés : « Mais qu'est-ce qu'ils font, ces cons-là ? Voilà qui ne va pas arranger notre retard. » Quelques secondes plus tard, on a compris qu'il s'agissait d'un véritable accident.

Un de nos hommes était à l'eau. On entendait des hurlements. En nous rapprochant, on a assisté à une scène terrible. La deuxième embarcation était entrée en collision avec le premier bateau et l'avait chevauché. Le pilote du premier était à l'eau. Il ne courait pas un gros danger parce qu'il n'était pas équipé de gilet pare-balles comme les nôtres, mais portait un équipement allégé afin d'être apte à effectuer les manœuvres les plus fines possibles. Il fut repêché assez vite. Mais la violence de l'impact l'a blessé à l'œil. Il devra subir plusieurs opérations pour garder sa vue. L'urgence était ailleurs : le deuxième bateau, lourd de plusieurs centaines de kilos, avait coincé un opérateur, entre sa proue et la console de pilotage du premier bateau. Notre collègue hurlait de douleur. Deux d'entre nous, maîtrisant le secourisme, l'ont pris en main. Le premier bateau, dont le poste de pilotage était à moitié arraché, prenait l'eau. Un des copains secouristes qui s'affairait sur le blessé a eu cette phrase terrible : « Vite ! On est en train de le perdre. » Ces mots, bien que couverts par le vacarme, résonnaient en écho dans ma tête. Le temps s'est arrêté. La mort allait donc frapper là, un jour d'été, en plein soleil, lors d'un banal entraînement. Fractures multiples au bassin, aux jambes et au rachis. Poumons perforés. Notre camarade, aujourd'hui, quinze ans plus tard, a un poste aménagé dans une autre unité de police. Il prend toujours des médicaments à base de morphine, avec tous les effets négatifs que cela entraîne. Pour nous, la vie a poursuivi son cours. Pour lui aussi, mais d'une autre manière. Il n'en a pas terminé avec la rééducation et la souffrance, morale autant que physique.

C'est la face cachée que l'on ne voit pas dans les émissions télévisées qui racontent le RAID. Les images sont toujours sensationnelles. Parfois, en fin de reportage, on évoque nos morts en service. C'est primordial. Mais rarement la trentaine de blessés par balles en opération, à la suite de coups de feu ou de l'explosion de grenades. On fait un métier à risques. Certains ont dépassé les séquelles, c'est tant mieux. Les autres portent des fardeaux effrayants ; ils sont vivants, certes, mais doivent vivre avec des traumas et des stigmates. Je ne les oublie pas.

12

La traque des Kouachi

« Si vous traversez l'enfer, surtout ne vous arrêtez pas. »

— WINSTON CHURCHILL

Mercredi 7 janvier 2015. Il est 11 h 30. Au QG du RAID, je viens de finir mon activité du matin. De la tactique, du tir ou des sports de combat, impossible de me souvenir. Juste douché, je glande un peu en attendant des camarades pour aller déjeuner. Pour chacun de ses quatre groupes de vingt opérateurs, l'unité dispose de petites salles de repos équipées de canapés, quelques bureaux, un frigo, un micro-ondes, une petite machine à café.

Au même moment, au deuxième étage du 10, rue Nicolas-Appert, dans le XIe arrondissement de Paris, la conférence de rédaction de *Charlie Hebdo* bat son plein. Non loin de là, Chérif et Saïd Kouachi, deux frères qui revendiquent leur appartenance à Al-Qaïda au Yémen, cherchent l'adresse de cet hebdomadaire satirique. Après s'être engouffrés par erreur dans un immeuble mitoyen, ils y prennent des otages pour se faire guider dans le bon bâtiment. Ils finissent par dénicher la salle de réunion dans laquelle ils pénètrent et ouvrent le feu. Ils tirent sur les dessinateurs Cabu, Wolinski, Charb, Tignous… Ils vont abattre huit membres de cette rédaction et quatre autres personnes. Ils reprochent à ce journal des caricatures de Mahomet, hurlent qu'ils sont là « pour venger le Prophète ». Comme s'il avait besoin d'être vengé…

Deux policiers vont aussi trouver la mort dans cet attentat. L'un était affecté à la protection du directeur de la publication du journal. L'autre, qui patrouillait à vélo dans le secteur, s'est dressé devant les terroristes en fuite. D'abord blessé, il sera achevé cruellement. L'exécution, filmée, va être mise en ligne par un internaute, et fera le tour du Web avant d'être retirée par les autorités. Ces images révèlent la barbarie des tireurs, leur infini irrespect de la vie… Les supplications du policier au sol révèlent une détresse humaine des plus crues face à la sauvagerie.

À Bièvres, dans notre salle de réunion, on s'est levés d'un bond. Notre hiérarchie nous a « activés » illico. On a chargé en hâte nos monospaces d'intervention avec notre matériel et notre armement. On n'avait pas de temps pour un briefing préopérationnel. Il se fait en général sur la place d'armes, avec nos véhicules bien alignés, prêts au départ. Ce jour-là, les renseignements ont été égrenés par radio durant le trajet. Nous étions tous engagés en soutiens de l'enquête judiciaire, confiée à rien de moins que trois services : la SAT (Section antiterroriste) de la préfecture de Police de Paris, la SDAT (Sous-direction antiterroriste) de la direction centrale de la Police judiciaire et la DGSI (Direction générale de la Sécurité intérieure).

Dans nos véhicules, on avait tous la boule au ventre. On ignorait encore que cette traque nous tiendrait éveillés les prochaines quarante-huit heures. Les traces des frères Kouachi étaient fraîches, il nous fallait, au plus vite, leur fermer toute possibilité de fuite. Trois zones susceptibles de servir de retraite éventuelle avaient été délimitées. L'une gérée par le RAID, une autre par les gendarmes du GIGN et une dernière dévolue à la BRI de Paris.

Avec mon groupe, nous avons d'abord filé dans la région de Reims, où se trouvait l'environnement familial des terroristes. On a multiplié les assauts dans différents appartements pour tenter de les débusquer. Trouver des indices et des témoignages aussi. Nous avons enchaîné les interventions dans leur nébuleuse amicale à un rythme infernal. Chaque perquisition faisait grimper l'adrénaline. On avait en tête la sauvagerie de l'attaque qu'ils avaient livrée sur *Charlie Hebdo*, il nous fallait être ultra vigilants. Après une journée de dingue, on a enfin pu faire un petit break au sein de la compagnie de CRS de Reims. Deux petites heures de répit, entre 5 heures et 7 heures du matin, dans la nuit du jeudi au vendredi. Impossible cependant de dormir vraiment, nous devions rester à l'écoute des radios et téléphones... des outils qui ne savent pas discriminer les informations importantes des bavardages dérangeants. Au petit matin, on a avalé un en-cas au réfectoire de la CRS. Ce fut le premier et le dernier de la journée car, ensuite, tout s'est emballé.

Au gré des renseignements récoltés, nous avons fouillé, sans relâche, toutes les cachettes possibles, des petits villages aux forêts. On a fureté autour des maisons isolées à la recherche de traces d'effraction. On a lancé des assauts sur des maisons jugées suspectes. On était à fond. On savait qu'ils disposaient de deux fusils d'assaut kalachnikov et d'un lance-roquettes moderne, un RBR M80 de 64 mm. Ils venaient d'abandonner un véhicule, une Citroën C3 noire, dans laquelle avaient été retrouvés des grenades fumigènes, une dizaine de cocktails Molotov ainsi que des drapeaux djihadistes.

On pistait la trace d'une Renault Clio grise volée, dans laquelle les Kouachi semblaient avoir pris place. On roulait énormément. Chaque témoignage récolté nous faisait bouffer des kilomètres pour aller authentifier les infos, toutes les pistes potentielles. La voiture avait été vue à droite, on allait à droite, jusqu'à ce qu'un témoignage nous la signale à gauche... Impossible de relâcher la pression. Et il s'avérait compliqué de trier les témoignages, dont certains, farfelus, nous propulsaient sur de mauvaises pistes.

En plus de ça, il nous fallait gérer la présence d'équipes de journalistes. Dans leur chasse au scoop, certains roulaient comme des dingues, donc comme des suspects. La voiture d'un des reporters était aussi une Renault Clio grise, ce qui nous a fait perdre un temps précieux. La confusion aurait pu être dramatique.

Non contents de nous gêner sur les routes, des cadreurs des chaînes d'info se sont mis à marcher à nos côtés alors que nous investissions un village, inconscients des risques qu'ils couraient et de ceux qu'ils nous faisaient prendre. C'était tout juste s'ils ne se glissaient pas dans les colonnes de progression pour zoomer sur la sueur qui perlait sur nos fronts. Les JRI (journalistes reporters d'images) étaient en permanence à nos basques, parfois même nous devançaient, en quête de la bonne image : le contrechamp sensationnel de notre progression. Ils tournaient le dos au danger. Pire, ils obstruaient notre ligne de mire. Des fous à lier. En cas de tirs, ils auraient été au cœur d'un feu croisé.

On n'a pas arrêté de fouiller : ici un autre village, là une énième forêt. Tous les sens en alerte, dans un état de vigilance extrême car nous redoutions une embuscade. Et, telles des mouches, les caméras continuaient leur manège. On en chiait avec nos 30 kilos de protections balistiques en céramique, métal et Kevlar. Les mouches à focales, elles, ne portaient que des chasubles de presse en coton, des caméras de quelques centaines de grammes, alors que nous nous coltinions nos boucliers de protection de 10 à 20 kilos. On s'acharnait à s'ouvrir des angles de tir pour être aptes à riposter en cas d'attaque. Avec leurs caméras, les cadreurs se souciaient de s'offrir des angles de vue. Faire de l'audience, bien drapés dans le droit d'informer.

Parfois, nos angles de tir s'avéraient être des angles parfaits pour les caméras. Dans un espace-temps irréel, il m'a semblé que nous étions en compétition. Si l'un des cadreurs prenait une rafale, on allait devoir prendre des risques pour le secourir. Les caméras ne nous ont pas seulement posé de réels problèmes opérationnels. Elles ont fait pire que ça : du tort à titre personnel. Nos épouses, nos compagnes, nos enfants, nos parents… ils reconnaissent nos yeux et notre regard sous nos cagoules. Ils ignorent ce que nous faisons, pour sauvegarder la logique opérationnelle et pour les préserver. En voyant nos gueules à la télé, ils ont été soumis à un stress auquel ils ne sont pas préparés. Et qu'ils ne méritent pas! Certaines familles réagissent très mal. On s'en est plaints en faisant remonter les informations à nos chefs. Avec le peu de courage politique qu'on leur connaît, nos patrons nous ont rétorqué: « Ce sera ainsi dorénavant. Faudra vous y habituer. Vous adapter. C'est un problème civilisationnel incontournable. » Ils nous ont balancé une ritournelle dans laquelle se mêlaient « droits de l'homme » et « droits de la presse ». Des droits, des droits, des droits… Toujours des droits. Aucun devoir? Aucune conscience?

Alors on a obéi. On a bossé malgré le barnum, on s'est adaptés. Et on en a bavé. Le job était inhabituel pour nous. On n'était pas préparés. D'ordinaire, un raider est déposé à 500 mètres d'une cible. On commence notre mission d'assaut devant la porte du criminel. La traque des Kouachi sortait de ce cadre. Elle s'est avérée une opération militaire pour fantassins des forces spéciales. Une mission du type « combat de localités ». Les copains du 1er RPIMA savent faire ça: cavaler pendant des kilomètres, soigner leurs approches, progresser par bonds sous menace du feu ennemi, s'assurer des couvertures à grands degrés, élaborer des relais. Au sein du RAID, on connaît mais on ne pratique pas assez ces tactiques pour en avoir intégré les automatismes.

La poursuite s'était resserrée le jeudi 8, vers 9 heures du matin. Les Kouachi avaient braqué une station-service à Villers-Cotterêts, près de Soissons, dans l'Aisne. Les pistes convergeaient toutes vers une cabane de chasse dans laquelle ils avaient passé la nuit. En arrivant sur place, ils avaient déjà filé, mais avaient laissé un guet-apens fabriqué avec des lits de camp. Dire que si on avait repéré cette cache plus tôt dans la nuit, que si nous nous étions organisés devant la porte pour donner l'assaut, en négligeant de fouiller les environs pour ne pas risquer de faire du bruit, on se serait exposés à subir une contre-attaque dans le dos… Ces deux terroristes alternaient entre des comportements de débutants et une maîtrise très aguerrie.

D'un côté, ils s'étaient trompés d'adresse dans leur recherche des bureaux de *Charlie Hebdo*, avaient laissé une pièce d'identité dans un véhicule. L'un d'eux avait même perdu une chaussure lors d'un accrochage avec des îlotiers. Ils avaient été contraints de braquer une station-service… pour se nourrir ! À l'inverse, ils avaient monté un piège devant la cabane de chasse où ils avaient passé la nuit. Ils possédaient un armement lourd de pro, avaient tué méthodiquement, avec sang-froid. Voilà un paradoxe qu'on avait déjà rencontré chez Mohamed Merah. Un profil de petits voyous de quartiers, multirécidivistes, sans grande envergure et agissant en amateurs, se révélant, en même temps, des combattants expérimentés militairement.

À 21 heures, ce jeudi-là, à l'heure légale limite, on a opéré un dernier assaut sur un pavillon. Un riverain nous l'avait désigné comme « ayant reçu la visite » des deux terroristes. Une mauvaise info, la baraque était vide. Cette nuit-là, près de mille cinq cents policiers ont été déployés, avec une tripotée de barrages routiers et un contrôle systématique des véhicules. Ce maillage a porté ses fruits.

Les frères Kouachi ont fini par être repérés vendredi 9 en début d'après-midi : ils se terraient dans une imprimerie à Dammartin-en-Goële. C'était en zone gendarmerie, on a laissé le GIGN opérer.

Au même moment, nous avons été appelés en urgence à 40 kilomètres plus au sud. À 13 h 41, un terroriste en lien avec les Kouachi, armé de fusils d'assaut, venait de prendre l'Hyper Cacher de la porte de Vincennes en otage. Il avait menacé nos négociateurs de tuer ses vingt-six otages si le GIGN ouvrait le feu sur les Kouachi.

13

La porte de l'Hyper Cacher

« La ligne qui sépare le bien du mal ne passe pas entre les hommes mais au cœur de chaque homme ! »

— ALEXANDRE SOLJENITSYNE

« Alerte générale : tous les effectifs disponibles – retour service immédiat – départ Vincennes ». Mon pager Kobby et mon portable pro ont rafalé en même temps. 13 h 41, vendredi 9 janvier 2015. Le message ratissait large. D'habitude ne sont rappelés que la trentaine d'opérateurs d'astreinte. Ça signifiait, tout au plus, en comptant les responsables, une cinquantaine de gars. Ce vendredi-là, plus de cent soixante téléphones ont braillé de concert. On a d'emblée capté que c'était chaud. La situation était exceptionnelle. J'arrivais juste au QG du RAID, de retour de la traque aux frères Kouachi, quarante-huit heures non-stop à flairer leur trace. On avait enchaîné de nombreux assauts dans un tas de lieux suspects. Ma journée de boulot avait commencé le mercredi 7 janvier. Deux jours plus tôt.

Tout ce temps à suer dans ma tenue d'intervention. À me coltiner 120 kilos sur le dos si on compte mes protections balistiques, plus mon armement. Allez: 150 kilos avec tout mon barda d'effraction. Quasi le double de mon poids.

Après les Kouachi, les gars de mon équipe avaient été « libérés domiciles », histoire d'aller dormir un peu. On était censés reprendre notre service au RAID à 14 heures, vendredi 9. J'étais mort de fatigue, mais pas moyen de trouver le sommeil. Les deux jours précédents n'avaient pas exactement été linéaires. J'étais au bureau, à peser mes mots. Je rédigeais une note pour un débriefing à venir. J'avais le verbe furieux, la colère klaxonnait dur dans ma tête! Il y avait de la monnaie à rendre! La nuit précédente, l'incompétence de nos chefs nous avait mis en danger. Ils s'étaient emmêlé les neurones, affolés par la foudre du ministre de l'Intérieur Bernard Cazeneuve.

Le jeudi après-midi, ce dernier s'était montré quelque peu courroucé par le manque flagrant d'enthousiasme de nos trois services, le RAID, la BRI et le GIGN, à bosser main dans la main. Des zones de chasse avaient bien été délimitées pour chaque unité, mais ça grinçait aux jointures. Alors Cazeneuve avait réuni les trois tauliers pour leur remonter les bretelles. Eux nous étaient revenus encore plus piteux que d'habitude. Pour nous, mecs de terrain, une remontrance hiérarchique n'a pas d'importance. Ce n'est jamais bon signe, mais ça n'a que peu d'influence sur nos carrières. Hormis avant un passage de grade, mais bon. En revanche, pour les galonnés, c'était différent. À leurs yeux, le tableau d'avancement est l'équivalent de l'arme du soldat. En opération, un fantassin ne la quitte jamais. Il la serre contre lui, jusque dans son duvet, il lui donne un prénom, il la nettoie et la graisse, avant même de s'autoriser une douche. Pour les officiers, une « fâcherie » avec un directeur général ou avec un ministre c'est une balle dans la peau. Leur carrière entière peut en pâtir.

Les oreilles encore rouges de la volée qu'ils s'étaient prise, ils ont aussitôt réuni leurs sous-chefs. Tout le *middle management* s'est vu rappeler les notions de vassaux et de courtisans. J'ignore ce que Cazeneuve a balancé aux tauliers, mais ce qu'ils en ont retenu, c'est « faut secouer la base », en l'occurrence nous, les mecs de terrain. On n'avait pourtant pas chômé. « Faut que les recherches aboutissent ! » Sinon, « ils » (eux) allaient trinquer. Ils en étaient sûrs.

Le gros hic, c'est que, sur le terrain, on ne pouvait pas faire plus. Pas mieux.

On en était à notre deuxième jour sans dormir. Depuis le petit en-cas à la CRS de Reims, jeudi à 7 heures du matin, on n'avait plus rien avalé, pas même une gorgée d'eau. Sous la pression du politique, un montage tactique des plus improbables avait été choisi pour le dernier assaut de la journée de jeudi, à 21 heures. Quelque part entre Reims et Paname, un riverain affirmait avoir vu les frères Kouachi s'engouffrer dans une maison. Il nous fallait donner l'assaut avant la fin de l'horaire légal. La porte du garage, comme celle de l'entrée principale, était coton à ouvrir. On savait les deux frangins équipés de deux kalachnikovs et d'un lance-roquettes. Pour l'occasion, j'avais préparé des montages explosifs assez radicaux. Mes détonateurs étaient en place sur la matière. On réfléchissait à la manière d'approcher la maison. Sauf que nos plans ont été subitement remisés. Et nous avec. La politique venait de s'inviter au cœur de l'action. Pour sauvegarder les susceptibilités, c'était à la BRI de donner l'assaut. De notre point de vue, ce revirement était dur à vivre. La BRI n'avait jamais recours à l'explosif. Au RAID, nous étions formés. Experts. Prêts à agir ! Avec compétence, même. Pour le bien de l'intervention, il fallait – au minimum – nous confier la responsabilité de l'effraction. Ce choix n'a pas été retenu. La BRI de Paris allait tout négocier, de A à Z. On devait rester en réserve, avec pour consigne de n'intervenir qu'au cas où nos homologues se trouveraient dépassés. J'ai déboulé vers notre chef de section intervention. Je lui ai dit qu'une fois l'effet de surprise rompu, il ne serait plus possible d'installer l'explosif sur la porte sans se faire canarder. Il avait fait du terrain, il me comprenait. Mais entre les impératifs opérationnels et ses objectifs de carrière, il a choisi. Un dilemme humain. Vous auriez fait quoi, vous ? C'est le sempiternel problème : chaque prise de galons redistribue les cartes que l'on a en main, module les aspirations et les priorités de chacun.

Alors on a été spectateurs. On a regardé la BRI se démener avec un pied-de-biche et un bélier, à l'ancienne, pendant d'interminables minutes. Les pauvres gars s'exposaient à la mort. Trop. Incroyable ! Notre chef de section a fini par en avoir mal à sa carrière. Par radio, il nous a sommés d'aller leur filer un coup de main, « avec le vérin hydraulique », a-t-il bien précisé. Putain, merde ! L'engin n'avait même pas été sorti du camion. Je lui avais pourtant bien dit lors du briefing : « On opte pour une effraction par explosif. Le vérin nous expose trop. Je n'ai pas les abdos assez fermes pour bloquer une roquette, chef ! » Il avait alors accepté. Mais les dix minutes d'incompétence stressantes de la BRI l'avaient rendu amnésique. Je me suis permis de lui rafraîchir la mémoire sur les ondes de la fréquence police que tous les collègues ont pu entendre. Il n'a pas trop apprécié. Laborieusement, la BRI avait fini par ouvrir la porte. La baraque était déserte. Encore une fausse piste.

Il était plus de 22 heures. On était morts. On est rentrés au QG de Bièvres. Le débriefing a été remis à plus tard. Moi, je cogitais dur avec ce nouveau dossier dans le placard. Encore un ! Et pour cause, la veille, en pleine forêt de Soissons, un officier avait failli nous amocher gravement. Sans le faire exprès, d'accord. Mais merde ! On était avec mon binôme d'effrac dans un véhicule de fonction, j'étais au volant, quand le galonné s'est engouffré dans l'habitacle. On ne sait pas pourquoi ni comment il a fait tomber l'arme de mon pote posée sur la banquette arrière. A-t-il, en s'asseyant, bousculé l'arme au point de la faire tomber du siège et de faire glisser le sélecteur de sécurité ? A-t-il appuyé sur la queue de détente en voulant la rattraper ? Mystère. En tout cas une cartouche de Brenneke, calibre 12, est partie. Elle a frôlé ma hanche et celle de mon passager avant d'aller heurter une partie métallique du frein à main puis de rebondir, miraculeusement, dans l'axe de direction. Dans sa trajectoire, la balle a eu la bienveillance d'épargner nos genoux. Même pas morts ! On était sidérés. Au départ, avec le bruit, on a cru à l'explosion d'une grenade. En découvrant les trous dans la veste polaire posée sur le frein à main, on a compris qu'il s'agissait bien d'un gros calibre.

Bon, OK, ça peut arriver. Au service, les gars ont assassiné pas mal d'armoires, par inadvertance, juste en changeant de froc. Les murs aussi. Je ne connais aucun service policier ou militaire qui peut jurer que ça n'est jamais arrivé dans ses rangs.

Mais cette fois, la balle est passée à quelques millimètres de nos hanches. Le pire, c'est que l'officier a nié sa responsabilité. Le déni total. Il s'est mis à causer du dysfonctionnement de l'arme. Pas pro. Une arme n'agit jamais seule. Ce n'était pas un bon présage non plus. Le gars aurait dû nous offrir un restau, au pire une bonne bière. Mais il était chef de groupe. Le genre de commandant qui n'aime pas les vagues, encore moins les embruns. On a dû faire réparer la voiture. On avait que ça à faire, bien sûr… Le fonctionnaire du garage administratif n'a pas semblé trouver étranges ces impacts de balle dans l'habitacle. Bref : circulez, y a rien à voir ! On a poursuivi la traque. On s'est assis sur des excuses et une bonne croque conviviale.

Quand j'y repense, je me demande quelle histoire ils auraient servie à mon épouse et à nos enfants, pour justifier ma mort. « Tué en service par l'arrière-train d'un galonné incompétent. » Cocasse comme épitaphe. On n'avait pas croisé beaucoup de terroristes de la journée. Mais on avait bien failli crever.

Voilà pourquoi j'avais un peu de mal à trouver le sommeil. L'insomnie, c'est terrible, encore plus quand tu es crevé.

De retour au QG, vendredi 9 vers 13 heures, je suis monté au troisième étage. C'est là que siège notre permanence téléphonique, présente vingt-quatre heures sur vingt-quatre, pour avoir des infos. J'étais arrivé avec une heure d'avance pour être tranquille. J'en avais marre de surstresser. Je savais qu'à 14 heures, on allait repartir sur les chapeaux de roue, reprendre la mission de la veille, relever l'équipe qui avait fait la nuit. En plus, en tant que responsable de l'effraction, j'avais toujours plus de sacs que les autres. J'étais crevé. J'insiste : *vraiment crevé.* Je voulais m'assurer que mon matériel était bien reconditionné, prêt à l'emploi.

Mais la permanence m'a appris la nouvelle : ma mission s'arrêtait là. Les Kouachi s'étaient fait repérer au cours de la nuit, et s'étaient réfugiés dans une imprimerie. En zone gendarme, de ce fait sous la responsabilité du GIGN. Je n'avais donc plus de relève à effectuer, et devais simplement passer l'après-midi à un entraînement « light ». Un œil rivé sur la télé, histoire de suivre l'intervention des gendarmes. « Light », ça veut dire un entraînement libre et léger : une petite séance de muscu, tranquille. Ou alors un léger footing. Un ou deux rounds de boxe, pas davantage. Puis s'affairer un peu à vérifier le matos qui avait pris la pluie la veille. Je me suis isolé pour un petit découpage d'explosifs. Je tenais à anticiper des interventions à venir. Le truc était de ne pas s'éloigner et de ne pas trop « taper dans l'intensité ». On avait tous en tête qu'une deuxième crise pouvait se déclencher.

Et c'est justement ce qui s'est passé. À 13 h 41, mon Kobby a retenti. Le message d'alerte confirmait que le rebondissement pressenti avait lieu.

Je me suis rué dans les vestiaires du premier étage pour enfiler ma tenue et m'équiper d'armes légères. Puis j'ai filé au sous-sol, à l'armurerie. J'ai récupéré mon Molot, un fusil semi-automatique, calibre 12. Bien utile pour l'effraction quand on doit shooter les serrures. Puis j'ai enchaîné par un sprint jusqu'au troisième étage pour un briefing.

Un gars de l'alerte était venu me trouver pour que je lui file quelques nouveaux montages explosifs que j'avais préparés. Durant les mois précédents, j'avais fait pas mal de progrès. Après l'affaire Merah et les attentats de Madrid et de Londres, notre commandement avait enclenché la vitesse supérieure. J'avais beaucoup et bien bossé avec les forces spéciales françaises. Et aussi avec les cadors du SAS britannique. En revenant de stage dans leur base de Hereford, dans l'ouest de l'Angleterre, tout près de la frontière galloise, j'avais rapporté des compétences, nées d'échanges fructueux et précieux. Mais on n'avait pas encore dupliqué les nouveaux instruments en grand nombre tant ils demandaient de tests, de temps et d'application pour les fabriquer. Je lui ai donné la moitié de mes prototypes. Par intuition, j'en ai quand même gardé sous la main. Heureusement.

Désigné d'« alerte 2 », censé rejoindre la « 1 » sur le lieu de crise, je suis retourné aux vestiaires pour enfiler ma tenue lourde et récupérer mon sac d'intervention. Dernière vérification : grenades et munitions supplémentaires, masque à gaz, miroir pour les progressions, barres de céréales pour les petits creux, sweat-shirt pour se changer en cas de grosse sueur et de baisse de température. Et, bien sûr, mon sac effraction. Dedans : de l'explosif brut, plusieurs montages modulables, des détonateurs, une ligne électrique, un exploseur et un tas d'outils d'effraction. Ma radio fonctionnait bien. On attendait que le convoi soit au complet pour partir.

Sur le parvis, je trouvais le temps long. Alors, je suis allé chercher mon deuxième sac d'explos, celui réservé aux entraînements. Par intuition. On ne sait jamais. J'y avais deux ou trois montages fabriqués pour le stage effraction prévu la semaine suivante avec des copains du 1er RPIMA. Je ne bondissais pas de joie à l'idée de me taper les trois étages avec 30 kilos de barda sur moi. Tant pis. Quitte à passer pour un retardataire, j'ai senti que je devais aller chercher ce sac. Les petits détails font la différence. Certains appellent ça de la chance… Après quarante-huit heures de chasse aux Kouachi, on ignorait combien de temps allait durer cette nouvelle mission, et combien de portes on allait avoir à ouvrir.

On est partis en trombe, direction la porte de Vincennes. Un terroriste s'était introduit dans une épicerie casher, du côté Saint-Mandé. Il avait tué quatre personnes avant l'arrivée des forces de l'ordre. Il détenait en otages vingt-six clients, dont une femme enceinte et deux enfants en bas âges. Cet individu, nommé Amedy Coulibaly, avait assassiné une policière municipale de Montrouge après l'attentat de *Charlie Hebdo*. On ignorait s'il avait l'appui de complices. Né en France dans une famille originaire du Mali, c'était un délinquant multirécidiviste connu pour braquages, vols aggravés, trafic de stups, recel. Il avait été condamné à six ans de prison en

2004, puis encore à cinq ans en 2013. Il s'était radicalisé en prison et était « très probablement » en liaison avec les auteurs du massacre à *Charlie Hebdo*. Il avait passé sept mois en cellule avec Chérif Kouachi. Voilà qui compliquait notre tâche : tout ce qui se déroulait à 40 kilomètres de là, dans l'imprimerie de Dammartin-en-Goële où étaient retranchés les Kouachi, pouvait avoir des répercussions fâcheuses sur notre affaire. Et vice versa.

La radio de notre monospace diffusait des informations opérationnelles. La FM du véhicule en déversait d'autres, plus dramatiques. La situation semblait grave porte de Vincennes. Et pas meilleure pour le GIGN à Dammartin-en-Goële. En sus, la radio annonçait d'autres foyers de crise. Une ambiance de guerre civile ! Coups de feu au Trocadéro (non avérés). Prise d'otages à Montpellier (effective). Attaque d'une synagogue ici (non avérée), d'un bureau de poste là (non avéré). Des graffitis sur des mosquées (effectifs). Un cimetière chrétien vandalisé (effectif). Et un tas d'échos d'agressions diverses. Des rumeurs en pagailles. Parfois fausses, parfois vraies.

Le périphérique parisien était bondé. On a fini le trajet à contresens, sur le périphérique intérieur, condamné. On a stationné le convoi sur la bretelle d'accès, porte de Vincennes, en contrebas de l'Hyper Cacher, à une cinquantaine de mètres de l'épicerie. Comme on était loin du poste de commandement, c'est par radio qu'on a appris où en était l'« alerte 1 » dans son élaboration de l'assaut. Au regard de la gravité des événements et de la technicité requise, le ministre de l'Intérieur avait demandé au chef du RAID d'associer à ses hommes le contrôle opérationnel des opérateurs de la BRI de Paris et de la BI de Vincennes. Un dispositif inédit.

Dans notre coin, on commençait à s'impatienter. On étudiait notre partie, par précaution. On connaît la musique : personne ne vous demande rien et, d'un coup, faut y aller. Percuter aux aboiements d'un chef qui hurle « vous faisiez quoi ? ». La situation qui se présentait à nous ne s'était jamais vue. Il était compliqué de définir la bonne tactique. Aucune ne semblait idéale.

Embusqués sur les toits, nos tireurs fusils étaient face à une tâche complexe vu le grand nombre d'otages, la qualité du verre des vitrines, les angles morts. Sans parler des marchandises et des frigos. On savait le terroriste lourdement armé, en possession d'au moins un fusil d'assaut et d'un pistolet automatique. Coulibaly avait plus qu'on ne le savait : deux VZ 58 (des fusils d'assaut tchécoslovaques ressemblant à la kalachnikov AK-47, mais de gamme inférieure), un gilet pare-éclats, deux pistolets automatiques Tokarev de calibre 7,62, deux pistolets-mitrailleurs Skorpion et 2 kg d'explosifs de chantier sous la forme de dix-huit bâtons de 100 grammes et quatre demi-bâtons, deux détonateurs et deux morceaux de mèche lente.

Je me concentrais sur ma partie, consistant à créer une brèche sur le côté gauche de l'Hyper Cacher, devant l'accès réservé aux livraisons. Les magasins sont des cibles de choix pour les cambrioleurs, d'où des portes conçues pour leur résister. On a planché sur un tas d'options : investir le magasin en faisant sauter un mur, le plafond, les vitres…

Afin de poser un diagnostic plus précis, couvert par deux snipers et deux binômes boucliers, je me suis risqué en zone exposée, accompagné de trois autres spécialistes effrac. On devait examiner cette porte au plus près, et surtout faire vite. Ne pas attirer l'attention de Coulibaly. Surtout ne pas déclencher un affrontement alors que notre unité n'était pas encore prête pour l'assaut. Il pouvait s'en prendre aux otages. Après quelques secondes d'observation, nous sommes revenus aux voitures pour un brainstorming : « Qui a vu quoi ? », « Qui a une idée de l'outil à utiliser ? », « Qui veut s'y coller ? »

C'était une porte de grande taille, très renforcée, avec un pare-feu et une couche d'isolant qui nuirait sûrement à l'efficacité de la charge explosive. Elle était constituée de deux battants métalliques qu'il fallait tirer pour ouvrir. On m'a désigné pour aller au charbon. OK ! J'ai renversé mon sac de montages d'explosifs. J'ai choisi celui qui me convenait le mieux. J'ai ajouté de la matière par-ci, j'en ai retiré par-là. J'ai expliqué à mon binôme où je comptais les positionner sur la porte. Je lui ai demandé s'il avait une amélioration à suggérer, par exemple sur la dose totale d'explosif, le type de module utilisé et à répartir. Sur le positionnement de la charge peut-être ? Aucune objection. On était d'accord sur tous les points techniques.

On a ensuite élaboré une approche furtive. On s'est réparti les tâches pour la mise en place de l'explosif, et on a calculé la distance de sécurité à laquelle il nous faudrait nous positionner avec la colonne d'assaut. Puis on a attendu que le PC nous informe de l'avancée des autres protagonistes.

Soudain, alors que les plans d'action n'étaient pas encore bien définis, la situation s'est emballée. À

Dammartin-en-Goële, les frères Kouachi venaient de prendre l'initiative d'un assaut contre le GIGN, contre toute attente. Les gendarmes les ont neutralisés aisément. Définitivement.

Il y avait donc urgence à agir : si les trois terroristes étaient en contact, comme nous l'avions envisagé, ce dénouement pouvait déclencher une riposte sanglante de Coulibaly. Nous redoutions l'exécution des otages à ses côtés et, certainement, celle des sept autres bloqués dans la réserve, un étage en dessous. Quelques heures plus tôt, le terroriste avait proféré cette menace à nos négociateurs. Une menace confirmée par les otages, après coup : « Il a dit qu'il nous tuerait si les Kouachi venaient à mourir. Il suivait l'actualité sur son ordinateur. » Par chance, son PC avait le son coupé. Et Coulibaly avait trop à faire pour lire les bandeaux d'informations en bas de l'écran. On devait faire vite.

On a été convoqués au poste de commandement pour *le* briefing final. L'assaut était imminent. La tactique retenue était d'attaquer sur deux fronts. L'explosion que j'allais provoquer avec mon partenaire donnerait le « top intervention ». On devait créer une brèche à la porte des livraisons, côté périphérique, brèche devant laquelle devait temporiser le groupe d'assaut de la BRI, associé à des membres de la BI. Une diversion qui pouvait s'avérer une option de secours en cas d'échec de l'assaut principal, qui devait se dérouler sur la face avant du magasin, là où les copains du RAID étaient chargés d'intervenir. Cette tactique nous éviterait de nous faire face et de nous tirer dessus mutuellement. Côté entrée principale, avenue de la Porte-de-Vincennes, les colonnes d'assaut du RAID approcheraient frontalement, à couvert d'un camion blindé emprunté à la BRI. Les snipers ainsi que les lanceurs de grenades – du 40 mm chargé à 45 grammes d'explosif – devaient faire de leur mieux pour ajouter à la diversion, et renseigner aussi grâce à ce qu'ils voyaient à travers leurs optiques. Et, si un terroriste se présentait dans leur ligne de mire, ils avaient mission de le neutraliser. Les membres de la BI se posteraient, eux, sur la droite du bâtiment et attendraient la sortie des otages pour les récupérer. Il fallait empêcher ces derniers de disparaître dans la nature. S'assurer, aussi, qu'aucun terroriste ne se cacherait parmi eux.

Sans un mot, on a regagné nos positions. L'assaut puait la mort. Pourtant, personne n'avait de meilleures idées. Le danger qui pesait sur les otages après l'élimination des Kouachi était trop fort. Fallait y aller.

À d'autres occasions, il nous arrivait de nous taper dans la main, avec mon binôme, avant d'entrer en action, manière de sceller une union. Là, on n'avait pas le cœur aux simagrées. Nul besoin d'en rajouter. On était dans de sales draps qui pouvaient prendre l'allure de linceuls.

On a rejoint nos véhicules quand une surprise de taille s'est présentée à nous. Mon chef effraction, positionné au PC, me balance par radio : « Marco ? T'es bien au courant de la présence de la barre de renfort ? » Le ton se voulait détendu. « La barre de renfort ? Quelle barre de renfort ? » Le poste de commandement savait depuis le départ que Coulibaly avait demandé à un otage d'installer la barre de renfort de cette porte. Le gérant du magasin leur avait montré les images, enregistrées par les caméras de sécurité du magasin avant que Coulibaly ne les détruise. Mon binôme et moi ignorions tout de cette barre de renfort. Gros souci, là !

C'est le problème principal des PC : ça grouille de planqués. Les informations et les responsabilités s'y diluent. Les enjeux de pouvoir et les élucubrations intellectuelles font oublier la pure nécessité opérationnelle. J'imagine bien le coup de stress de mon officier. Au dernier moment, il a dû se frapper le front : « Bon sang ! On l'a dit au patron, on l'a dit au préfet, on l'a dit au directeur général, on l'a dit au ministre. Peut-être même au président. Mais, au fait, Marco a été mis au courant ? »

J'ai renversé mon sac d'entraînement sur le sol. Celui que j'étais allé chercher dans les étages du QG in extremis, guidé par mon intuition. En farfouillant dedans, j'ai récupéré un module explosif que je venais juste de créer pour ce genre de configurations : 100 grammes d'explosifs, répartis en quatre tampons prêts à être positionnés au niveau d'une éventuelle barre de renfort. La semaine suivante, je devais en faire la présentation à mes camarades parachutistes des forces spéciales. Ce montage était conçu pour leur plaire, car il est aisément transportable. Réparti en quatre morceaux de 30 centimètres, plus pratiques pour ces copains fantassins qui doivent parfois parcourir plusieurs kilomètres à pied, pour des missions d'infiltration profonde chez l'ennemi.

Sur le bitume de la porte de Vincennes, je me suis appliqué à relier électriquement mon nouveau module au dispositif initial. Ça faisait un peu usine à gaz. Le montage global était maintenant fait de six parties distinctes.

Mais j'étais confiant. J'avais doublé la dose. Les néophytes croient qu'il suffit de mettre lourd en explosif pour que tout s'ouvre. Faux ! Trop doser en explosif peut être dangereux pour les otages comme pour nous. L'énergie qui n'a pas été utilisée pour vaincre la résistance de la porte se promène alors à la recherche d'une autre proie. Et là, l'effet de blast peut vous déchirer le foie, les tympans, vous éclater d'autres organes internes. Je ne pouvais pas mettre une trop grosse dose d'explosifs, car la porte de l'Hyper Cacher s'ouvrait vers l'extérieur. Une charge trop forte l'aurait encastrée dans son encadrement, et plus personne n'aurait été en mesure de passer. Pour bien doser, rien ne remplace l'expérience. Comme une grand-mère qui fait sa sauce à main levée, sans livre de recettes.

Nous avons rejoint la colonne d'assaut de la BRI pour leur donner des instructions concernant la distance de sécurité. Les médecins et les cadres, non munis de protections auditives, devaient se tenir à 40 mètres de l'explosion. La colonne d'assaut de la BRI devait se positionner juste derrière nous, pour être en mesure de pénétrer à la seconde dans l'Hyper Cacher si la consigne leur en était donnée. L'option 2. Nouvelle surprise : deux patrons de la BRI s'étaient alignés dans la colonne. Ça n'arrive jamais. D'abord ce n'est pas leur rôle. Ensuite ils n'ont pas la formation technique requise, ni l'entraînement. S'ils étaient là, qui était à leur place au poste de commandement ?

Mieux valait éviter d'y penser. J'avais trop à faire pour débattre de management. C'était leur problème, ça ne nous concernait pas. Enfin je croyais… On s'est approchés de la porte et j'y ai placé les deux premiers grands modules. Pendant que je tendais ma ligne électrique jusqu'à ma position de déclenchement, mon binôme se chargeait des quatre autres, comme convenu. On était un peu troublés par l'absence de collègues pour nous couvrir.

Les gars de la BRI n'avait pas détaché de binômes boucliers pour nous protéger. Dans ce rôle de techniciens, impossible pour nous de poser nos charges avec une arme à la main. On ne pouvait pas, non plus, surveiller nos arrières d'un œil… Si Coulibaly était sorti, nous aurions eu quelques soucis pour être réactifs et aptes à nous défendre. On espérait qu'un sniper ou deux veillaient sur nous. Mais vu les angles de tir complexes, rien ne valait la protection des binômes boucliers. C'est toujours ainsi qu'on procède. Enfin bref.

On était à fond, concentrés, les mains dans les explosifs. On a mis nos appréhensions de côté. C'est une clef de l'efficacité : s'occuper que de ce qui dépend de soi. Je venais de tendre ma ligne et de brancher mon exploseur. Je me suis alors inquiété de la lenteur de mon camarade puis positionné à son côté pour comprendre quel était son problème. Les modules collaient mal à la porte métallique. Comme ils étaient destinés à l'entraînement, je les avais équipés de scotch double face de tapissier. En général, ça fonctionne bien. C'est beaucoup moins cher qu'un adhésif professionnel, c'est pour ça qu'on le privilégie à l'entraînement. On est des flics, pas des James Bond. On n'a pas de charges magnétiques et on fait gaffe au fric. Mon pote en bavait. La pose faisait un peu de boucan. Par bonheur, Coulibaly, lui, n'a rien entendu.

On a fini par fixer nos charges explosives sur cette satanée porte. Il ne nous restait plus qu'à faire péter le tout, sans tarder. Ces péripéties nous avaient fait perdre du temps. J'ai alors tenté de joindre le haut commandement par radio pour les prévenir que nous étions enfin prêts à envoyer le décompte de l'explosion. Premier appel, pas de réponse. Deuxième appel, rien. Mon binôme et moi étions branchés sur des ondes différentes. L'un sur la fréquence BRI, l'autre sur celle du RAID. Silence radio. Il me dit : « Faut déclencher la charge », mais ne me répond pas quand je lui demande qui le lui a ordonné. J'ai hésité. Je pouvais tuer un otage, voire les vingt-six… J'ai remis ça, tenté de joindre la haute hiérarchie, puis mon chef direct, une troisième fois. Puis une quatrième ! Putain les mecs ! Rien ! Je tente d'analyser vite fait la situation. Qu'est-ce que je fais là ? Y a-t-il une seule raison, cohérente, selon laquelle il ne faudrait plus faire péter cette porte ? Allez, quand faut y aller, faut y aller ! On m'a demandé de faire péter cette porte, oui ou non ? Bon, alors j'y vais ! D'initiative. J'ai entamé un décompte prudent. Laissant du temps entre chaque chiffre, pour permettre à quelqu'un d'intervenir si besoin. « TROIS… DEUX… UN… » Boum !

Bien plus tard, en visionnant les images de l'assaut de mes camarades, filmé par les journalistes qui avaient squatté les appartements des immeubles face à l'Hyper Cacher, j'ai compris pourquoi mes appels étaient restés sans réponse. Sur ces vidéos, on voit bien notre numéro 1, notre numéro 2, notre chef d'état-major et le chef de section déambuler à l'arrière du dispositif. On les reconnaît, sans leurs casques de protection. Ils ne portent pas non plus de gilets lourds, ni de fusils d'assaut. À 30 mètres en retrait de la colonne d'assaut. Sans vergogne, ils avaient laissé leur café refroidir dans le PC. Ils y avaient laissé leur mug et l'écoute de la fréquence radio ! Dingue ! Je pouvais toujours me gratter pour avoir une réponse à mes appels.

Il m'a fallu faire preuve de courage et prendre une décision. Je devais créer une brèche dans une porte impossible à ouvrir. Je devais, surtout, assumer la lourde responsabilité de donner le « top intervention » d'un assaut exceptionnel, à l'avant-goût de suicide. L'explosion pouvait coûter des vies. La réalité, c'est qu'à leurs yeux, je n'étais même pas un pauvre sous-fifre. Leur manque de compétence leur a fait oublier la plus élémentaire des logiques : le lien entre un officier et ses hommes de terrain. Tandis que je me débattais pour entrer en contact avec mon commandement, mon binôme gesticulait pour demander à la colonne d'assaut de la BRI d'approcher. L'ouverture était imminente. Pourtant ils ne bougeaient pas. Et ne répondaient pas. Ni par gestes ni par radio.

La porte a sauté. Elle s'est offerte, superbement, comme si quelqu'un nous invitait calmement à entrer. J'avais bien dosé et positionné les charges. La scène a été filmée par les caméras de surveillance parisiennes. J'ai inspiré une bouffée d'air et je me suis rempli d'un sentiment de fierté. Ça faisait du bien après ce gros moment de solitude.

Une fois la porte de l'Hyper Cacher ouverte, la BRI a enfin débarqué. Lentement, à l'abri derrière leur bouclier Ramsès à roulettes de 180 kilos. J'étais allé examiner les résultats de mon effraction lorsque j'ai entendu des rafales de fusil d'assaut. Un son puissant et sourd. Comme si les tirs m'étaient adressés. Pourtant je n'entendais pas les balles siffler, ni frapper ou ricocher. Étrange. Je n'ai pas, non plus, entendu riposter. Si Coulibaly tirait, pourquoi mes camarades du RAID censés être entrés par la façade avant ne ripostaient-ils pas ?

De notre côté, Coulibaly avait pris soin de bloquer l'accès par la porte de service avec un chariot élévateur portant une palette de paquets de sucre et de farine. Les otages nous ont raconté qu'il avait été surpris par l'explosion que j'avais déclenchée et s'était rué au fond du supermarché, vers la porte de service, en gueulant « ils sont en train de me faire exploser ! ». Il a ouvert le feu dans ma direction mais ses projectiles ont été bloqués par les denrées alimentaires. Il tirait au jugé, visant la lumière qu'il percevait au travers de la fumée générée par mes 200 grammes d'explosifs, à laquelle se mêlaient des particules de sucre et de farine.

Au même moment, côté façade, mes camarades du RAID en chiaient pour entrer dans l'épicerie. La colonne d'assaut a eu un peu de retard sur le tempo. Un des collègues, exténué par nos quarante-huit heures aux trousses des Kouachi, a eu un malaise vagal. Il a dû être évacué en urgence à l'hôpital. Du coup, nos snipers se sont activés avec des lanceurs de grenades. Pas très efficaces, car ces engins font des tirs en cloches, peu précis. Mes copains du groupe effraction se sont ensuite activés sur la porte principale du magasin. La tâche était ardue pour eux : ils avaient d'abord une porte vitrée coulissant vers la droite, puis, vingt centimètres après, un volet métallique qui s'enroulait vers le haut.

Par bonheur, quelques heures avant, un manutentionnaire du magasin, Lassana Bathily, avait pu se soustraire à la vigilance de Coulibaly et s'échapper. Il avait remis à mon pote une clef pour ouvrir la porte. Poussé par je ne sais quelle intuition, mon camarade a insisté et demandé au jeune homme s'il n'y avait pas une deuxième clef. Lassana Bathily lui en a alors tendu une deuxième. Incroyable !

Mon collègue s'est alors démené face au boîtier électrique des commandes de portes. Il fallait introduire et actionner les deux clefs simultanément, l'une pour la porte vitrée, l'autre pour le volet métallique. Le hic c'est que lorsqu'il a lâché les clefs pour se mettre à couvert, tout s'est arrêté. En soi ce n'est pas insurmontable, mais sous le stress, rien n'est évident. Il lui fallait tourner les clefs et maintenir la position jusqu'à l'ouverture totale des issues. La vitre venait de s'ouvrir. Aucun tir du terroriste, attiré par l'explosion de la porte de service.

Mais quand le volet métallique s'est levé de près d'un mètre, Coulibaly a compris qu'il se passait aussi quelque chose côté façade. Il pouvait voir l'ouverture du volet au-dessus des caisses du magasin. Là, il est revenu à l'avant pour ouvrir un feu nourri sur notre colonne d'assaut. Les copains s'étaient d'abord approchés, protégés derrière le camion blindé emprunté à la BRI. Mais le véhicule ne pouvait pas entrer dans le magasin. Des plots anti-voiture-bélier étaient installés devant les vitrines. Quand Coulibaly a déclenché la fusillade, mes collègues étaient tous devant les portes, exposés aux balles comme l'était mon camarade de l'effraction, occupé à maintenir les clefs en tension dans le boîtier. Ils ont lancé des grenades neutralisantes, à la main. Puis ont riposté aux tirs avec des pistolets automatiques et des fusils d'assaut.

Un seul opérateur de l'équipe d'intervention est parvenu à pénétrer dans le magasin. Son périple solitaire de dix-sept secondes a été hallucinant. Il s'est engouffré côté gauche, mais s'est vite retrouvé face à une colonne d'otages. Il a alors obliqué vers la droite. Là, il a essuyé des coups de feu multiples : ceux de Coulibaly face à lui et ceux des collègues par l'arrière. Il a riposté vers l'avant, comme on nous l'enseigne… Coulibaly lui avait tendu un piège simple mais efficace : il avait répandu de l'huile alimentaire sur le sol de l'entrée. Notre camarade a glissé, et réussi à se rattraper sur un genou, pour ne pas chuter. Dieu a sûrement pris ce geste pour une génuflexion et décidé de le protéger. Notre copain en avait bien besoin : dans cette folie furieuse, alors qu'il se redressait, il a eu un incident de tir. Sûrement du fait d'un contact trop appuyé sur le bouclier – dernier rempart dérisoire – qu'il serrait contre lui. La culasse de son pistolet automatique n'avait pas pu effectuer sa course normale pour réintroduire une cartouche. Il a dû résoudre ce problème en plein milieu de l'affrontement, avec la gêne occasionnée par le port du bouclier pourtant vital. Dans le même instant, il a aperçu un éclair suivi de coups de feu. Coulibaly se tenait là. Par miracle, ce dernier, aveuglé par sa rage, mitraillait la colonne d'assaut et semblait ne pas voir notre copain dans le contre-jour. Coulibaly a foncé vers la colonne comme dans un ultime baroud. Il sera neutralisé et finira par s'effondrer, sans vie, aux pieds du groupe d'assaut.

La menace Coulibaly en moins, il a fallu entrer pour libérer les otages, puis exécuter une fouille minutieuse. Un copain du RAID, passé par l'intérieur du magasin, déplacera le porte-palettes pour nous permettre d'entrer avec les gars de la BRI.

On redoutait la présence de complices terroristes. Je me suis retrouvé dans une petite pièce réservée au transfert des marchandises. Et là, le stress est remonté d'un coup dans ma moelle épinière. J'étais face à la grande porte d'un ascenseur descendant à la réserve. Il me fallait ouvrir cette porte sans aucun recoin où m'abriter en cas de mauvaise surprise. Appeler l'ascenseur ? Que se cachait-il à l'intérieur ? J'ai hésité. Je ne voulais pas tenter le diable, on l'avait assez côtoyé comme ça depuis quarante-huit heures. J'ai été pris d'une immense fatigue. Heureusement, un collègue m'a informé qu'une équipe descendait par l'escalier en colimaçon pour sécuriser le sous-sol. Il m'était inutile de forcer cette porte, pour ne pas risquer des tirs fratricides. J'ai eu envie de prendre mon collègue dans mes bras tellement j'étais soulagé. En bas, nos gars n'ont pas trouvé la trace d'un deuxième terroriste. Mon job terminé, je suis ressorti pour récupérer ma ligne électrique et mon exploseur. Et là, ô surprise ! je découvre avec stupeur des explosifs qui ne m'appartenaient pas, bien rangés à côté de mon matériel. Le barnum d'après intervention allait débuter ! Une troisième mi-temps de chasse aux récompenses venait déjà de s'ouvrir. Dans ce genre d'opérations, ceux qui étaient planqués deviennent des loups après coup. Ils engagent dans cette phase toute l'énergie économisée durant l'action. Alors que j'étais en train de redescendre émotionnellement, j'ai ramassé mon matériel pour le ranger avec minutie dans mon sac d'intervention.

Puis j'ai saisi un des drôles de cigares posés à côté. Il y en avait une vingtaine, avec deux détonateurs et deux morceaux de mèche lente. Soudain je sens une main sur mon épaule. Je tourne la tête et j'aperçois un gars en tenue noire que je ne connaissais pas. Aujourd'hui, entre flics, il est devenu compliqué de se reconnaître. Un nombre incroyable de services portent ces tenues d'intervention et cagoules que, jadis, nous étions les seuls à revêtir. Le gars s'est jeté sur moi comme si j'étais un simple passant, un malpropre. « Touche pas au grisbi, p'tit con ! – Pardon ? » J'ai dû lui rappeler que j'étais celui qui venait d'ouvrir la porte à l'explosif. Et que je m'interrogeais sur le propriétaire de ce matos, posé à côté du mien. Plutôt petit, le gars s'est soudain senti pousser les couilles et les talonnettes. « C'est le piège du terroriste ! » m'a-t-il balancé. « Ah ouais ? Et comment fonctionne-t-il ? » Les explosifs, ça pète rarement sans une construction, un montage, un déclencheur, une énergie, un circuit électrique. Il a tout de suite compris qu'il parlait à un spécialiste. Décontenancé, l'opportuniste n'avait pas encore eu le temps de préparer sa légende. C'était un démineur de la préfecture de Police de Paris. Il trouvait flatteur – et annonciateur de récompenses – de se présenter comme le héros qui avait neutralisé le piège de Coulibaly alors qu'il avait juste ramassé un sac avec de l'explo dedans. Ce démineur était passé par le PC et tentait de surfer sur la vague qu'on lui avait présentée. En réalité, le contenu de ce sac n'était pas idéalement fourni pour monter un piège. Sur les deux détonateurs qu'il possédait (un de marque Briska fabriqué par Davey Bickford en 1980, et l'autre issu d'une grenade anglaise Mills), un seul pouvait se sertir sur une mèche lente, et il n'était pas de première jeunesse. L'autre ne pouvait s'allumer que directement, en enflammant ses 5 millimètres seulement de mèche en coton. Il n'y avait pas non plus, dans le sac, de bouchon allumeur, ni même d'allumettes pour la mèche lente. Même si on pouvait imaginer en trouver dans l'épicerie.

Bref, pas de quoi se plaindre que le piège ne soit pas abouti. J'étais le premier à m'en réjouir, puisque mon binôme et moi avions le sentiment d'avoir été envoyés au casse-pipe sans information.

J'ai enquêté, posé des questions. Difficile de croire que le PC ignorait que Coulibaly possédait de l'explosif. Avec mon binôme, on s'est longtemps demandé, après coup, pourquoi les gars de la BRI ne se sont pas rapprochés de nous. De quoi imaginer tous les scénarios possibles, cogiter sévère. Si certains dans la hiérarchie étaient informés du fait que Coulibaly possédait 2 kg d'explosifs et deux détonateurs, ont-ils mesuré le risque que le djihadiste pose ses charges sur la porte de service ? Est-ce pour cette raison qu'ils ont évité de positionner la colonne d'assaut de la BRI à nos côtés ? Ont-ils sciemment préservé les hommes à 40 mètres de là, en lieu sûr ? Toutes ces interrogations klaxonnaient dur dans nos tronches. Si la charge explosive de Coulibaly s'était additionnée à la mienne, tous les effectifs positionnés à proximité immédiate auraient été pulvérisés. Nos chefs se sont-ils résignés à nous sacrifier, mon camarade et moi ? Ont-ils « menti par omission » comme on dit à l'église ? Ont-ils fait de la « rétention d'informations », comme on dit dans les couloirs des bureaux ? Redoutaient-ils que, en nous informant des risques, on n'y aille pas, qu'on refuse de faire le job ? Ces questions laissées sans réponses resteront une blessure profonde pour moi.

Il nous aurait été possible d'allonger notre ligne électrique et de nous positionner plus loin, à l'abri de tout risque. Mais on nous a laissés en zone létale, au plus proche du danger. Je me demande si certains de nos officiers sont capables de se regarder dans le miroir le matin. Pour la barre de renfort, je veux bien croire que certains aient été « têtes en l'air », vu le stress de l'opération. Ce n'est pas professionnel mais ça peut arriver. En revanche, pour l'explosif de Coulibaly, j'ai l'intime conviction que nous avons été envoyés au carton. J'en veux à ceux qui savaient et m'ont regardé poser l'explosif seul avec mon binôme. Dans une société bien ordonnée, l'un d'eux aurait dû nous prévenir du risque. Ça n'a pas été fait. En laissant vaciller la notion de « frère d'armes », on prend le risque de voir tout le système s'effondrer. Personnellement, je ne m'en suis pas relevé. J'ai pris ma retraite moins de trois ans plus tard, à 53 ans plutôt qu'à 57.

Comme pour la cartouche qui avait frôlé nos hanches dans la bagnole, quelques heures plus tôt. Aucun mot d'excuse. Même pas une pinte de bière offerte pour solder les comptes. Plus tard, lors du débriefing de l'opération, silence radio. Personne n'a voulu gâcher la fête. On sait bien qu'en opération on ne fait pas d'omelette sans casser d'œufs. Tout le monde l'accepte, sauf l'œuf… Sauf les pigeons qu'on a eu le sentiment d'avoir été dans cette histoire.

Le gars du déminage qui avait tenté de me mettre un coup de pression marquait le début de la chasse aux récompenses, de la razzia aux médailles.

Il n'y a pas que les démineurs qui frétillaient maintenant que la bagarre était terminée. Tout l'écosystème policier s'était réveillé. J'ai repensé à ces mots de Napoléon: «Les soldats généralement gagnent des batailles; les généraux en obtiennent le crédit.» Les photographes-reporters de guerre d'antan en avaient l'habitude. Ils se déplaçaient avec différents objectifs pour leurs appareils: une focale classique, un 50 mm, pour témoigner des crises, et un grand-angle pour la photo d'après, celle où les galonnés viennent s'incruster une fois le danger estompé. Aujourd'hui, plus besoin de grand-angle, avec le logiciel Photoshop on peut rajouter un tas de pseudo-héros en surimpression.

Avec mes camarades, encore en sueur après l'assaut, on en plaisantait: aucun d'entre nous n'avait le souvenir de s'être fait doubler au moment de monter au feu. Mais après coup, quelle bousculade! Et les jours qui ont suivi ont été édifiants.

Le GIGN, qui était intervenu sans gros problèmes à résoudre face aux frères Kouachi à Dammartin-en-Goële, a été récompensé. Les GIPN (Groupe d'intervention de la police nationale), qui nous ont aidés lors des interpellations basiques de la famille des Kouachi à Reims, ont été récompensés. Même le DCI-IT (Détachement central interministériel d'intervention technique), qui analyse les risques nucléaires, radiologiques, bactériologiques et chimiques, non avérés sur cette intervention, a été médaillé ! Les démineurs qui n'ont rien eu à déminer, aussi. Le chef de la BRI, à la tête d'une unité qui est entrée dans l'épicerie quand tout était fini, a reçu la Légion d'honneur. La commandante de la BI de Vincennes, dont l'unité devait récupérer les otages dans la rue, a été distinguée de l'Ordre national du Mérite.

Les honneurs, c'est comme une ration de bonbons, il y a des quotas. Treize breloques « Courage et Dévouement » ont été attribuées au RAID. Notre chef d'unité les a distribuées au personnel logistique. Tant mieux pour eux. Et tant pis pour tous ceux qui venaient de passer quarante-huit heures à en chier, à traquer les frères Kouachi puis Coulibaly. Sans dormir, sans boire ni manger. Sous les balles.

On a moins ri quand on a découvert les propos de notre numéro 3, dont la mission était d'assurer la liaison entre le PC de la porte de Vincennes et le ministère. Dans un livre de ses collègues paru très vite après les événements, il raconte – sans aucun complexe – ses faits d'armes : « … J'entends les tirs au téléphone… À chaque détonation, par réflexe, je baisse moi-même les épaules… » Chapeau l'artiste ! Il a eu droit à l'Ordre national du Mérite. Sans aucun doute pour la qualité de ses esquives. Maintenant que je mesure le travail que représente l'écriture d'un livre, je me demande comment ils ont trouvé le temps de gérer les attentats et d'écrire des bouquins. Bis l'artiste ! Je ne cite ici que les plus belles performances. La liste des ignominies est bien longue. Bon, allez, quand même on a eu droit à quelques petits accessits. J'ai reçu la médaille d'or de la Sécurité intérieure. Merci. Mais tous ces honneurs sont dévalués et vidés de leur sens par la démagogie généralisée. Pardon, mais une intervention antiterroriste ce n'est pas *L'École des fans*. Pour parachever le tout, on a eu droit à une poignée de main du ministre de l'Intérieur devant l'Hyper Cacher, outragé mais libéré.

On est rentrés à Bièvres avec les collègues. On a décapsulé quelques bières pour évacuer la pression. On se sentait bien entre nous, le danger et la fatigue avaient resserré notre cohésion. Un poteau prévoyant a sorti un jambon de Bayonne du placard. On voulait se doucher, pour nous délester des toxines de la peur et de la sueur. On n'a pas eu accès aux sanitaires : une alerte légionellose qui traînait au QG depuis une semaine. On a beau être une unité d'élite, on reste une police qui doit éternellement bricoler. Tant pis. On a reconditionné nos sacs pour être prêts à repartir en cas de nouvelle alerte.

Puis, enfin, on a eu l'autorisation de rentrer chez nous. Pour réconforter nos familles, mais aussi prendre l'énergie de leur tendresse et de leur amour.

D'habitude, on ne prend avec nous qu'une arme de service. Ce jour-là, on en a pris deux. On venait d'être informés de menaces pesant sur notre sécurité familiale par les services de renseignements.

On ne s'est pas laissé bercer longtemps par l'euphorie de l'élimination de Coulibaly. La réalité du terrain s'est très vite rappelée à nous. Les nuits blanches ont continué de s'enchaîner, plusieurs jours. Il y avait beaucoup de boulot pour tailler le plus grand nombre de branches du réseau terroriste.

On a poursuivi nos missions dans une atmosphère pesante. D'abord, on enchaînait les visites à l'hôpital auprès de copains blessés. Puis, dans les six mois qui ont suivi, on a enterré trois camarades. Deux cancers et un suicide.

Le destin reprend d'une main ce qu'il donne de l'autre. Il faut une certaine capacité de résilience pour surmonter.

Le ministre de l'Intérieur s'est repointé au QG à Bièvres. Son allocution a été d'une maladresse crasse. Au lieu de mettre en avant les hommes, leur courage et leur dévouement, il a fait un laïus sur les capacités de notre hiérarchie dans le domaine des calculs mathématiques et de l'établissement de statistiques. « Votre chef d'unité m'avait annoncé la possibilité de mettre fin à la prise d'otages en ces termes : "On est en mesure de donner l'assaut, mais il va y avoir des pertes." » Les pertes potentielles que nous étions tous avons applaudi. On est polis, on respecte l'institution, mais on avait tous le cœur lourd.

On a repris les entraînements. On a bien compris que la queue de budget de l'année n'allait pas passer dans la rénovation des douches, mais plutôt dans l'achat, un peu plus anxiogène, de munitions et d'armement. La semaine d'après, ça n'a pas traîné, on a reçu un véhicule blindé militaire, avec trappes de tirs et tourelle, et des grenades chargées de plus du double de celles qu'on utilisait habituellement. Tout cela dans le même contexte de crise financière qui pourtant jusque-là nous rognait sérieusement les budgets d'année en année. Pas besoin de savoir lire dans le marc de café pour comprendre que si les autorités investissaient ainsi c'est qu'elles prévoyaient un assombrissement de l'horizon. Facile de prévoir les problèmes quand on est en partie responsable de leurs causes !

De mon côté, je me suis enfermé dans ma cellule effraction avec ma colère et quelques chants militaires. J'ai confectionné de nouveaux montages explosifs, calqués sur ceux que j'avais employés porte de Vincennes. Ils pourraient servir... J'ai noirci quelques pages pour transmettre à tout le groupe effraction l'expérience tirée de cette intervention particulière. Avec l'aide de mes camarades, on a théorisé les « plans B » et les « plans C » qui auraient pu être utilisés sur ces mêmes portes, mais aussi sur les murs, les vitrines et le plafond. Notre objectif était de mieux nous préparer en cas d'intervention similaire.

Longtemps ces quarante-huit heures de dingue sont revenues hanter mon esprit. J'oscillais entre deux impressions. D'abord celle de la désillusion générée par nos chefs. Et puis cette autre plus lumineuse, quelques mots tirés du Talmud, adressés par un des otages que nous avions libérés : « Qui sauve une seule vie sauve le monde. » On avait sauvé vingt-six vies, vingt-sept en fait, en comptant l'enfant qui allait naître. Elle était là, notre récompense.

14

L'autre bataille du Bataclan

« Avant que de se jeter dans le péril,
il faut le prévoir et le craindre ;
mais quand on y est, il ne reste plus qu'à le mépriser. »

— FÉNELON

C'était un vendredi 13, en novembre 2015. J'étais attendu à l'École nationale de police de Paris, dans le bois de Vincennes, au sud-est de Paris. À deux pas de l'hippodrome et des allées arpentées par les prostituées. J'y effectuais un stage de deux semaines de mise à jour de mes différentes qualifications de policier : maîtrise du Taser, du Cougar, du Flash-Ball, du lanceur de grenades de 40 mm, du tonfa, de la matraque et du monitorat de tir… C'est un passage obligé, tous les cinq ans, pour rester dans les clous. Avec neuf autres policiers, des formateurs de différents services parisiens, nous devions plancher sur nos capacités de progression en milieu clos. Le thème était le suivant : « un braqueur vient de se réfugier dans un appartement, il faut aller le chercher pour l'interpeller ». Pas de problème.

Tous armés de pistolets FX chargés de cartouches en plastique contenant de la peinture, on a désigné entre nous celui qui jouerait le braqueur. Comme je venais d'un service plutôt spécialisé dans ce genre d'exercices, il était logique que je prenne en main le déroulement des opérations. Je conseillais mes camarades sur les positionnements à prendre. La fouille des lieux s'est déroulée correctement jusqu'à l'avant-dernière pièce. On l'a investie dans les règles de l'art, en se partageant les zones de danger quand, soudain, j'ai aperçu le pseudo-braqueur dans ma zone visuelle, à l'angle de la pièce, ventre et mains camouflés côté mur. Je lui ai ordonné de montrer ses mains, lentement. Il n'a pas obtempéré. Puis, d'un geste brusque, il a brandi vers moi un morceau de plastique rouge, de la même couleur que nos pistolets d'entraînement. Bing ! je lui ai collé direct deux balles en pleine poitrine.

« Tout faux, Marco ! » Dans ce contexte pédagogique, tout était calculé pour nous piéger, mettre sous tension notre capacité à évaluer les règles d'engagement, à garder la plus grande retenue, car la plupart des flics présents étaient chargés d'enseigner le tir aux policiers de commissariats. Là, pas d'ambiguïté : on ne doit pas tirer tant que l'on n'a pas identifié clairement l'arme de l'ennemi. J'étais vexé d'être tombé dans ce piège tordu. J'aurais dû m'y attendre. Dans la réalité d'une intervention, si j'avais attendu d'identifier l'arme du criminel, je ne serais peut-être pas là, à vous raconter mon histoire. Bon, mieux valait que je m'écrase et que je reconnaisse mes torts. Ma bourde n'a pas eu de conséquences fâcheuses. C'est dans cet état d'esprit, fait de rumination, qu'en fin de journée, je rentre chez moi retrouver ma femme et mes enfants.

J'ai préparé le dîner qu'on a partagé en famille. Puis, après avoir couché les enfants et papoté avec mon épouse, vers 22 heures, je me suis affalé sur le canapé pour regarder un peu la télé. En zappant sur une chaîne d'information en continu, je me suis tendu d'un coup. J'ai découvert avec stupéfaction que Paris était en proie à de multiples fusillades terroristes meurtrières. Et le RAID ne semblait pas avoir été appelé ! J'ai enfilé mes chaussures à la hâte au moment où j'ai reçu ce message à 22 h 10 : « Retour service tout personnel dispo mm [même] non d'astreinte. » Tout le monde était rappelé : qu'on soit disponibles, en congés ou en stage, comme je l'étais.

Cette fois, il ne s'agirait pas d'un exercice. Les gars que nous allions affronter ne seraient pas armés de flingues en plastique mais de kalachnikovs et de vrais explosifs. Il me fallait appuyer sur le bouton « Reset » de mon cerveau, revenir à la réalité de mon métier, celle où on ne fait pas semblant, où si tu te rates, tu es mort. La réalité où la sauvagerie s'impose et se superpose aux lois administratives. Par convention, on ne tire pas dans le dos. OK. Mais quelle est l'option à retenir lorsqu'un terroriste qui vient de tuer des dizaines de personnes vous tourne le dos pour changer de poste de tir ? On tire ou on ne tire pas ? Voilà une question qu'on n'a pas toujours le temps de se poser. Au cœur de l'action, des vies sont en jeu, on doit trancher et agir, vite. Depuis février 2016, si la réglementation a un peu évolué en ce qui concerne « la légitime défense » ou « l'état de nécessité », la décision reste entre les mains de la justice. Entre opérateurs du RAID, on se dit qu'il vaut mieux être jugé par douze inconnus que transporté par six amis. Un juge dispose de plusieurs jours pour délibérer. Un policier n'a que quelques nanosecondes pour se décider.

Comme il me restait encore une semaine de stage à Vincennes, j'avais laissé ma tenue noire dans leur vestiaire. Celle de rechange qui séchait sur l'étendoir était trop mouillée. Il ne me restait plus qu'à descendre au sous-sol pour y récupérer ma vieille tenue trouée par les tirs de Mohamed Merah. Je la conservais comme une relique de ma vie épargnée. Je l'ai enfilée, j'ai passé mes doigts sur les deux trous laissés dans l'épaule gauche par la balle de son 11,43. On était un vendredi 13, j'ai balayé le flot de sentiments superstitieux qui ont jailli en moi, refusé de croire à un mauvais présage.

J'ai chipé la voiture de mon épouse, qui bloquait la mienne. Pas le temps de manœuvrer. Puis j'ai foncé sans gyrophare ni plaque « police » sur le pare-soleil. Je me suis fait flasher par un radar sur cette route que j'empruntais pourtant tous les jours. J'ai pris ce signe comme un rappel à l'ordre : « Redescends, Marco, sois vigilant. Tu es trop monté dans les tours. » J'ai quand même roulé vite et grillé quelques feux orange. Il y avait urgence.

Au QG du RAID, l'ambiance n'était pas comme d'habitude. Les collègues convergeaient tous en hâte vers l'entrée du bâtiment, sans prendre le temps de bavarder en petits cercles au gré des arrivées comme à l'accoutumée. Nos véhicules d'intervention n'étaient pas alignés en convois, à attendre qu'on charge nos sacs. Je me suis demandé si les gars n'étaient pas partis sans moi. Une fois dans l'escalier, j'ai appris qu'un premier dispositif d'alerte était déjà parti. Le service avait l'activité d'une ruche, des collègues se ruaient vers l'armurerie, d'autres en remontaient pour aller récupérer leurs radios à la charge. Certains étaient fin prêts, en tenue et sac au dos, d'autres fraîchement arrivés. Ça grouillait de partout. Fallait enjamber les outils ou se coller au mur pour laisser passer les techniciens encombrés de malles de matos sophistiqué. Et ça ne rigolait pas. L'agitation était dépourvue de gaieté. Souvent, on entend les mecs se saluer, se chambrer. L'air était encore plus plombé que pour l'affaire Coulibaly, dix mois plus tôt.

J'ai enfilé mon gilet pare-balles. Via « radio couloir », des bribes d'informations, toutes plus violentes les unes que les autres, nous arrivaient aux oreilles. « Explosions... Bombes... Ceintures d'explosifs... Bars mitraillés... Plusieurs lieux de crises... Nombreux terroristes... Kalachnikovs... Près d'un millier d'otages dans une salle de spectacle... Stade de France... » Paris était à feu et à sang. Un rapide briefing nous a mis au parfum. « Vague d'attentats... Opération militaire ennemie... Huit attaques coordonnées en trente minutes... » Les cibles étaient hautement symboliques : des innocents. En cette veille de week-end, certains étaient allés assister à un match de foot ou à un concert de rock, d'autres étaient attablés à la terrasse d'un café, des promeneurs. Cette journée serait à marquer d'une pierre noire dans l'histoire de la criminalité de notre pays. Pour la première fois, des kamikazes passaient à l'acte au contact de la police. On allait rejoindre, de manière vertigineuse, la liste des pays auxquels on ne pensait pas un jour avoir à se comparer : l'Afghanistan, la Tchétchénie, l'Irak, la Syrie…

Deux groupes du RAID étaient déjà partis. D'abord, l'ERI, l'équipe de réaction immédiate, un groupe ultra réactif qui, depuis l'intervention à l'Hyper Cacher de Vincennes du 9 janvier, a déjà tout son équipement chargé dans des véhicules prêts à intervenir. Ensuite le groupe « alerte 1 ». Quatre groupes en tout seront formés au fil des arrivées, « alerte 2 » – dont je faisais partie – et « alerte 3 », etc. Tous en mesure d'agir séparément, selon la « procédure AMOK », une technique d'intervention mise au point au niveau européen, en 2010, pour faire face aux « attaques meurtrières mobiles ». L'ERI filait vers le Bataclan où la prise d'otages semblait être la plus importante, renforcée par « alerte 1 ».

Avec « alerte 2 », on a foncé sur le quartier de la République, dans le XIe arrondissement de Paris. Des témoins avaient vu deux terroristes se réfugier dans un immeuble après leur carnage. « Alerte 3 » devait nous renforcer mais a finalement été déroutée sur le Bataclan, où les terroristes se trouvaient encore. En déboulant à République, on a entrepris de fouiller l'immeuble montré du doigt, à l'angle de la rue de la Fontaine-au-Roi et de la rue du Faubourg-du-Temple. Nous sommes passés devant le bar La Bonne Bière, où il nous a fallu avancer sans sourciller devant les corps sans vie de cinq personnes. Les blessés, eux, avaient été évacués. On a pris la relève des policiers primo-intervenants qui encerclaient l'immeuble et en bloquaient les issues. Des douilles de kalachnikov tapissaient l'entrée de cet immeuble doté d'une grande porte en bois donnant sur la rue.

Nous sommes montés à tous les étages et nous avons tapé avec précaution à chaque porte. À chaque réponse, on donnait l'injonction d'évacuer. Puis on fouillait l'appartement pour nous assurer que les terroristes n'y étaient pas. Quand une porte restait muette, on se trouvait face à un énorme dilemme : l'appartement était-il inhabité ? Y avait-il derrière la porte des innocents apeurés ? Des gens qui n'aimaient pas la police, peut-être ? Ou je ne sais quel sourd-muet ? Ou encore des incrédules qui refuseraient d'écouter nos injonctions ? Pire : y avait-il les deux terroristes prêts à nous pulvériser en actionnant leurs gilets chargés d'explosifs ou encore à nous transpercer de leurs balles de kalachnikov ?

Cette incertitude nous posait un souci technique. Soit on ouvrait violemment à l'explosif ou à la cartouche effraction, et on risquait de tuer quelqu'un posté derrière son judas ; soit on choisissait d'ouvrir les portes manuellement et en souplesse, et on s'exposait dangereusement. Car le judas offrait aux terroristes de sacrés angles de tir. Notre vérin hydraulique activable à distance avait rendu l'âme dès le début de l'intervention. On a opté pour une méthode mixte : à la cartouche d'effraction calibre 12, complétée du pied-de-biche et du bélier. Pas simple. Aucune des portes n'était configurée de la même manière. Certaines, très lourdes, en bois massif, étaient pourvues des premiers systèmes de blindage, renforcées de plusieurs blocs de serrures.

Il nous fallait aller vite, même si derrière chaque porte la mort nous attendait. En prenant des risques dingues, quasi suicidaires, on a cassé onze portes. On a joué onze fois à la roulette russe ! Finalement, aucune ne s'est transformée en monstre. Avaient-ils fui ? Le renseignement donné était-il faux ? On a pris ensuite la direction du Bataclan.

On apprendra plus tard que l'attaque terroriste s'était articulée en trois équipes coordonnées : une équipe de trois terroristes à pied, au Stade de France, plus deux équipes de trois terroristes en voitures dans les Xe et XIe arrondissements de Paris.

La première équipe était munie de gilets d'explosifs agrémentés d'une couche d'écrous pour être plus létaux. Mais ce groupe ne disposait pas de fusils d'assaut. Ils se feront exploser l'un après l'autre, à proximité du Stade de France, à trois endroits différents. Le premier kamikaze actionnera son gilet à 21 h 20, le deuxième dix minutes plus tard, et le troisième, treize minutes plus tard. Ils occasionneront plusieurs blessés, dont certains à vie, et feront un mort. Après coup, on s'est interrogés sur leur stratégie. Il était évident qu'ils auraient pu faire plus de dégâts, en arrivant plus tôt, lors de l'entrée des visiteurs, ou plus tard, en fin de match. Ils avaient tenté d'entrer dans le stade, mais n'y étaient pas parvenus. À l'intérieur, les explosions avaient été entendues, sans toutefois paraître plus suspectes que cela. Les détonations ressemblaient au bruit des puissants pétards agricoles qu'utilisent les supporters. Le match France-Allemagne ne sera pas interrompu. D'abord par ignorance de ce qui se passait à l'extérieur.

Puis parce qu'il fallait éviter de créer des mouvements de panique.

Une équipe d'officiers du RAID, présente sur les lieux dans le cadre des préparatifs de l'Euro 2016, avait très vite donné l'alerte au QG. À la première détonation, l'un d'eux a eu la curiosité d'aller voir. Là, avenue Jules-Rimet, porte H, il sera témoin visuel de la seconde explosion : le terroriste, dont il ne restait plus grand-chose, avait fait exploser son gilet. Le président de la République, François Hollande, présent dans les tribunes, sera discrètement évacué. Les autres VIP resteront à leur place. Surtout, ne pas créer l'affolement. Ce n'est qu'à la fin du match, au moment de sortir de l'enceinte sportive, que quelques mouvements de panique auront lieu, sans conséquences graves. Vers 23 heures, une partie du public était encore bloquée sur la pelouse. L'équipe des footballeurs allemands, après moult tergiversations – à savoir s'ils devaient changer d'avion, d'hôtel, ou rentrer directement en bus –, finira par dormir dans les vestiaires, avant de prendre le premier avion dépêché d'Allemagne au petit matin.

Parmi les trois terroristes du Stade de France, deux étaient de faux réfugiés. Ils avaient débarqué, un mois auparavant, le 3 octobre, via l'île de Leros, en Grèce, dans un flot de cent neuf autres migrants. Ils s'étaient pliés aux formalités administratives, avec prélèvement d'empreintes et photographies, avant de passer aux choses sérieuses. Ces ennemis n'avaient pas franchi la frontière comme les Allemands l'avaient fait en 1940, en force avec des blindés et des uniformes flambant neufs, en inspirant la peur. Cette fois, ils l'avaient franchie avec des armes plus psychologiques et symboliques : en feignant la faiblesse, vêtus de guenilles. Ils n'ont jamais inspiré de méfiance ni de peur. Peut-être même ont-ils suscité un peu de miséricorde.

Pendant ce temps, vers 21 h 25, entre les deux explosions au Stade de France, à l'intersection de la rue Bichat et de la rue Alibert, des jeunes à bord d'une Seat León noire, immatriculée en Belgique, ont tiré en rafale sur la terrasse du Carillon et sur le restaurant Le Petit Cambodge. « *Allah akbar!* C'est pour la Syrie ! » ont-ils hurlé à visage découvert. Bilan : quinze morts et dix victimes en situation d'urgence absolue. À 21 h 32, ils poursuivront leur funeste balade, criblant de balles la terrasse d'un autre débit de boisson, rue de la Fontaine-au-Roi, non loin de l'immeuble où nous sommes intervenus avec mon groupe « alerte 2 ». Pas rassasiés, à 21 h 36 ils cibleront un peu plus loin, au 92 de la rue de Charonne, la terrasse du restaurant La Belle Équipe, faisant dix-neuf morts. Neuf blessés en situation d'urgence vitale.

À 21 h 40, boulevard Voltaire, un kamikaze, portant un même gilet d'explosifs renforcé d'écrous, est entré dans Le Comptoir Voltaire, un bar où d'autres innocents étaient venus suivre le match en buvant un pot. Dans la vidéo de surveillance du bar, on le voit entrer le visage découvert. La salle est bondée de clients. Il est vêtu d'un jean, porte des baskets et un petit blouson à zip et col fourré, fermé jusqu'au bout. Au moment de son entrée, étrangement, six ou sept personnes ont levé la tête pour le regarder. L'air de rien, sans signe d'essoufflement ni agressivité apparente, il a salué brièvement, puis s'est faufilé entre deux tables, en frôlant la serveuse. Il a répondu en deux mots à une question qu'elle lui posait, sûrement s'il désirait boire quelque chose, puis il s'est retourné, a porté sa main gauche devant son visage comme pour le protéger ou réfléchir. Et là, il a actionné sa charge de la main droite à moitié fermée. Sans rien dire. L'effet de souffle a été d'une violence extrême, suivi d'une fumée blanche. Un tas d'objets sont projetés au sol, les clients sont catapultés vers l'arrière, les chaises et les tables soufflées et renversées. Le terroriste, dont seule la partie arrière de son gilet explosif a fonctionné, a été propulsé en avant sur une table de clients. À moins de cinquante centimètres derrière lui, la serveuse et un client ont absorbé le plus gros de l'explosion et des projections. Elle de face, lui de dos. Les autres clients ont fui, paniqués, par la même porte d'entrée, certains aidés par un proche.

Dans le bar, il a neigé pendant près de quinze secondes. Toutes les explosions, ce soir-là, ont entraîné ce même phénomène. Des résidus d'explosifs non consumés ? Des restes des deux emballages en plastique contenant l'explosif et les écrous ? Des morceaux de la chasuble en tissu supportant ses poches ? Ces déchets cotonneux ont flotté un moment dans l'air, comme ces boules à neige qu'on retourne. Les images sont surréalistes. Une personne venue du fond du restaurant, puis une deuxième, se sont immédiatement occupées des blessés : elles ont poussé les tables et les chaises qui gênaient, puis se sont employées à dégager les corps des deux victimes pour les mettre en position latérale de sécurité. Elles ont même entamé un massage cardiaque sur le terroriste, ignorant qu'il était à l'origine de cette explosion. Au péril de leur vie ! Une poche d'explosifs, encore intacte, s'était décalée sur son flanc. Cet explosif ultra sensible, quand bien même le dispositif n'avait pas fonctionné, pouvait se déclencher maintenant à la pression, à la friction, à la moindre impulsion électrique d'un défibrillateur ! On retrouvera deux électrodes collées sur la poitrine du terroriste.

Je suis curieux de savoir ce qu'ont pensé ces bons samaritains en découvrant que « la victime » qu'ils s'éreintaient à ramener à la vie avait un trou dans le dos, des fils électriques menant à une poche d'explosif et des écrous sur le côté. La poche arrière du gilet, qui a déflagré, contenait 500 grammes d'explosif et deux cents écrous. La poche avant, qui n'avait pas fonctionné, contenait encore 700 grammes d'explosifs et quatre cents écrous ! De quoi provoquer un autre carnage.

Pas très loin, aux abords du Bataclan, une Volkswagen Polo noire laissait descendre une troisième équipe de trois terroristes. Non loin de là où elle était stationnée, des enquêteurs trouveront plus tard un portable avec un SMS envoyé à 21 h 42 vers un numéro en Belgique, celui du coordinateur des attaques : « On est parti, on commence. » Les trois djihadistes sont entrés dans la salle de concert bondée où s'entassaient près de mille cinq cents spectateurs. Ils se sont arrêtés devant le bar, sans commander, et ont ouvert le feu. Le concert des Eagles of Death Metal avait commencé depuis trois quarts d'heure, les rockers avaient déjà joué six titres. Ils transpiraient dans un septième morceau : « Kiss the Devil », une composition dans laquelle ils tutoient le diable : « I'll love the Devil, I'll sing his song… » (j'aimerai le Malin, j'entonnerai son chant). Le diable était bien là et a semé la mort. Des tirs en rafales, quinze minutes durant. Dans le dos de spectateurs paniqués. Avec juste quelques moments de répit, le temps de recharger les armes automatiques.

À l'intérieur, certains spectateurs ont d'abord cru à des pétards, à un show pyrotechnique à l'américaine, jusqu'à ce que la fosse qui fait face à la scène « se couche », selon les mots de certains rescapés. Dans une funeste danse, des dizaines de corps ont obliqué à l'horizontale.

La musique s'est brusquement interrompue. Les membres du groupe ont détalé. Les premiers cris de terreur ont retenti. Puis des râles. Des hurlements, aussi. La lumière s'est rallumée. Un éclair blafard et une odeur âcre, mélange de poudre, de poivre et de soufre a envahi la salle, comprimant les poumons, collant aux palais. Un des terroristes a traversé la salle pour se poster devant l'issue de secours, à l'autre extrémité du bâtiment. Il tenait à bloquer toute possibilité de fuite aux rescapés. Ses deux complices ont alors tiré, au coup par coup, sur les corps gisant au sol, pour les achever.

Les survivants nous les ont décrits comme froids, déambulant dans la salle. Shootant du pied dans des cadavres pour s'assurer qu'il ne s'agissait pas de simulateurs. « Ils font semblant d'être morts ! » « J'te l'avais dit qu'ils font semblant. » Ou encore : « C'est la faute de votre président, des bombardements en Syrie ! » L'horreur a duré une éternité. Dans un mélange de fumée, d'agonie. Dans une puanteur de mort. Certains, coincés dans cet enfer, immobiles au sol, tentaient d'imiter la rigidité des cadavres. Tendant l'oreille, à l'affût de pas qui se rapprochent. Interprétant chaque bruit comme celui de la mort qui s'approche ou s'éloigne. Surtout ne pas attirer l'attention. Instants où l'on implore, où l'on se résigne en se disant qu'on n'en réchappera pas. Certains, blessés, d'autres cachés, ont attendu leur tour, sidérés ou paniqués. Dans cette salle, quatre-vingt-neuf personnes ont péri. Trois cents autres s'en sont sorties avec de graves blessures physiques et un traumatisme quasi impossible à évacuer. L'identification médico-légale des victimes durera plusieurs jours.

Des prélèvements biologiques effectués sur les terroristes révéleront qu'ils étaient chargés d'un psychotrope à base d'amphétamines pour être « efficaces », du Captagon, un médicament qui décuple l'attention, désinhibe les peurs et la douleur, donne une sensation de toute-puissance.

Ce sont nos collègues de la BAC nuit 75 et de la BAC nuit 94 qui sont arrivés les premiers au Bataclan, cette nuit-là. Ils ont, d'entrée, blessé gravement l'un des terroristes, qui a répondu en actionnant son gilet explosif. La déflagration l'a éparpillé sur les murs, le plafond et le sol. Sa tête a fini sur la scène. Le choc de l'explosion a interrompu la tuerie, un moment. Le second terroriste de l'entrée a alors abandonné son poste de tir, pour se retrancher sur le balcon de gauche, au premier étage. Celui positionné sur l'issue de secours arrière l'a vite rejoint. Il avait dû se sentir un peu seul dans la rue. Mais avant d'abandonner sa position, il a eu le temps de lâcher une rafale sur les véhicules de secours et sur la police. Un véhicule de pompiers sera touché.

Cette explosion a, un court instant, semé une confusion qui a permis à plusieurs spectateurs blessés de fuir par cette issue de secours, située sur le côté de la scène, laissée sans surveillance. Des spectateurs sont également montés dans les étages ou sur les toits. Certains se sont glissés dans les doubles plafonds, d'autres se sont cachés sous les cadavres. Mais la grande majorité est demeurée prisonnière de cette apocalypse furieuse. Les tireurs s'adressaient parfois verbalement à leurs cibles, tentaient un trait d'humour, satisfaits de leur toute-puissance. Depuis sa position du balcon, un des terroristes tirait vers l'extérieur, dans la rue. Pour empêcher les secours de travailler, la police d'approcher. Puis ils se sont retranchés dans un local technique à l'étage, une sorte de loge, entraînant avec eux une douzaine d'otages. Positionnant leurs victimes terrorisées en guetteurs ou en boucliers humains, derrière portes et fenêtres.

Voilà la situation qu'ont rencontrée nos homologues de la BRI quand ils ont relayé les policiers de la BAC nuit. Depuis les attentats de janvier, à *Charlie Hebdo* puis à l'Hyper Cacher de Vincennes, nos deux unités ont été amenées à intervenir ensemble. On a mis en place un système de petites équipes projetables très rapidement sur les lieux de crise, avec pour doctrine tactique d'essayer de stabiliser les situations en attendant la « cavalerie lourde ». Ce soir-là, la BRI avait dépêché la FIR (force d'interversion rapide), une équipe de cinq gars transportés par des motards. Le RAID est arrivé quelques minutes plus tard avec une équipe plus étoffée, disposant de plus de matériel, mais plus lente car acheminée par voitures.

Cette nuit-là, pas de guéguerre des polices. L'équipe légère de la BRI s'est sentie soulagée de voir débarquer les rivaux du RAID pour les épauler. Ils étaient pris dans l'œil du cyclone, sans gilets pare-balles lourds, sans boucliers balistiques ni armes lourdes.

Les dix gars du RAID, équipés pour l'assaut, sont parvenus à créer une bulle de sécurité indispensable pour avancer. Les premières portes ont été fracturées et ouvertes pour ne laisser aucun danger derrière soi. L'équipe a libéré les axes majeurs de progression pour permettre la lente progression de la colonne d'intervention, sécurisée par des boucliers. Le gros de la troupe du RAID puis de la BRI est assez vite arrivé en renfort. Les opérateurs allaient devoir assumer leurs responsabilités seuls, car dans l'urgence aucun poste de commandement n'avait pu être organisé. La BRI a monté son plus gros bouclier au premier étage et a progressé sur l'aile gauche du Bataclan. Le RAID a progressé au niveau 0, dans la fosse où s'entassaient les corps.

C'est très dur, quand on est policier, de se voir confronter à une situation de guerre, voire d'extermination. On ne s'attend pas à devoir progresser sur un amas de corps enchevêtrés, mutilés. À avancer au milieu d'hommes et de femmes qui gémissent et réclament de l'aide. À devoir enjamber des corps figés, des visages blafards. À croiser le regard d'yeux convulsés, de voir des crânes avec un trou laissant échapper de la matière cérébrale. Le tout dans une odeur intenable. Avec le bruit de téléphones qui ne cessent de vibrer, sans que personne réponde. Avancer. Progresser, à l'affût du danger, sur un sol glissant ou poisseux. Une quantité incroyable de sang s'était répandue. Une multitude d'objets hétéroclites et de vêtements jonchaient le sol.

Chaque policier présent se souviendra à jamais de cette nuit-là. De ces mains tendues implorant du secours qu'il faut ignorer, de ces doigts qui s'agrippent aux combinaisons. Avancer, encore. Aller au-devant des terroristes. Impossible de s'arrêter tant la menace restait intense. Ils pouvaient surgir, ouvrir le feu à tout moment. Les médecins de nos unités se sont mis à l'œuvre tant bien que mal. Sans brancards, ils sont parvenus à évacuer et à soigner des dizaines d'otages. On en trouvait de partout, cachés derrière des portes, dans des recoins d'escaliers.

Dehors, en prévision d'un assaut, l'équipe « alerte 3 » du RAID a grimpé sur des échelles de pompiers pour fouiller les étages. Elle a permis d'évacuer quelque quatre-vingts personnes en état de choc. Et tout au long de leur ascension, les collègues ignoraient si un terroriste n'allait pas passer son arme à la fenêtre pour les dégommer. Pas de filets ni de harnais de sécurité. Nos snipers tentaient de couvrir au mieux les fenêtres. Puis, selon ce même parcours, il a fallu acheminer des survivants, réfugiés encore plus haut, sur les toits.

Après avoir sécurisé le rez-de-chaussée, le RAID a entrepris de rejoindre la position de la BRI, au premier étage. Il ne leur restait plus à franchir que l'escalier à gauche de la scène.

De leur côté, aux deux tiers du couloir, les collègues de la BRI ne pouvaient plus avancer sans se faire tirer dessus à travers une porte. Il leur a fallu du temps pour comprendre qu'il y avait un détecteur de présence. Les terroristes tiraient à l'aveugle à travers la porte dès qu'il s'activait. Un acte impensable pour nous autres policiers. Cette porte donnait sur une loge dans laquelle les deux terroristes s'étaient retranchés avec la douzaine d'otages. Au bout de cette pièce descendait l'escalier coudé que le RAID devait emprunter. Les djihadistes étaient pris en tenaille. Mais avaient-ils seulement l'intention de fuir, de survivre ?

Plusieurs problèmes subsistaient. Dans le feu de l'action, aucun des opérateurs des deux équipes n'avait une vision très claire de l'agencement des lieux. On disposait bien de plans, mais les échelles étaient difficiles à estimer. Et puis l'escalier, extrêmement étroit, était plongé dans le noir. Sans possibilité de recul une fois engagés. Enfin, le risque était grand que les deux colonnes se retrouvent face à face à mi-parcours. Que nos opérateurs subissent de plein fouet les tirs fratricides des collègues, des « copeaux » de grenades et autres ricochets. Le doute planait sur le nombre de terroristes à neutraliser. On savait qu'ils étaient au moins deux, mais rien n'interdisait de penser qu'il pouvait y en avoir d'autres. On ne savait pas grand-chose non plus sur le nombre d'otages. Comment étaient-ils répartis ? Nous disposions de plusieurs types de grenades, mais on ne pouvait pas se permettre d'employer des moyens radicaux.

Un des terroristes a alors demandé : « Vous êtes le GIGN ? » D'après l'opérateur positionné en tête de colonne, la voix provenait de sept ou huit mètres environ. Personne n'a répondu, pour ne pas prendre le risque d'une attaque suicide. « Dégagez ou je fais tout péter ! » a-t-il gueulé. Côté BRI, l'adrénaline était également à son maximum. Nous étions dans Paris intra-muros, au cœur de leur zone de compétence. C'était à leur chef de service d'intimer l'ordre d'un assaut. Il a d'abord sollicité son négociateur pour un dernier échange. En vain. Le taulier de la BRI a donné l'ordre à un de nos snipers de neutraliser le détecteur de mouvements qui alertait les terroristes à l'approche de sa colonne.

Le plan était le suivant : le tir du sniper indiquerait le « top assaut » conjoint de nos deux unités. Malgré les risques énormes d'une telle manœuvre, le mouchard a été mis hors service et les deux colonnes se sont mises en mouvement, la BRI à l'étage, le RAID en bas, pour prendre les meurtriers en tenaille. Avant tout contact visuel avec les terroristes, trois rafales ont retenti. D'abord une de trois coups de feu. Puis une moins brève, suivie d'une longue rafale. Un des djihadistes avait mitraillé à travers la porte en direction de la colonne de la BRI. Leur Ramsès de protection a crépité d'une quinzaine d'impacts. Une balle a frappé l'arme d'un de leurs policiers. La puissance de l'impact lui a arraché son arme des mains et deux doigts avec.

Leur colonne réussira tant bien que mal à ouvrir totalement cette ultime porte criblée de balles. Une petite marche descendante, située derrière la porte, a fait tomber le bouclier à roulette de nos collègues vers l'avant. Des otages en ont profité pour fuir en se ruant entre les opérateurs de la BRI. Ce flot humain a empêché les policiers de discerner leurs cibles et d'engager le tir. Par bonheur, les terroristes n'ont pas tiré dans le tas, mais ont préféré refouler dans l'escalier, sûrement pour ne pas risquer d'être blessés et capturés vivants. Dès qu'ils ont pu, les gars de la BRI ont grenadé la petite pièce puis la cage d'escalier.

Du bas de l'escalier, nous étions toujours sans contact visuel avec les terroristes. On a entendu exploser la première grenade de la BRI, si violente qu'on a d'abord cru à l'explosion d'un gilet. Elle fut suivie d'une déflagration plus puissante encore. Cette fois, le terroriste avait actionné sa bombe. On le retrouvera coupé en deux dans les escaliers. L'effet de blast fut violent. Toute la colonne du RAID a vacillé mais personne n'est tombé. La charge de 1,2 kg du gilet n'avait pas explosé de manière optimale, elle avait déflagré plutôt que détoné. La décomposition chimique d'une déflagration se déroule à une vitesse légèrement plus faible qu'une détonation.

Tous les gilets qui ont explosé, les trois du Stade de France, celui de la terrasse sur le boulevard Voltaire, les trois du Bataclan, comme celui de l'assaut du 18 novembre ainsi qu'un gilet retrouvé dans une poubelle à Montrouge, étaient faits de la même manière, peut-être par le même artificier : 700 grammes devant, 500 grammes derrière, avec deux puzzles d'écrous ajoutés pour accentuer les effets. Les deux poches d'explosifs étaient de nature très instable. Le TATP (tripéroxyde de triacétone) est très facile à réaliser, en théorie, avec des produits disponibles dans les magasins de bricolage, mais sa manipulation est très dangereuse. Le rendement imparfait de l'explosion a sauvé la mise à notre groupe d'assaut. L'intervention était loin d'être terminée. Il restait encore au moins un terroriste à neutraliser et un tas d'otages à sauver.

Soudain, de manière improbable, une silhouette est apparue à travers la poussière des gravats et la fumée de l'explosion. L'index de l'opérateur du RAID en tête de colonne s'est crispé sur la carcasse de son arme. «Je mets mon doigt sur la queue de détente ?», «Je tire pour sauver ma vie ?» Aucun coup de feu n'a retenti ! Le collègue a fait preuve d'une maîtrise hallucinante. L'individu a levé les mains. Son tee-shirt débraillé et légèrement remonté laissait apparaître son nombril. Il semblait inoffensif, dépourvu d'explosif. Un masque de peur figeait son visage. Les traits creusés d'un revenant d'outre-tombe. On l'a mis en joue, on lui a demandé de retrousser encore plus haut son tee-shirt. Là sont apparus deux cordons qui pendaient à son cou. On a cru aux fils électriques d'un engin explosif. De quoi se crisper. Notre camarade en première ligne s'est approché de l'individu et a distingué des écouteurs. Certains spectateurs, placés trop près des haut-parleurs, dans les concerts, s'en servent comme bouchons d'oreilles. Le gars, dissimulé dans l'escalier, était miraculeusement sorti indemne de l'explosion. Il a eu la vie sauve en ayant le réflexe de se plaquer au sol, ce qui l'avait préservé du blast et des projections d'écrous. Incroyable ! L'insensé arrive parfois.

Les deux colonnes ont continué à progresser et opéré leur jonction devant une scène macabre mais tout aussi incroyable : l'explosion du premier kamikaze avait tué son complice, qui gisait sur le sol, déchiqueté par les écrous projetés. Placé plus bas dans l'escalier, son crâne a encaissé une décharge de pièces métalliques. Encore plus incroyable : si un seul écrou de son complice avait impacté son propre gilet, l'explosion et le blast provoqué auraient été mortels pour notre colonne. Touché à la tête par des boulons, il est tombé au sol sans que la violence de la chute déclenche l'explosion de son gilet. C'est assez surprenant quand on connaît la sensibilité de la matière explosive dont il était composé. Une de nos balles aurait également pu le faire exploser. Par bonheur, aucun opérateur n'a commis l'imprudence de le pousser ou de le tirer pour libérer le passage. Encore moins de le manipuler pour le menotter, comme l'indique notre procédure, y compris pour les morts. Il a fallu enjamber son corps avec notre lourd matériel d'effraction pour vaincre la porte de la dernière loge et libérer d'autres otages.

Passer sur un visage arraché et un buste enveloppé dans un gilet, contenant plus d'un kilo d'explosif ultra sensible, c'est glauque mais surtout ultra dangereux. On ignorait où se trouvait le bouton-poussoir du déclencheur, et même si le gilet disposait d'un système de mise en œuvre à retardement. Ou encore si le choc n'avait pas occasionné un éventuel départ de réaction chimique qui pourrait s'emballer… Comme les otages, les colonnes d'assaut de la BRI et du RAID ont livré un exercice de funambules avec la mort.

Il a fallu, ensuite, fouiller et sécuriser les sous-sols. Enjamber d'autres corps en descendant les escaliers, puis forcer trois autres portes. L'occasion de récupérer une grosse dizaine de personnes, dont un barbu… Le guitariste des Eagles of Death Metal, qui s'était réfugié là.

Puis refaire une ultime fouille globale de tous les recoins de la salle. Il n'y avait plus de terroristes. Pas non plus d'explosifs dissimulés. La prise d'otages était terminée. Elle avait duré un peu plus de deux heures. On était soulagés, mais loin d'être heureux. Tant de morts, de mutilés, de fantômes survivants aux regards perdus…

Vers 3 heures du matin, on a fini par rentrer au service. On a mis trois quarts d'heure pour remettre en ordre et reconditionner le matériel, collectif et personnel. On se devait d'être prêts à repartir, au cas où. On a lavé nos chaussures empoissées de sang. Comme les copains, j'ai pris une douche chaude. J'avais besoin de détendre mes muscles. On s'est tous savonnés plusieurs fois. Pour éliminer la sueur et les toxines. Pour tenter de laver la noirceur de nos âmes. J'ai avalé une bouteille d'eau, pour compenser la déshydratation extrême due au gilet pare-balles. On a bu deux bières, pour parler un peu entre nous. La pression psychologique devait redescendre.

Puis j'ai ouvert mes téléphones, pro et perso, que j'avais remisés dans mon vestiaire en vue de l'opération. Beaucoup d'inquiets qui venaient aux nouvelles. Un message sortait du lot, envoyé à 0 h 59 : « Tu as des news, Marco ? » Il venait d'Amaury de Hauteclocque, notre ancien patron au RAID, parti bosser dans le privé. J'ai trouvé marrant qu'on lui file encore suffisamment de soucis pour animer ses nuits blanches, trois ans après son départ de l'unité. Ce chef avait toujours de petits gestes amicaux et humains pour les hommes de terrain. À 5 heures du matin, j'étais à la maison pour quelques heures de repos. Impossible d'éteindre mon téléphone professionnel, je redoutais de manquer un éventuel rappel au service. J'étais exténué, mais je restais dans un état de tension et de vigilance. Mon téléphone ne cessait de sonner. Chaque fois, je me crispais. Ouf! pas de rappel à l'unité. C'étaient des amis ou de la famille venant aux nouvelles.

Je me suis assoupi, et réveillé vers 9 heures. J'ai partagé le petit déjeuner avec les enfants sans leur dire un mot de ce que j'avais vécu. On a regardé un dessin animé. Un moment de bonheur simple. J'attendais quand même avec impatience qu'ils retournent dans leurs chambres faire leurs devoirs, pour me faire un petit shoot de news sur les chaînes d'information en continu.

J'ai ainsi appris que l'état d'urgence avait été décrété pour douze jours. Puis reconduit pour trois mois, six mois. Jusqu'aux élections présidentielles de 2017, puis au-delà. J'ai découvert la vague d'émotion qui s'est répandue ici en France et ailleurs. Le drapeau français a été déployé sur l'opéra de Sydney, sous le Tower Bridge de Londres, à la porte de Brandebourg à Berlin ou sur la pyramide de Khéops, le mur des Lamentations à Jérusalem, le Christ rédempteur de Rio de Janeiro. La tour Eiffel aussi s'est mise en deuil. En concert à Stockholm, Madonna a interprété « La vie en rose » en pleurant. Le chanteur Renaud, bobo et anar mais bien apprécié dans nos rangs, a chanté « J'ai embrassé un flic ». Devant les ambassades de France à Washington, Londres, Pékin, New York, des foules se sont rassemblées pour allumer des bougies ou chanter *La Marseillaise*.

Toute la journée du 14 novembre, une file de trois heures d'attente s'est constituée dans la cour de l'hôpital de la Pitié-Salpêtrière. Des anonymes venus faire don de leur sang pour aider les blessés. Dans les jours qui ont suivi, les terrasses où le sang a coulé ont été honorées de bouquets de fleurs, de lettres d'hommage, jusque sur la chaussée. C'était émouvant.

Mais un peu trop rose à mon goût, pour un pays qui venait de prendre un coup de couteau dans le dos. Une partie de ces manifestations chaleureuses a été spontanée, une autre a été encouragée par certains de nos dirigeants. Sûrement qu'ils préféraient voir cette émotion se répandre plutôt que des manifestations de colère.

Ces fleurs et ces poèmes n'ont pas altéré la réalité féroce qu'on venait d'affronter sur le terrain. Nous étions en guerre, une guerre insidieuse et vicieuse, qui, aussi, ne disait pas son nom. Il me semblait, il nous semblait à nous, en première ligne, plus que jamais salutaire de poser les choses de manière clinique. De prendre des décisions radicales et légitimes pour la sécurité de nos compatriotes. Mais notre pays avançait doucement dans une campagne électorale en vue des régionales. En son temps, sous la IVe République, le président du Conseil Henri Queuille l'expliquait sans complexes : « La politique n'est pas l'art de résoudre les problèmes, mais de faire taire ceux qui les posent. »

On ne riposte pas aux rafales de fusils d'assaut par des vœux pieux ou des promesses. À la détermination et à la foi des terroristes, la France semblait n'avoir à opposer qu'une molle résignation. Des slogans habilement calibrés ont interdit aux sceptiques d'être en colère ou même soucieux. Il fallait être « Charlie ». Quelques mois après Paris, de nouveaux attentats ont semé le carnage à Bruxelles, le 22 mars 2016, dans l'aéroport et le métro. Les Belges ont, eux aussi, allumé des bougies, dessiné à la craie des slogans sur le bitume des trottoirs. Puis, le 19 décembre 2016, en Allemagne, un attentat au camion sur un marché de Noël a fait douze morts et près de cinquante blessés. Ce fut ensuite au tour de la Grande-Bretagne d'être touchée, le 22 mars 2017. Une charge à la voiture bélier sur le pont de Westminster et une attaque au couteau au Parlement britannique. Cinq morts et quarante blessés. Les roses et les slogans ne font pas oublier le rouge sang. Ils ne protègent en rien l'avenir de nos enfants. Albert Einstein, antimilitariste convaincu, avait vu juste: « Le monde ne sera pas détruit par ceux qui font le mal, mais par ceux qui les regardent sans rien faire. »

Pour l'anecdote en interne, l'« alerte 2 » ne touchera même pas une petite médaille de Courage et Dévouement pour se souvenir positivement de ses douze « interventions suicide » manquées de l'immeuble de la rue de la Fontaine-au-Roi. Notre patron avait commencé la rédaction d'un bouquin sur la science du management, ce n'était donc pas le moment de le fatiguer avec une revendication de reconnaissance futile.

15

Djihad school

« Souvent les gens ne veulent pas voir,
entendre et parler de la vérité parce qu'ils ne veulent pas
que leurs illusions soient détruites. »

— FRIEDRICH NIETZSCHE

À l'unité, on passe des heures à décortiquer le mode opératoire des terroristes, les actions qu'ils ont menées en France et à l'étranger. On étudie aussi leurs publications postées sur le *dark web*, comme *Dabiq*, un magazine publié par Daesh. Ou encore *Inspire*, la revue d'Al-Qaïda. On analyse aussi les clefs USB qu'on saisit sur eux ou sur leurs sympathisants. Plusieurs services de renseignements nous fournissent des informations : la Direction générale de la sécurité intérieure (DGSI), la Direction générale de la sécurité extérieure (DGSE), la Direction du renseignement militaire (DRM). On se tient également informés des évolutions du milieu grâce à d'autres réseaux de coopération, parmi lesquels Atlas, qui regroupe les forces spéciales de police de vingt-sept États de l'Union européenne.

On s'appuie également sur des informations et des anecdotes récoltées directement sur le terrain via notre réseau d'amitiés, tissé au sein des différentes unités policières ainsi que celles des forces spéciales de l'armée. On tient particulièrement à ces dernières informations. Sans dénigrer les autres, celles-ci ont le mérite d'être parfaitement contextualisées et sans filtre. Un bon nombre de conversations autour d'un ballon de rouge avec homologues opérationnels nous ont toujours plus instruits que les PowerPoint proprets de notre hiérarchie, calibrés après une chaîne interminable d'intermédiaires. C'est la vertu du « circuit court ».

Un exemple flagrant ? Les photos et caractéristiques techniques des gilets explosifs que portaient les terroristes des 13 et 18 novembre 2015. En première ligne, nous étions très pressés de savoir à quoi ils ressemblaient, quelles étaient leurs capacités. Nous redoutions de les retrouver lors d'éventuelles récidives, et plus encore lors d'arrestations à venir. À cause de la guéguerre des polices, de différentes rivalités entre démineurs ou militaires, un mois après les faits, nous n'avions toujours pas récupéré les caractéristiques de ces gilets. Imaginez l'angoisse… On procédait à des interpellations quasi quotidiennes de suspects sans savoir s'ils n'allaient pas se faire sauter à notre contact. En 2015, au pire de la menace, la rétention d'informations avait atteint un niveau record. Les galonnés frétillaient au moindre petit renseignement récolté, autant d'occasions pour eux de briller aux yeux des directeurs et du ministre. La guerre qu'ils livraient dans les arcanes du pouvoir était en inadéquation avec celle que nous livrions sur le terrain. Nous faisions face aux balles et aux explosifs. Eux cherchaient à se faire valoir au tableau d'avancement. La réalité, cruelle, c'est qu'en pleine rage terroriste nous n'attendions plus grand-chose de nos chefs.

La lumière est venue à la suite d'une bonne bouffe avec des camarades d'une unité que je ne citerai pas pour ne pas les incommoder. Quoi qu'il en soit, nous sommes parvenus à récupérer des photographies de ces gilets explosifs ainsi que leurs caractéristiques techniques. Des renseignements ô combien précieux ! C'est fondamental de savoir de quelles armes l'ennemi dispose. Lors de l'interpellation d'Abdelhamid Abaaoud, à Saint-Denis, le 18 novembre 2015, plusieurs d'entre nous ont été blessés par des grenades artisanales. C'était cinq jours après les tueries du Bataclan et des terrasses. Abaaoud était un des cadres les plus dangereux de l'organisation « État islamique » (Daesh). Il était visé par un mandat d'arrêt international et la justice belge l'avait condamné à vingt ans de prison par contumace. Âgé de 28 ans, il était considéré comme l'ennemi public numéro 1 en Belgique. En janvier 2015, il avait échappé à un coup de filet policier au cours duquel deux de ses complices avaient été tués. Des vidéos le montraient s'exhibant tout sourire, en train de traîner les corps de soldats syriens derrière un 4 × 4. Il était une cible de haute importance. Un objectif prioritaire qui avait poussé la France à cesser de bombarder l'Irak pour le viser en Syrie. Il était passé entre les bombes. On savait qu'il recrutait des volontaires français, notamment Mehdi Nemmouche, auteur de l'attentat du Musée juif de Bruxelles, qui fera quatre victimes, le 24 mai 2014. Véritable directeur des ressources humaines de l'horreur, Abaaoud avait aussi repéré Sid Ahmed Ghlam, auteur de l'attentat déjoué de deux églises, à Villejuif en avril 2015, qui avait coûté la vie à une jeune femme. Ainsi qu'Ayoub El-Khazzani, dont l'attentat dans le Thalys reliant Amsterdam à Paris, en août 2015, avait été déjoué. Abaaoud, en plus d'être un recruteur, était aussi un formateur. Une centaine de camps d'entraînement avaient poussé en Syrie, dont certains réservés aux étrangers. Abaaoud y officiait et incitait ses « élèves » à commettre des attentats sur le sol européen. Il cumulait les fonctions de chef opérationnel, de planificateur d'attaques et d'acteur terroriste. Il avait recruté et missionné les kamikazes du vendredi 13. Il avait aussi participé aux fusillades des terrasses parisiennes.

C'est dire s'il nous fallait interpeller Abaaoud au plus vite. D'autant qu'il envisageait d'attaquer dès le lendemain le centre commercial des Quatre Temps à La Défense ainsi qu'une crèche et le commissariat local. Une enquête de policiers méritants venait d'éventer son projet. Il avait été logé dans un appartement de Saint-Denis avec au moins deux complices, dont une femme, volontaire pour un attentat suicide. Durant cette interpellation, notre chien d'assaut a été tué, et plusieurs d'entre nous ont été blessés par le jet de trois grenades artisanales. Nous n'avons pas eu d'autre choix que de supprimer ces trois terroristes enragés.

Lors du débriefing, nous avons découvert que ces grenades utilisées par Abaaoud avaient été confectionnées à partir d'un tutoriel paru dans *Inspire*. La méthode était rédigée façon *La Fabrication de grenades pour les nuls*, agrémentée de plusieurs pages d'explications techniques et une vingtaine de photographies à l'appui. Tous les ingrédients nécessaires étaient disponibles chez Leroy Merlin ou le Jardiland du coin. Ces tutoriels, très détaillés, enseignaient l'art de fabriquer des gilets explosifs, des détonateurs et des pièges explosifs. En Belgique, ils serviront pour la fabrication des dix gilets utilisés lors des huit attentats du 13 novembre 2015.

Là où on a été bluffés, c'est lorsque, schémas à l'appui, ces tutoriels expliquaient comment se comporter face à nos tactiques d'assauts. Contre chacune de nos stratégies d'approche, ils proposaient des contre-mesures. Ils expliquaient où positionner un canapé afin de rompre la fluidité de notre progression, et donner aux terroristes autant d'occasions pour des séquences de tir efficaces contre nous. Ils vous apprenaient comment clouer des rideaux pour perturber une pénétration par les fenêtres, à quel endroit poster un tireur, comment se positionner, etc. Leur sens de la pédagogie est impressionnant. Et bien pire encore !

J'ai pu visionner une de leurs vidéos – hallucinante – dans laquelle un formateur enseigne à des enfants d'une douzaine d'années les rudiments de l'anatomie de l'horreur. Une quasi-dissection, au cours de laquelle un môme est désigné pour montrer l'exercice à ses camarades. Il s'avance face à un soldat syrien, attaché à un poteau. L'adulte montre au gamin : voilà les points vitaux à frapper, soit avec le tranchant de la lame, soit avec la pointe du couteau. Ici, la carotide. Là, l'artère humérale. Tiens : la fémorale ! L'instituteur-instructeur dirige un groupe de cinq ou six garçons. Il parachève sa séance de cours en leur apprenant comment terminer la victime par éventration. Les images sont insoutenables.

Une autre de leurs vidéos montre une colonne d'assaut composée d'enfants qui progressent dans un appartement truffé de caméras. Leur mission est de pister, rattraper et éliminer des prisonniers. Les gamins prennent goût à ce petit jeu : ils ne tirent pas directement dans les poitrines mais ciblent de manière vicieuse les jambes de leurs victimes. Ils effectuent exactement les mêmes progressions tactiques que nous à l'entraînement, sauf que nous disposons de balles de peinture alors qu'ils ont de vraies munitions. Les terroristes ne se contentent pas de perpétrer des atrocités. Ce n'est pas un amusement, au contraire. Par cet enseignement ultra violent, ils veulent que leur œuvre morbide perdure et fasse école.

Tout ça tient dans de petites clefs USB. La volonté de ces djihadistes est d'habituer les esprits à la sauvagerie. En regardant en boucle des dépeçages, des viols, des égorgements, des décapitations, des éventrations, des noyades, des enterrements vivants, des tortures par le feu, les mômes désinhibent leur rapport à la mort. À nos yeux, ces scènes étaient insoutenables. Hélas, dans le cadre de mon job, je ne pouvais pas m'épargner leur visionnage. Je les passais en accéléré pour ne m'en tenir qu'à mon but, les tutoriels techniques, mais je ne pouvais pas totalement m'y soustraire. Et c'est terrible, abyssal. On plonge dans un gouffre de noirceur. Après une demi-heure passée à regarder ces images terribles, j'ai senti la haine monter en moi. Elle a gonflé sous mon torse, s'est répandue dans mon ventre, je l'ai sentie prendre possession de moi, de ma respiration. Pris d'un besoin intense d'aller prendre l'air, je suis allé marcher en forêt. Je ne sais pas pourquoi, j'ai eu besoin de toucher des arbres. J'ai pris le tronc d'un grand chêne à pleins bras. Il me fallait sentir l'énergie de la terre. Vitale. Positive. Éternelle. Pour laver mon âme, que ces images avaient souillée.

Ces publications sont pensées avec plusieurs niveaux d'intention. Sous couvert de spiritualité ou de théologie, les rédacteurs déguisent une propagande politique. Ensuite, ils travaillent à consolider la formation technique de leurs soldats. Ce domaine m'intéressait particulièrement en tant que spécialiste des explosifs et, surtout, de « dépiégeur » d'assaut. L'accès à ces documents me permettait d'avoir une longueur d'avance sur ce qui risquait de nous tomber dessus. Je devais savoir et comprendre, trouver la faille, mettre au point des contre-mesures efficaces. Jadis, pour devenir un bon spécialiste explosifs, il fallait d'abord bourlinguer. Lentement « monter en grade » pour se faire une carte de visite et accéder à la confiance des rares personnes chevronnées du milieu. Il fallait voyager dans des pays interlopes, passer à l'acte sur des cibles secondaires. Aujourd'hui, dans un salon, avec un simple chariot de supermarché et en quelques clics, on peut atteindre une solide compétence. Plus besoin d'aller chercher l'information, elle vient à vous.

Leurs vidéos étaient inquiétantes parce qu'elles nous indiquaient que leurs combattants étaient de très bon niveau. On les voyait manœuvrer et progresser dans des lieux clos avec un savoir-faire quasi identique au nôtre. Certes il s'agissait de vidéos de propagande, peut-être avait-il répété plusieurs fois, multiplié les prises pour que leurs déplacements aient l'air fluides. N'empêche, le résultat était là. On peut faire répéter des gestes techniques à des guignols une semaine entière sans rien obtenir de satisfaisant. Leurs séances de tirs étaient aussi les mêmes : par groupes de deux, de trois, de quatre. Ils couvraient bien leurs positions, savaient articuler leurs mouvements conjoints. Ils tiraient en réaction, changeaient leurs chargeurs avec habileté et à des moments judicieux. Leurs évolutions tactiques étaient fluides et déterminées. On a vu des djihadistes bien entraînés.

Côté matériel, ils étaient même mieux lotis que nous, disposaient d'armes de guerre flambant neuves. Parfois même d'armes lourdes.

Ne nous laissons pas abuser par notre suffisance : l'ennemi dispose de commandos performants. Ce ne sont pas des insurgés en haillons. Ils sont dans une dynamique de guérilla, et ils y excellent ! N'oublions pas qu'ils ont aujourd'hui sur leur CV leurs victoires contre les Russes, la coalition européenne et les États-Unis. Ce sont des loups qui n'ont pas de haut-le-cœur à la vue d'un corps éventré. Ils ne redoutent pas la mort, ils la souhaitent ! Voilà leur grande force tactique : leurs commandos sont affranchis de la nécessité de s'exfiltrer après leurs méfaits. Ils nous attendent pour mourir en héros, en martyrs ! Ils sont bien structurés, avec des cellules dormantes. Ils apprennent chaque jour à mieux développer leur logistique et leur chaîne de commandement. Ils disposent de bases arrière, de financements étrangers. Ils ont deux temps d'avance, car ils n'ont aucune bride : pas de règles de tir ni de cadre juridique. Ils n'ont pas le poids de la vie d'otages à préserver.

Nous analysons leurs actions, nous les débriefons, eux font de même à notre égard. Ils cherchent à nous faire toujours plus mal et progressent à chaque sortie. Leurs chefs ont constaté que Mohamed Merah, en mars 2012 à Toulouse, puis Amedy Coulibaly, à Vincennes en janvier 2015, étaient morts à nos pieds après une charge armée suicidaire. Les commanditaires ont pensé que ce modus operandi ne faisait pas assez de dégâts. Alors, de manière concomitante, la nouvelle génération de kamikazes a été équipée de gilets explosifs. Jusque-là, ces gilets n'avaient été vus qu'en Afghanistan, au Mali ou en Syrie. À la nuance près que là-bas les gilets ou les ceintures explosives étaient en explosif secondaire, bien plus résistant aux chocs. L'énergie d'une balle ne suffisait pas à déclencher la charge.

Leur nouvelle doctrine tactique terroriste est claire : même s'ils meurent sous les balles, leurs kamikazes feront tout sauter autour d'eux, par un blast explosif ou une projection d'écrous. Les dix gilets du 13 novembre 2015 sont de nouvelle génération, composés de TATP, un explosif ultra sensible. Dans les années 1980, l'Armée républicaine irlandaise (IRA) utilisait ce produit pour en faire des détonateurs. Nous avons dû intégrer cette nouvelle menace de « bombe intelligente ». C'est la raison pour laquelle, lors de l'assaut de Saint-Denis, le 18 novembre, nous avions beaucoup tiré. Des tirs de barrage. Il était capital d'éviter que les terroristes viennent au contact. Nous devions les empêcher à tout prix de se rapprocher de nous. Certains médias, qui n'y connaissent rien, nous ont reproché d'avoir tiré cinq mille cartouches. En fait on en a tiré deux mille. Nous, qui risquions notre vie sur le terrain, avons trouvé la polémique ridicule. On a surtout été blessés de ne pas se sentir soutenus par notre hiérarchie frileuse. On n'était pas au ball-trap, on essayait de gagner une confrontation. Et nous l'avons remportée car ils ont explosé avant nous, sans nous amener avec eux dans la mort.

L'un des retranchés s'est fait sauter au fond de l'appartement qu'il occupait. L'explosion fut telle qu'une partie de son rachis vertébral est passé par la fenêtre. Face à des fous qui souhaitent la mort, c'était infernal de tenter de rester en vie.

16

Omelette thérapie

« Les joyeux guérissent toujours. »

— FRANÇOIS RABELAIS

« Le service, ça rend fou. Fais gaffe à toi, gamin ! » C'est ainsi qu'un ancien m'a mis au parfum, le jour où j'ai intégré l'unité. Une boutade, balancée entre un éclat de rire et deux bouchées lors de mon pot d'arrivée. « Ah ? Le service rend fou ? Comment ça ? » Pas de réponse. Juste un « tu verras plus tard ! ». On a trinqué, on est passés à autre chose. Le sujet est délicat. En plein cœur du no man's land de l'intime, entre pudeur et inavouable. Nos anciens avaient du mal à verbaliser, à parler de leur stress. Dans une carrière au RAID, on en prend tous plein la gueule. On trinque dur. On cache tous un cadavre dans notre placard à émotions, là où notre quote-part de stress post-traumatique s'entasse. Les « psycatrices », ça se referme un temps, mais ça peut se rouvrir n'importe quand.

Quatre de nos anciens en ont bavé. Le 11 mai 1990, à La Courneuve, ils s'étaient fait tirer dans les jambes par un forcené embusqué sous un meuble. Un gars en pleine crise de démence armé d'un 22 long rifle à répétition. Il avait également blessé gravement un chien d'assaut et fabriqué un piège avec une bonbonne de gaz. Dix ans après les faits, deux de ces collègues ont fait une grave dépression. Un effet retard. Un autre de nos illustres anciens a lui aussi été gravement blessé par un forcené. Ce jour-là, le 31 août 1989 à Ris-Orangis, deux membres du RAID, Christian Caron et Fernand Seither, ont trouvé la mort. Le collègue blessé a mis du temps à guérir. Une fois remis, il a repris du service dans la colonne d'assaut. Un exemple de professionnalisme et de savoir-vivre. Il n'a jamais rien laissé paraître, mais un ressort avait cassé en lui. Il n'a jamais pu trouver la paix intérieure après cette opération. Je pense qu'il a subi le stress ultime : allongé au sol et blessé, il avait sous les yeux ses deux copains, gisant au sol, en train d'agoniser. Il entendait leurs râles, a recueilli leurs derniers soupirs. Il a survécu, pas eux. Dans ces cas-là, on s'en veut, on se sent coupable. Il a failli y passer : pendant quarante-cinq minutes, il a été à la merci du tueur qui tentait de l'achever avec des tirs sporadiques. Un collègue positionné à une fenêtre a empêché le forcené de bien viser par des tirs de saturation. Le groupe d'assaut principal, censé venir en renfort, butait sur une porte blindée de conception nouvelle, très renforcée. Quarante-cinq minutes de calvaire, ça ne s'efface pas.

Douze ans après ce choc, l'ancien a fait une grosse crise post-traumatique. Il a appelé ça « un refus de saut », comme on dit chez les paras. Une nuit, en pleine intervention, il a été incapable de faire le pas en avant qui s'imposait. Il est resté planté, immobile. Submergé par une déferlante de souvenirs sombres et gluants. Ça l'a surpris, choqué, à tel point qu'il a pris la décision de raccrocher. Il était si mal qu'il a même consenti à une prise en charge médicale. C'était un de nos meilleurs gars. Un jour qu'on partageait un moment ensemble, il m'a dit : « Dans un service comme le nôtre, on ne peut pas rester indemnes très longtemps. Au bout de dix ans, les choses s'aggravent dangereusement. À cause du stress cumulé. »

Ouch ! Moi, j'avais déjà dix-sept années de RAID dans ma besace ! Lui sortait d'une nouvelle insomnie, vingt-six ans après les faits, simplement parce qu'il avait assisté à une de nos démonstrations bruyantes lors des trente ans de l'unité. J'ai eu comme un vertige.

Quand tu es une jeune recrue, tu sais plus ou moins ce qui t'attend. L'unité compte trois morts en opération, une trentaine de blessés par balles. Des suicides et plusieurs dépressions. En l'intégrant, on a pourtant déjà une notion de ce qu'est le stress. Les nouveaux se projettent dans ce qu'ils ont vécu ailleurs. Mais le RAID est un démultiplicateur. On sent qu'on ne pourra jamais maîtriser totalement le processus du stress. On se demande : « Et moi, comment vais-je réagir ? », « Qu'est-ce que je vaux ? », « Lors de l'épreuve du feu, serais-je à la hauteur ? » Moi je me conditionnais en me répétant cette phrase du général de Gaulle : « Le malheur, s'il déprime les faibles, trempe et exalte les forts. » On aime tous à penser que nous sommes dans le camp des mecs en acier trempé. On a un peu confiance, et puis on a réussi les tests d'entrée. Mais, nouveau venu au RAID, tu ne fais pas le fanfaron.

Après vingt ans dans l'unité, j'en suis encore à me demander si elle m'a rendu barjot ou pas. Rien n'est clair. Une partie de moi me persuade que les épreuves que j'y ai endurées m'ont fait grandir. J'aime ces mots de Paulo Coelho : « Ta douleur d'hier est ta force d'aujourd'hui. » C'est beau, c'est romanesque. C'est sûr qu'on se doit de sortir de notre zone de confort pour progresser. Il faut s'exposer aux problèmes pour apprendre à les résoudre. Mais dans le métier des armes, l'erreur peut être fatale, définitive. Et puis on traîne avec nous les visages d'un tas de victimes qu'on a croisées. C'est compliqué de coller l'étiquette « positif » sur un bocal de souffrances. Je crois que l'épreuve du feu ne renforce pas les hommes. Elle leur empoisonne l'âme. Faire face à la mort casse tant de choses en nous qu'il est difficile de réparer. « La guerre n'est pas une aventure mais une maladie. Comme le typhus », a écrit Saint-Exupéry. En parlant du Vietnam, Tim O'Brien a dit la même chose : « On en revient sali. Après, on n'est plus jamais le même. »

La réalité de terrain nous amène à des prises de risques ultimes qui sont aussi dangereuses pour l'intégrité physique que pour l'équilibre mental. C'est un peu comme une succession de tentatives de suicide, avec la seule différence que nous nous maintenons dans une dynamique d'action et non d'abandon. Se plonger là-dedans, c'est tout sauf anodin. On ne danse pas avec le diable impunément. Les blessures physiques cicatrisent avec le temps ; les traumas psychiques, invisibles, sont plus sournois. Ils se tapissent dans l'ombre, puis ressurgissent alors qu'on ne s'y attend pas, une fois qu'on a baissé la garde. Est-ce l'épreuve qui nous rend plus forts ? Je ne crois pas. C'est plutôt notre habileté à trouver une échappatoire qui importe. Notre capacité à nous réparer, à trouver des solutions. Savoir rebondir, repartir.

J'ai eu le temps d'arpenter en long et en large le vaste champ du stress. Déjà, avant le premier pas, le stress est là, en « fond d'écran mental », bien avant de cliquer sur la situation de crise. Les pompiers ont leur devise : *Là où votre instinct vous dit de fuir, notre métier commence.* J'aime bien. C'est ce que j'ai fait pendant vingt piges : tenté d'ouvrir des portes derrière lesquelles se tenait un mec prêt à me tirer dessus. Salut la mort, moi c'est Marco. Une balle dans la tronche en guise d'apéro, une deuxième dans l'épaule ! Mohamed Merah m'a logé deux pruneaux dans la peau, à bout portant. Du 11,43. Un gros calibre, du coup sa pénétration dans les blindages est imparfaite. Ouf ! L'ogive s'est arrêtée devant la dernière couche de Kevlar de mon casque d'assaut, à quelques millimètres de mon crâne. Sur le moment, elle m'a mis KO. J'ai eu une hémorragie cérébrale. La blessure a fini par se résorber, et j'ai réintégré la colonne d'assaut après quelques mois. Mais tout ça m'a fait cogiter. La vie se joue à quelques centièmes de seconde. Une sacrée piqûre de rappel !

Comme les militaires, nous autres, les flics, avons un rapport particulier avec la mort. On la fréquente plus souvent que la majorité des gens pour qui la mort est un tabou, cachée, vite évacuée, souvent niée. À nos yeux c'est une habituée, une Madelon qu'il ne faut pas craindre plus que de raison, qu'on ne dramatise plus. On fait tout pour éviter la mort, on s'entraîne très dur pour ça, mais si elle vient nous chercher, inutile de paniquer. C'est dans l'ordre des choses. C'est avant qu'il fallait lutter, dépenser de l'énergie. Une fois que la mort est là, inutile de tortiller. Mieux vaut s'allonger à ses côtés comme avec une belle compagne. « Ce qui ne peut être évité, il faut l'embrasser », Shakespeare.

J'ai entendu siffler les balles. À moins d'un mètre, parfois. Des tirs censés être amis aussi. Une dizaine m'ont rasé le crâne. Tant que l'environnement professionnel était positif, j'ai considéré ces tirs avec légèreté et fatalisme, presque inconscience : « Voilà la rançon de ton bonheur quotidien, Marco. On est entre potes, on fait du sport, on sauve des vies, on défend le bien. » Je me disais : « Rien de grave gamin ! C'est passé à côté. » C'est notre vie de raiders, après tout. Par contre, quand l'atmosphère s'est détériorée dans l'unité, après des décisions dictées par la politique au détriment de l'opérationnel, les idées noires se sont invitées.

J'ai souvent vu des balles finir dans les plafonds ou les couloirs. Elles frappent l'esprit, transpercent les pensées. Le bang ! d'une détonation, ça emporte une partie de vous-même. Un projectile qui file, ça vous ampute d'un truc sans que vous vous en rendiez compte. La mort, comme un fil, reste là, accrochée à vous. Puis elle s'invite en vous, elle prend ses aises dans vos fantasmes, s'immisce dans vos peurs, s'invite dans vos rêves, qui deviennent cauchemars. Elle change de nom, elle se fait appeler « anticipation ». Oui, voilà : on envisage et on anticipe. Pire : on prévoit sa venue. On projette la mort. Elle est là, c'est acquis. Elle traîne dans vos pensées. Parfois elle se change, s'habille en doute. Elle pollue vos réflexions et modifie votre caractère, votre manière de penser. Votre esprit se teinte de couleurs sombres. On devient cynique. Je crois même avoir senti la mort pénétrer dans mon sang, elle s'est mélangée à mes globules. Je les ai sentis, des globules noirs, de la couleur de l'explosif primaire. Très sensibles. Ultra instables. L'idée de la mort change votre regard sur les autres. Nous, on voit ce qu'« eux » ignorent. On se replie sur soi-même, on présente son dos au monde. Les autres sont des planqués, des futiles, des profiteurs, des parasites, des lâches. Ils ne peuvent pas comprendre. La simple idée de la mort nous coupe des vivants.

Il y a ces balles qui ont touché des camarades. J'ai vu le médecin découper la combinaison d'un pote mis à nu. La morphine qu'on injecte à haute dose pour apaiser une douleur atroce. J'ai tourné la tête devant l'hémorragie d'un copain. Sa souffrance est la vôtre. Un maître-chien, touché à la jambe. Son chien avait eu la mâchoire arrachée par une balle de fusil de chasse. On avait pataugé des heures dans le sang perdu par notre frère d'armes à quatre pattes. Le sang, ça sent fort. Ça fait du bruit aussi, ça gémit. Le sang est souvent accompagné de gémissements.

J'ai dû enjamber des cadavres. Ils n'avaient pas cet air apaisé. Ils n'avaient pas eu droit à la toilette funèbre. Certains étaient livides, d'autres indécents. La mort aime surprendre. J'ai vu des corps tordus, des poses pathétiques. Des yeux écarquillés, des visages grimaçants. C'est moche, la mort, et ça pue la merde. Ah, et puis elle est aussi scénariste, elle peut faire vibrer un téléphone dans une poche, percer le silence avec une sonnerie qui reprend un air de Beyoncé.

J'ai vu des suicidés, le crâne ouvert par une cartouche de fusil de chasse. Des inconnus pour lesquels on n'avait pas d'affect. Pourtant leur attitude figée nous les rend familiers. Avant, nous n'étions jamais appelés pour ce genre d'intervention, les autres services s'en chargeaient. Mais vers la fin des années 2000, l'institution a préféré solliciter le RAID plutôt qu'une unité plus classique, à cause de la recrudescence des *suicides by cop*, ces gens qui n'ont pas la force de se suicider. Alors ils font en sorte de se faire tirer dessus par la police pour en finir.

Il y a ces balles auxquelles on s'attend et qui n'arrivent pas. Elles cheminent quand même dans votre tête. Il y a celles, réelles, auxquelles on s'expose quand on est contraint de progresser dans une zone sans couverture, parce qu'il reste un espace impossible à sécuriser. Là, on se dit: «Je vais passer. Si ça tire, je serai touché!» Ces instants sont brefs. Mais ils se produisent quasiment à chaque intervention. J'en ai vécu des centaines. Celles qui nous guettent quand on tente d'ouvrir une porte, sans pouvoir se mettre à l'abri derrière un mur porteur. Pas le choix. Tout un tas de petits fragments de vie. Ce sont des flashs d'une durée infinitésimale mais qui reviennent en nous souvent, sans cesse. Comme des répliques tectoniques qui, après un tremblement de terre, fragilisent les fondations de la plus assise des constructions. C'est ça, l'«effet cumul».

Aucun être humain n'a la même capacité d'abnégation. Parfois on estime qu'il y a de grandes chances qu'on s'en tire, d'autres fois on juge que nos possibilités sont moindres. C'est du ressenti. Un criminel n'est jamais une équation. La nuit où j'ai été touché par Merah, je n'avais pas estimé les risques à plus de 20 %. Jouer à la roulette russe, même quelques secondes, voilà qui laisse des traces.

Il y a ces balles fantômes que nos familles prennent dans leur affect à cause de nous. La mort s'incruste à la maison. Si on venait à mourir, nos proches seraient les plus impactés. Nous, on sera bien allongés dans un cercueil en chêne. Je préfère ça à l'acajou. Je suis souvent rentré chez moi avec la mort sous mes godasses et plein mes fringues.

Il y a ces balles qu'on tire. Légales, pas toujours morales. Certaines pour sauver une vie. D'autres pour ôter une vie. Faut assumer, ça. Chaque fois qu'on ouvre le feu, on s'attend à voir son nom apparaître dans la procédure judiciaire qui va suivre. Un militaire a une mission de guerre, un flic tire en son nom. Lors de l'affaire « Human Bomb » – la prise d'otages de la maternelle de Neuilly en 1993 –, le collègue qui a tiré s'est retrouvé aux assises, et non le RAID comme entité morale.

C'est toujours traumatisant de tirer sur quelqu'un, quand bien même il vous menace. Aucun être équilibré ne peut se blinder, rester insensible à ça. Erich Maria Remarque parlait ainsi de la mort donnée : « J'ai poignardé une combinaison. À présent je m'aperçois pour la première fois que tu es un homme comme moi. J'ai pensé à tes grenades, à ta baïonnette et à tes armes. Maintenant, c'est ta femme que je vois, ainsi que ton visage et ce qu'il y a en nous de commun. » Le trauma occasionné par le fait d'avoir eu à tirer est mis en balance avec une estimation du nombre de personnes que votre tir peut sauver. Voilà, c'est ça le truc : on ne tire pas pour tuer. On tire pour sauver des vies. Faut essayer de voir les choses du point de vue des victimes. Nos émotions, nos larmes doivent être pour eux. On a choisi notre camp. Faut penser comme ça pour évacuer le trop-plein d'états d'âme. On ne tire qu'en situation de combat, en position de survie ou d'urgence immédiate, quand on n'a pas d'autres solutions que de le faire. En s'efforçant d'avoir conscience que « la violence légitime » est, seule, capable de neutraliser la « violence illégitime ».

L'accumulation de stress est permanente chez un policier. Entre quarante et soixante collègues mettent fin à leur jour chaque année. C'est une moyenne, un chiffre. Une multitude de drames humains, des parents détruits, des veuves et des orphelins. Des échecs, tant de renoncements. La police pète les scores : le taux de suicide y est supérieur de 36 % au reste de la population, assure une étude de l'INSERM. Le mal-être est immense.

Le stress peut survenir de manière soudaine, très intense. Lorsqu'une balle vous frappe, la douleur physique est démultipliée par l'inquiétude. On est impacté, incapable de poser un diagnostic immédiat sur ce qu'on a. Ça cogite dur, ça pulse dans le cortex. Mais la montée de stress peut aussi être plus sournoise, d'une intensité moyenne, mais récurrente, constante. Le stress sait être imprévisible. Dans ce cas-là, l'effet de surprise décuple son intensité. Si le stress est prévisible, ce n'est guère mieux : l'anxiété nous fait sécréter des toxines pernicieuses qui collent à la peau.

Lors d'une même intervention, certains opérateurs d'un groupe d'assaut peuvent être galvanisés alors que d'autres seront inhibés. Les jeunes ne subissent pas un pic de stress au même moment que les anciens. Les novices sont touchés par la découverte, une mauvaise acclimatation. Les anciens sont impactés par l'effet cumul. Selon les séquences opérationnelles, chacun réagit de manière différente selon son caractère, ses valeurs, sa préparation technique, son passé, sa situation sociale ou affective, sa fatigue physique ou nerveuse. Un échange de coups de feu n'a pas les mêmes répercussions sur un célibataire, un jeune papa, un gars qui n'a jamais été blessé ou un autre qui a déjà pris une balle.

C'est la raison pour laquelle il est absolument nécessaire et vital d'entretenir une hétérogénéité au sein de nos effectifs, de ne jamais les uniformiser. Les différences sont le secret de notre complémentarité. Notre assurance-vie et la garantie que tous les opérateurs ne risquent pas de « bugger » en même temps. Une équipe de clones formatés selon les mêmes profils risquerait un burn-out collectif et simultané.

Le stress est une hydre à plusieurs têtes. Il agit sur la production d'hormones : testostérone, adrénaline, cortisol… Il peut paralyser, inhiber, ou simplement faire hésiter. Il est habile, il sait prendre le volant de votre direction émotionnelle pour conduire votre comportement. Le salut vient des autres, on a davantage de possibilités de s'en sortir en s'ouvrant aux autres qu'en se refermant sur soi-même.

Les années ont passé depuis les attentats du 13 novembre 2015. Pourtant, parmi les quatre cents blessés civils, certains ne voient toujours pas le bout du tunnel. «J'en suis à mon huitième psy», confiait une rescapée, touchée de deux balles dans la fosse du Bataclan. Le stress post-traumatique est une pathologie de la mémoire. Il devient impossible de prendre de la distance avec un événement qui nous a projetés vers notre mort ou celle d'un être auquel on s'identifie.

Un historien, directeur de recherche au CNRS, Denis Peschanski, a lancé avec un neuropsychologue une enquête pluridisciplinaire intitulée «Programme 13 novembre». Sous cet intitulé, deux études ont été lancées: l'une, «Mille» consiste à suivre mille personnes, pendant douze ans, à l'aide d'entretiens filmés. Le but est de comprendre comment la mémoire se construit au fil du temps, après des événements marquants. La deuxième étude, «Remember», analyse cent quatre-vingt-douze individus, parmi lesquels cent vingt personnes ayant vécu des attentats. Une manière de cibler de plus près le trouble post-traumatique, de comprendre comment des éléments sensoriels (bruits, odeurs, images...) vécus peuvent se réimposer dans le présent. Ces études sont passionnantes, mais elles donnent le vertige: on n'en est que là? Au kilomètre zéro?

La pilule capable d'effacer une partie de notre mémoire – les mauvais souvenirs en l'occurrence – n'existe pas encore. Tant mieux, peut-être. De nombreuses thérapies plus souples ont vu le jour. Ainsi l'EMDR (*eye movement desensitization and reprocessing*), un traitement qui s'appuie sur les mouvements oculaires, en s'inspirant du sommeil paradoxal, cette phase nocturne durant laquelle le cerveau traite les informations de la journée. Ce travail s'effectue à partir des images mémorisées par le blessé, ou alors à partir d'images réelles ou reproduites en réalités virtuelles. L'idée est de retirer un peu d'émotions pour ajouter un peu de réflexion.

Dans la police, on a la méthode TOP (technique d'optimisation du potentiel), héritée des forces armées. C'est une synthèse de multiples techniques de préparation mentale, enrichie ponctuellement par les médecins de l'Institut de recherche biomédicale des armées. Elle propose des méthodes pour travailler sa confiance en soi, gérer sa vigilance, se dynamiser ou se détendre, gérer son stress, ses émotions, la qualité de son sommeil. Elle a été institutionnalisée au cours de la guerre en Afghanistan, après l'embuscade d'Uzbin, survenue le 18 août 2008, dans laquelle dix soldats français ont été tués et beaucoup d'autres blessés. À chaque retour de mission, nos militaires passaient trois jours sur l'île de Chypre. Un sas de décompression TOP avant de rentrer à la maison. Pareil pour nos soldats engagés au Mali ou en Centrafrique. Pour eux, le sas se trouve à Dakar au Sénégal. C'est aussi, il faut l'avouer, l'occasion pour les médecins militaires de détecter les soldats qui risquent de développer un trouble psychique. J'ai été formé à la procédure TOP, j'en ai même obtenu la qualification de moniteur. La méthode est intéressante mais reste superficielle à mes yeux, à son stade de développement actuel. Elle est surtout une aide administrative et un « parapluie » pour la hiérarchie, qui peut ainsi dire qu'elle fait ce qu'elle peut.

Au RAID, nous ne disposons ni de cours ni de rendez-vous hebdomadaires de ce genre. Bien sûr, nous sommes convaincus que la tronche se travaille au même titre que le physique, la technique ou la tactique. Mais la dimension mentale est difficile à enfermer dans une seule dimension, coupée de l'action. Le mental n'est pas mathématique. Le physique se pèse, se chronomètre : un GPS sur un footballeur indiquera les kilomètres qu'il a parcourus, ses accélérations, la zone du terrain qu'il a le plus arpentée ; la data vous donnera le nombre de duels qu'il a gagnés ou perdus. La technique et la tactique s'évaluent, se comparent et se filment. Mais comment diable apprécier et cerner les habiletés mentales ? Elles évoluent d'un jour à l'autre, d'une heure à l'autre. Avec l'expérience et l'épreuve du feu, nous, on a conclu que l'expérimentation prévaut. À l'image d'une brûlure : on a beau mettre en garde un enfant devant un feu, il n'assimilera le danger qu'en en faisant l'expérience. L'individu reste imperméable à certaines informations tant qu'il n'a pas acquis une expérience qui les lui rende accessibles. Les outils, qu'ils soient propres à la préparation mentale ou à toute autre activité, ne servent que lorsqu'on a acquis une expérience associée.

Au RAID, donc, pas de cours théoriques. Une attention particulière est portée au recrutement des policiers qui intègrent l'unité. Ils sont soumis à un tas de tests psychologiques. L'idée est de retenir des hommes avec une base équilibrée, solide, aptes à encaisser plusieurs chocs avant de ressentir les premiers signes de vacillement. Le casting est le même pour la constitution de notre chenil.

Les maîtres-chiens du service s'attachent à choisir les animaux qui sont les plus équilibrés et sociables pour ensuite, seulement, en faire de bons chiens d'assaut. Une fois à la retraite, ils pourront être confiés sans danger à des familles. J'espère qu'il en sera de même pour nous, les bipèdes. Pour ces chiens comme pour les opérateurs, il faut être en mesure d'atteindre des sommets d'agressivité et de folie, tout en étant capable de « revenir » au calme, à volonté, de redevenir sociable et empreint de sagesse. Tout ça avant, après et pendant les interventions. De retour d'intervention, il faut encore aider ses enfants à faire leurs devoirs scolaires.

Un flic du RAID doit savoir manier ses ambivalences. Se montrer audacieux et très prudent ; trouver son point d'équilibre entre la confiance indispensable et le doute nécessaire ; avoir un brin de folie tout en sachant être sage ; agir en homme de pensée et réfléchir en homme d'action ; aimer l'engagement physique autant que la finesse technique ; trouver le curseur entre la lâcheté et la témérité. La prise de risque est nécessaire, mais ne doit jamais devenir une pathologie. Elle peut mener à une addiction, que ce soit à l'adrénaline, à la violence, à l'esprit de sacrifice, à la pulsion de mort, à l'orgueil ou à la rage.

Nous ne faisons pas de préparation mentale mais de la « répétition mentale », au quotidien, dans nos exercices calqués sur notre réalité opérationnelle. On y peaufine nos automatismes techniques et tactiques, tout autant que la gestion de nos émotions et notre capacité d'adaptation au stress. Chaque entraînement est débriefé. Au besoin, il sera corrigé. Tous les opérateurs doivent progresser sur le même tempo. Nous nous mettons perpétuellement à l'épreuve.

Quand nous ne sommes pas engagés sur une intervention, on fait des « assistances à la police judiciaire » pour des interpellations, histoire de ne jamais perdre la main. C'est comme ça, rien ne vaut la pratique. Assis dans un amphithéâtre, il est bien difficile de conceptualiser tout ça. On ne peut pas enseigner la confiance en soi, la façon d'ajuster son état de vigilance, sans exercices pratiques concrets. Comme un sculpteur qui ôte le superflu, on simplifie nos procédures opérationnelles pour être aptes à les mettre en place même sous pression extrême. On s'attache à identifier trois gestes clefs à accomplir au cœur de l'action. Dans le bruit et la fureur, c'est énorme de parvenir à se concentrer sur trois gestes. Ils sont un repère, une ancre, comme en musique, ils donnent le *la*. On se concentre chacun sur nos trois gestes, les autres copains font de même, et on leur fait confiance. Nous sommes les maillons d'une chaîne, alors on ne doit pas se projeter au-delà de la tâche précise qui nous incombe. Trop cérébraliser nous ferait « psychoter ». On a répété mille fois les gestes, les enchaînements.

Si jamais il y a un imprévu, il ne doit pas être redouté, mais envisagé comme une opportunité. Nous apprenons à bien respirer au cœur de l'action, à apprivoiser nos réactions physiologiques. Nous apprenons à temporiser, à prendre de la hauteur sur nos pensées. Il peut arriver qu'on vacille, mentalement. Dans ce cas, chacun a mis au point sa « pensée parade » pour revenir à un esprit positif. Tout ça ne se bachote pas, ça se vit au quotidien. Le RAID n'a pas besoin d'hommes pétris de connaissances, il a besoin d'hommes pétris de qualités. Et celles-ci s'acquièrent uniquement par la pratique qui unifie le corps et l'esprit, la perception et les intentions. Nous faisons face à des terroristes entraînés à la mort, désinhibés chimiquement. Notre force mentale ne s'aguerrit que dans le rodage quotidien à la confrontation.

J'ai vécu une sensation étrange lors d'une intervention sur un forcené. Il avait tiré sur son épouse au fusil de chasse. La phase de négociation ayant échoué, on avait grenadé son appartement au gaz lacrymogène. Comme il ne sortait pas, il nous a fallu aller le chercher. Nous portions des masques à gaz et des bouteilles d'air comprimé. J'ai progressé dans son appartement dont le sol était jonché de linge et d'objets divers. Plus j'avançais, plus j'étais stressé. Ma respiration assistée faisait un bruit d'enfer, je craignais de me faire repérer et tirer dessus. J'étais pressé, mon matériel disposait de peu d'autonomie. Concentré sur ma tactique de progression, je scannais chaque porte et chaque recoin du regard, tellement à l'affût du danger que j'ai marché sur un corps. Celui du forcené. Il venait de se suicider. C'est mon binôme qui me l'a signalé. Je me souviens juste d'avoir été étonné. Pas d'avoir ressenti plus d'émotions que ça. J'étais victime de l'« effet tunnel », un phénomène d'ultra-focalisation sous l'emprise du stress. « Je veux bien croire que tu étais concentré, Marco, mais marcher sur un mec sans t'en rendre compte ? C'est pas possible ! » Je ne pourrai jamais démontrer la puissance de cet état d'extrême concentration dans un cours à une jeune recrue. Pour qu'il le comprenne vraiment, il lui faut l'expérimenter par lui-même.

« T'as marché sur un mort et ça ne te fait ni chaud ni froid ? Tu n'as pas de cœur, Marco ! » On ne nous enseigne pas le contrôle de notre état émotionnel. C'est l'adrénaline de l'intervention qui agit. Ultra entraîné, on reste concentré sur la tâche à accomplir, sur les techniques à déployer. Celui qui ne contrôle pas ses émotions est un danger. Lors des attentats du 13 novembre 2015, on a enjambé des morts sans y prêter attention. Un mort. Dix morts. Plus encore... Les émotions ne doivent jamais altérer notre professionnalisme. Neutraliser des terroristes. Toutes les informations étrangères à cette mission sont reléguées ailleurs dans notre cerveau. Nous sommes des ouvriers qualifiés. Dans l'action, on ne vibre pas, c'est le lendemain que ça se complique, quand les images que l'on a occultées la veille nous reviennent en bloc dans la gueule.

Nos débriefings, qui servent à nous améliorer techniquement, tactiquement et stratégiquement, ont aussi un impact psychologique positif. La stratégie est du domaine des patrons. Les officiers évoquent avec nous les aspects techniques et tactiques. Puis au sein de chaque spécialité, on fait le point : entre membres de l'effraction, les snipers, le groupe varappe, les maîtres-chiens. Avec tout ça, le débriefing le plus essentiel est le plus informel : on appelle ça « l'omelette ». C'est un casse-croûte avalé au petit matin chez un pote restaurateur, non loin du QG, à Bièvres. C'est notre tradition à chaque retour d'opération. La grosse majorité d'entre elles nous impose de nous lever vers 3 heures du matin, afin d'être devant la porte du criminel à l'heure légale. Alors, une fois la mission terminée, on se rassemble pour manger un morceau. On casse la croûte, des fois qu'il faudrait repartir en urgence.

On a un menu rituel : omelette, salade, fromage, vin rouge, café, pour pas très cher. Sans aucune pression administrative ou hiérarchique, on se fait notre débriefing entre hommes, entre opérateurs d'assaut, à chaud, sans témoins. Chacun raconte ce qu'il a fait. Ça permet à tous d'avoir une idée précise de l'intervention dans sa globalité. C'est précieux ! Le rôle de l'un aujourd'hui, sera peut-être celui d'un autre demain. Les anciens en profitent pour parler des interventions passées qui présentent des similitudes, histoire de mettre les choses en perspective. Tout ça renforce notre vécu commun. On bouffe, on parle. On se chambre. On extériorise et on expulse les émotions trop fortes qu'on a vécues. Tout ça nous aide à faire taire ces coups de klaxon dans nos têtes, à calmer la fureur, à chasser le reliquat de peur resté dans les cœurs. En posant nos pensées sur la table, aux yeux de tous, on les empêche de tourner en rond. On les remet à la bonne place. On exprime aussi les rancœurs, on crève les abcès, on exorcise les démons. On dit ses quatre vérités à un copain qui a fait une bourde. On félicite celui ou ceux qui ont bien assuré. La plupart du temps, c'est la bonne humeur qui prend le dessus. L'omelette scelle les amitiés et renforce l'esprit de corps.

On a officiellement la possibilité de faire appel à des psys. On ne le fait pas souvent. La vérité, c'est qu'on n'y croit pas beaucoup. La procédure a le mérite d'exister. La hiérarchie nous en remet une couche après les opérations très lourdes, comme les attentats de 2015. Les blessés et tous les gars dont les protections balistiques avaient été impactées ont eu droit à un débriefing collectif obligatoire avec un psy. L'après-midi, des entretiens individuels – facultatifs – ont été proposés. Après avoir été blessé par Merah, j'ai eu droit aux deux. Étrangement, sur le coup, je n'avais pas eu l'impression d'être touché psychologiquement. Ces entretiens, encore une fois, relevaient plus du parapluie administratif que d'une démarche thérapeutique.

L'équilibre n'est pas facile à trouver : il faut parler, c'est essentiel pour ventiler nos émotions, filtrer nos soucis, mais pas trop non plus, pour éviter de fixer le traumatisme, d'ancrer nos pensées négatives. Parler, c'est comme s'écouter : il y a un temps pour s'introspecter, pour s'étudier, et un temps pour tourner la page et agir.

Au début du RAID, en 1985, ça n'était pas dans les mœurs de causer, de parler de ses fêlures, de montrer des signes de faiblesse. Les mecs qui auraient jacté comme ça auraient été mal vus. Il fallait encaisser sans faillir. Heureusement, la nature est bien faite, comme pour tenir l'équilibre, ils ne s'écoutaient pas non plus et passaient vite à l'acte.

Les temps ont changé. Les gars aujourd'hui ont compris qu'il fallait laisser s'échapper un peu la pression. Si possible, pas avec sa famille et ses proches, pour ne pas les abîmer. Les potes du boulot pourraient être une alternative. C'est cohérent mais pas satisfaisant. Face à eux, on peut faire preuve de retenue ou de pudeur. On se sent vulnérable, on redoute les jugements ou les moqueries. Un psy a théoriquement un meilleur profil pour vous écouter sans arrière-pensées. Il dit disposer d'un savoir-faire, d'une procédure, de son expérience. Mais je n'ai jamais vu un collègue redevenir comme avant après avoir eu le besoin de consulter. Quand tu es flic au RAID, tu ne peux pas aller chez le psy le matin puis prendre un calibre l'après-midi pour faire face à un terroriste. Si tu as un souci, vaut mieux changer d'affectation.

Personnellement, plutôt que d'écouter un coach mental ou un psy, j'ai préféré tendre l'oreille vers les anciens. *More majorum* (sur le modèle des anciens), disent les copains légionnaires du 2e REP. Ils ont raison : mieux vaut demander son chemin à ceux qui l'ont déjà parcouru. C'est plus fiable. Pas mal de nos anciens, des très bons, ont subi un stress post-traumatique. Ils ont emprunté le chemin pour en réchapper. Quand je commence à mal dormir, je fais un peu plus de sport, je surveille mon alimentation, mes heures de coucher. Aujourd'hui, même si je ne ressens aucun problème, je sens que certaines choses sont ancrées en moi. Tu ne peux pas lancer les dés à longueur d'année sans le payer un jour. Alors je m'instruis en permanence. Je rassemble des connaissances qui pourraient m'aider à retarder le jour fatidique où le sort va me demander de passer à la caisse. De payer pour tout ce stress avalé.

Quinze jours après l'opération de l'Hyper Cacher, je me suis fait peur. Un énorme coup de barre. Impossible de dormir correctement. Athlète de haut niveau, j'avais déjà connu des soucis avec le sommeil, et j'étais parvenu à les régler grâce à des techniques de relaxation. Ces problématiques de gestion de la fatigue, de préparation mentale, me passionnent depuis plus de trente ans. Mais là, rien ne marchait. Je n'avais plus ni le goût ni l'énergie de faire du sport. Le soir, je tombais de fatigue à 19 heures, mais je ne parvenais pas à trouver le sommeil avant 1 heure du matin. Je me réveillais à 3 heures. Là, impossible de me rendormir. La journée, je n'étais pas fatigué, mais pas en forme non plus. Par contre, mon cœur frappait à 80 pulsations-minute, au lieu de 50 habituellement.

Et puis je me suis refait la cerise, de manière inattendue, au contact de mes poteaux du 1er RPIMA. J'avais organisé un stage d'une semaine au RAID avec ces commandos. Pas mal d'entre eux avaient vécu des trucs très durs, au Mali, en Syrie et en Afghanistan. L'un des copains avait pris deux balles dans la jambe. Il en était à sa quarante-quatrième opération en trois ans, après de multiples infections. Un autre copain avait un problème encore plus particulier: il ne supportait plus d'entendre ses enfants pleurer. Il s'en voulait. Comme son épouse, il ne comprenait pas ce qui lui arrivait, jusqu'à ce qu'ils découvrent qu'il était en état de stress post-traumatique. Les conséquences d'une de ses missions dans laquelle il avait reçu l'ordre de supprimer un terroriste. Il l'a shooté mais a dû ensuite s'approcher du corps pour certifier l'identité de la cible. À ce moment précis sont apparus les enfants du gars qu'il venait d'abattre. Il ne les avait pas vus jusque-là. Les mômes étaient en pleurs. Sur le coup, tu enregistres « cible atteinte » dans ton cerveau. Mais les images et les sons se figent en toi. Le crève-cœur a refait surface à son retour en France. Il lui a fallu lever le pied un moment, prendre du repos.

Les gars m'ont raconté ça durant leur séjour. On a bossé, bien sûr, mais aussi enchaîné de belles soirées. Dont l'une, mémorable. Un gros « dégazage » qui nous a menés jusqu'à l'aube, épuisés mais heureux. Pour ne pas me farcir les bouchons du périph parisien, je me suis allongé sous mon bureau, sur un tapis de sniper, assez inconfortable. Je n'ai dormi que trois heures cette nuit-là, mais c'étaient les meilleures et les plus profondes de ces quinze derniers jours. Et mes nuits suivantes furent parfaites. J'avais tourné la page de l'assaut « suicidaire ». Les confessions de mes copains, encore plus extrêmes que les miennes, m'avaient permis de relativiser. J'ai troqué la violence des images de Vincennes contre d'autres images plus fraîches et joyeuses. De vrais moments d'amitiés. On avait discuté, chanté, rigolé, rêvé, bien mangé, trinqué, dansé. Partagé de l'humanité.

L'année 2015 s'était terminée aussi durement qu'elle avait commencé. Les jours qui avaient suivi nos interventions du 13 novembre à Paris, face à des types armés de kalachnikovs et de gilets explosifs, puis celle du 18 novembre à Saint-Denis, qui nous avait demandé de nous opposer à des terroristes armés d'un pistolet automatique, de grenades à fragmentation et d'un même gilet de 1,2 kg d'explosif, nous étions consignés au QG, vingt-quatre heures sur vingt-quatre. On n'était pas super en forme. Un tas d'images se baladaient dans nos têtes. Histoire de se détendre, on a décidé de regarder *Jurassic Park*. La magie du film n'a pas du tout opéré, on est restés impavides face à l'écran, léthargiques. Nous faisions peur à voir. Une bande de zombies. Normal, vu ce qu'on avait vécu. Sans parler de la fatigue extrême due à l'accumulation d'autres interventions pour démanteler les réseaux. Face à un gilet explosif, un vélociraptor nous faisait l'effet d'un animal de compagnie. « Les expériences terribles posent le problème de savoir si ceux qui les traversent ne sont pas eux-mêmes devenu une chose terrible », a dit Nietzsche.

Quand de retour à la maison votre épouse vous émeut moins. Si vous êtes moins sensible aux bonnes ou mauvaises notes de vos enfants. Si leurs petits problèmes de cour de récréation vous laissent indifférent. Ou que vous avez envie de balancer un bureau à la gueule de votre chef. Pire, de « tirer dans les foules des trop cons ». Là, il est temps de sonner l'alarme. C'est que vous êtes devenu « opérationnel » jusque dans votre vie intime. Incapable de switcher. L'équilibre a été rompu, le burn-out est proche. Il est temps alors d'avaler une bonne gorgée de sirop d'humanité, de respirer profondément, de faire le point sur vos valeurs et vos objectifs de vie. De faire une petite balade en forêt jusqu'à retrouver le plaisir d'entendre chanter les oiseaux et de caresser l'écorce d'un arbre.

Pour ne pas dériver, au fil des années, je me suis appliqué à être le plus positif possible. En tout.

J'ai souvent pensé à cette légende amérindienne qui raconte l'histoire de deux loups. Deux créatures tapies en nous. Un loup noir, rempli de haine, de tristesse, de jalousie, d'envie, d'orgueil, de honte, de malhonnêteté, de mensonge, d'arrogance, de colère, de rancune. Et un autre, un loup blanc, plein d'amour, de joie, d'émerveillement, de bienveillance et de paix, de douceur, d'hospitalité et de générosité. Pour les Indiens, le loup qui grandit le plus en nous est celui qu'on nourrit le plus. Il prend la couleur de nos sentiments. Policier confronté à la violence quotidienne et à la misère sociale, je me suis senti en péril. Ma réalité, mes frustrations et mes désillusions m'ont beaucoup poussé à « nourrir la bête noire ». Sans relâche, j'ai dû m'appliquer à nourrir mon loup blanc qui a toujours aimé sourire, celui qui nous permet de guérir.

17

RAID ultima ratio

« L'enfer est vide, tous les démons sont ici. »

— WILLIAM SHAKESPEARE

Une colonne d'assaut mobilisée devant la porte d'un appartement de cité pour interpeller un môme de 14 ans, ce n'est pas banal. Fracasser la lourde, progresser casqués et armés, cagoulés, pour trouver un gamin sagement endormi dans son lit, ça fait bizarre. Il est tout beau, semble tout gentil. Il a un poster de *Harry Potter* accroché au mur au-dessus de lui. Mince, il a l'âge de mon fils. Punaise ! on s'est trompés de domicile ou quoi ? Les parents tombent des nues. Le môme se réveille tout tremblant. On ne va quand même pas le menotter ? Il se met à chialer. Voilà qui vous remue les tripes. Bon, on se dit que si le RAID a été missionné, c'est que ce marmot n'est pas un enfant de chœur. Effectivement, on hallucine en visionnant des vidéos de ses méfaits. Ce préado à gueule d'ange et ses copains, tous interpellés au petit matin, appartiennent à une bande de hyènes. Ils sont montés à vingt dans la rame d'un train de banlieue parisienne. Ils ont pillé les voyageurs impuissants dans un déferlement de violence, rouant de coups de pied certains passagers au sol, dans la tête ou dans le ventre. Braquant avec des lames des pères de famille pour leur arracher alliances, portefeuilles, téléphones et ordinateurs.

Tout ça ne renforce pas votre optimisme en tant que flic. Je suis rentré chez moi sans un mot. J'ai regardé mes enfants l'air absent. Surtout ne pas leur montrer à quel point je suis déprimé par le job que je viens d'accomplir. Parfois, on se sent comme des hommes de ménage. On a pour mission de nettoyer cette violence sociale qui se banalise. On bosse dedans, on vit dedans. Certains d'entre nous ne parviennent pas à supporter cette pression négative.

On intervient beaucoup sur des forcenés. Même s'ils n'ont pas d'otages, ils représentent une menace pour eux-mêmes ou pour leurs voisins. Ces interventions ne sont jamais faciles à gérer : en plus d'être très dangereux, leurs profils sont très difficiles à cerner, contrairement aux criminels habituels. Ils peuvent être suicidaires, dépressifs à la suite d'un divorce, d'une faillite, d'un chômage. Ce sont des citoyens lambda, ordinaires, qu'on se retrouve à braquer avec une arme. Ça pèse sur la conscience. Ils pourraient être un proche, un ami, un membre de la famille. Malgré tout, on ne doit jamais s'adoucir ni baisser la garde face à eux. Le 31 août 1989, c'est un forcené de ce type qui a tué deux collègues et en a blessé un grièvement. Le premier tombé sous ses balles avait 31 ans, il venait du GIPN de Strasbourg. Son épouse a donné naissance à une petite fille qui ne verra jamais son papa. Le second collègue venait de l'antigang parisien. Quarante ans, marié, père de trois enfants. L'un d'eux a rejoint l'unité quinze ans plus tard.

J'ai aussi participé à l'interpellation de gros braqueurs. Le plus souvent, les mecs assurent qu'il y a erreur sur la personne, se confondent en excuses. Certains ont peur, d'autres se font tout doux devant nous. Là aussi on peut se mettre à douter. A-t-on cassé la bonne porte ? Quand on n'a pas d'expérience, au début, on se dit qu'un méchant a forcément une tête de méchant. C'est que, comme pour tout un chacun, le cinéma conditionne notre jugement. Dans les films, il a toujours une sale gueule qui fait peur. C'est d'ailleurs à ça qu'on le reconnaît, non ? Le gentil, lui, a une trogne attachante. Sauf que j'ai chopé des crapules endurcies qui avaient des tronches d'enfant de chœur malgré un pedigree de requin-tigre. Un tueur peut avoir une belle gueule ou la ganache banale d'un voisin. Le crime n'a jamais le visage qu'on voudrait, et ça sème le trouble en soi de s'en apercevoir. On finit par considérer le tout-venant avec méfiance. La parano prend une carte de fidélité dans vos pensées. Des arrestations, j'en ai fait des centaines, et je dois avouer que je n'ai jamais croisé un grand seigneur. Le genre d'élégant qui vous dit « d'accord messieurs, je vous suis », façon Jean Gabin dans *Le Clan des Siciliens*. Cette époque, si jamais elle a vraiment existé, est révolue. Je ne crois pas au romantisme ou à la dignité dans la délinquance.

Un matin, lors d'une interpellation en cité, on s'est fait attaquer par un pitbull. On venait de fracturer la porte quand le molosse a surgi. Il s'est jeté sur le collègue en tête de colonne, a ouvert sa gueule pour mordre son flingue. Mon pote a dû ouvrir le feu à travers la gueule du chien. Le pit avait une mâchoire si puissante qu'il a laissé la trace de ses crocs sur la culasse de l'arme métallique. Il n'est pas mort tout de suite et a agonisé longtemps. La cartouche avait transpercé son corps dans la longueur, on n'a pas pu abréger ses souffrances. Le procureur de la République se tenait en queue de colonne et la législation est stricte : un policier, même au RAID, ne peut ouvrir le feu en dehors des situations d'urgence. On a continué, on avait un job à faire. On a menotté le terroriste, qui dormait, et on est repartis.

La différence entre une intervention banale et une intervention difficile se joue à pas grand-chose. Des armes sur la table de chevet, on en a ramassé des brouettes. Il suffit d'un rien, d'un mauvais geste du gars pour que ça vire au cauchemar. L'effet de surprise est toujours notre allié. Un gros braqueur, si tu le surprends, ce n'est plus un mec qui pèse lourd. Juste un mec qui ronfle. J'ai participé aux arrestations de cadres de l'ETA, les indépendantistes du mouvement Euskadi Ta Askatasuna (Pays basque et liberté), ça s'est plutôt bien passé. Il faut que les planètes soient bien alignées : effet de surprise, bonne ouverture de porte, progression fluide. Et que le gars se trouve à peu près à l'endroit où il est censé être, c'est-à-dire dans son lit. Qu'on ne lui laisse pas recouvrer ses sens avant d'avoir les menottes aux poignets. On a interpellé des mecs assis sur la cuvette de leurs chiottes parfois.

Il n'y a pas d'intervention facile. Tout un tas de facteurs font qu'une arrestation peut mal tourner. Cinq secondes de retard à l'ouverture d'une porte à cause d'une sécurité qui résiste, et tout peut basculer. La justice n'est pas notre alliée. Le décalage entre la réalité du terrain et la décision des juges qui délivrent des mandats peut être abyssal. C'est compliqué d'être censé surprendre dans son sommeil, à 6 heures du matin heure légale, un terroriste islamiste qui est déjà levé depuis deux bonnes heures pour les besoins de sa prière de l'aube.

On a opéré pas mal d'interventions sur des go fast, ces grosses cylindrées allemandes qui remontent du Maroc via l'Espagne, chargées de cannabis ou de cocaïne. Les voitures suivent un véhicule précurseur qui signale aux trafiquants tous les points de contrôle ou la présence suspecte de policiers. Pour ce genre d'opérations, on doit toujours se déployer en urgence, au dernier moment, car il est difficile pour les enquêteurs de connaître les heures de départ de ces convois. Et on ne peut pas rester en planque une semaine sur un point de passage. Alors on réagit à des alertes. Un jour, nous sommes arrivés une minute avant le passage de trafiquants au péage de Valence, dans la Drôme. Ces véhicules, c'est toujours coton à stopper. On a une flopée de herses, dont certaines se déclenchent à distance, mais ça ne les arrête pas forcément. J'ai vu un gars continuer de foncer avec les pneus crevés. Ses jantes en aluminium faisaient des étincelles sur l'asphalte. Un vrai danger, avec les réservoirs pleins, pour eux et pour les usagers de l'autoroute. On a imaginé un tas de techniques pour les stopper. L'une d'elles consistait à projeter sur leur pare-brise de la peinture dont la substance était suffisamment poisseuse pour que leurs essuie-glaces ne puissent pas l'enlever. Malgré ça, les gars continuaient d'avancer sur l'autoroute, la tête hors de l'habitacle. Parfois même en marche arrière ! Ils ont pigé qu'ils devaient parcourir quelques kilomètres pour sortir de notre dispositif et ensuite tenter de disparaître dans la nature. On a bombardé l'habitacle des bagnoles avec des grenades lacrymogènes. Pas simple. Les véhicules de luxe disposent de vitres filmées difficiles à péter. Et même quand on y parvient, les gars sont tellement déterminés que rien ne les arrête. Soit ils ont de la poudre plein les narines, soit ils ont pris autre chose. J'ai vu un jour un mec parcourir 500 mètres en marche arrière dans un habitacle plein de lacrymo. Nous qui suivions derrière en courant, on pleurait, on suffoquait, on toussait, on crachait. J'ignore comment il tenait. L'adrénaline est une hormone ultra puissante. Tu peux casser le bras d'un mec, sur le coup il va continuer à lutter. Le soir, il se tordra de douleur mais sur le moment, il est galvanisé. La lacrymo, ça ne stoppe pas un mec motivé. Ces trafiquants sont rodés. Beaucoup ne portent pas d'armes sur eux, ils savent que, pénalement, ils risqueraient d'alourdir leur peine de détention. Leurs commanditaires sont briefés par des cabinets d'avocats sans scrupule qui surfent parfaitement sur la législation. Le trafic de drogue n'est pas si pénalisé juridiquement. Les gars s'échangent leurs expériences, maîtrisent les tarifs et les barèmes pour la prison.

Pour arrêter ces voitures, on est obligés d'être violents. Après coup, une fois au sol et menottés, ils font moins les malins avec nous, car ils viennent de subir un gros stress. Une fois remis à la police judiciaire, ils reprennent confiance et font même preuve d'arrogance avec nos collègues. Les Russes ou les Algériens savent qu'ils ne risquent pas grand-chose en France, en comparaison des peines auxquelles ils s'exposeraient dans leur pays d'origine. Aujourd'hui les trafiquants semblent avoir changé de stratégie : plutôt qu'un gros convoi lourdement chargé de stups, ils préfèrent des acheminements moins voyants. Une petite Clio banalisée avec un siège bébé, par exemple, ou bien une voiture sans relief conduite par des personnes âgées qui font office de mules.

J'ai participé à des opérations cocasses aussi, comme celle de Tigery, une petite ville tranquille dans l'Essonne. Ce jour-là, on a saisi 1 250 kilos de cocaïne. En une seule prise ! La poudre venait de Colombie, via la Guadeloupe puis Dunkerque, et avait été acheminée par camion. Une partie de la dope était cachée dans les contrepoids en ciment d'un manège forain. On a cueilli les gars dans un hangar, au moment où ils posaient leurs armes à leurs pieds pour frapper les blocs de ciment à coups de masse pour en extirper la coco.

Au RAID, on est entraînés pour s'adapter à tout, quitte à servir de couteaux suisses dans certaines situations graves. Durant les émeutes de banlieue en 2005 et en 2007, on nous a demandé d'intervenir en renfort des BAC, les brigades anticriminalité, surchargées de boulot. On assure la protection d'ambassades à risques à Kaboul, en Afghanistan, ou encore à Beyrouth, au Liban. Nous pouvons aussi intervenir lors d'événements politiques ou sportifs supposés sensibles. Ce travail de protection rapprochée demande de la débrouillardise et une grosse résistance aux frustrations. Il faut se montrer diplomate et courtois dans certains milieux aisés, parfois coupés des réalités. Avoir le goût du contact humain. Remiser son blouson multipoche et ses pompes de trekking, enfiler un costard cintré et des mocassins en cuir qui vous lacèrent les pieds. Savoir ne jamais râler quand on reste des heures en attente, devant une porte ou dans un véhicule. Ne jamais se démobiliser. Un policier du RAID doit savoir « faire l'épaule » d'un ambassadeur, d'un juge ou d'un homme politique. Se montrer apte à échanger quelques mots avec eux, parfois même quelques idées lorsqu'ils nous sollicitent.

Notre panel d'action est large. Les missions d'investigation nous plongent dans un rythme différent de celui, effréné, de l'intervention, fait d'urgence et d'engagement physique. Avec l'enquête, il nous faut réapprendre à gérer le temps de l'information. On bascule dans un processus plus intellectuel, un travail de longue haleine. On prend des notes, on synthétise pour construire et faire progresser un dossier pas à pas. L'investigation est un travail qui rend humble. Elle nous enseigne la patience. Il nous faut être pointilleux, la tâche est laborieuse. On ingurgite une somme colossale de documents. Parfois aussi, on fouille dans les poubelles des suspects à la recherche de preuves compromettantes. La curiosité requise est sans limites, jamais anecdotique. J'ai passé des heures à éplucher la revue *Auto moto* pour savoir reconnaître, d'un coup d'œil, les voitures à prendre en filature.

Preuve de notre capacité d'adaptation, dans un laps de temps de quelques semaines, il m'est arrivé de passer d'une prise d'otages à retentissement médiatique international à l'arrestation d'un ennemi public numéro 1, puis d'enchaîner par la protection du pape ou encore la sécurisation d'une équipe d'athlètes olympiques et de filer ensuite en Haïti pour constituer le troisième cercle de sécurité autour de Nicolas Sarkozy. Le président de la République s'était rendu là-bas après un terrible tremblement de terre de magnitude 7,3, le 17 février 2010. Le pays était ravagé. Une dizaine de répliques telluriques avait achevé de le détruire. Tout n'y était que mort et épidémies. On avait la charge du troisième rideau de sécurité. Ce genre de mission est passionnante car plus discrète, plus excentrée et plus libre. Les conditions de vie étaient dantesques. Plusieurs membres de la sécurité présidentielle se sont retrouvés perfusés, sous des tentes de la protection civile. Tous victimes de diarrhées sévères. À peine rentré, quelques jours plus tard, je me suis retrouvé à planquer des heures dans un « sous-marin », pour filocher un commando de l'ETA. De longues heures, engoncé dans l'habitacle d'un véhicule de surveillance. À avaler des sardines en boîte ou des raviolis froids. Parfois accompagnés d'une bière chaude. Juste une petite. Et pas trop souvent, car la bière a un effet diurétique. Et uriner dans une bouteille en plastique pour éviter de sortir à découvert, c'est pas super plaisant.

Le métier est risqué, usant, mais tellement passionnant. Il nous place en observateurs et acteurs privilégiés de la société. Nous affrontons le côté sombre de notre monde. Nous sommes confrontés au plus bas de l'humanité. Devenir policier d'élite, c'est accepter de se débarrasser de la chape des convenances et de la bonne conscience. On plonge dans une réalité brutale, faite de détresse humaine, de misère noire, de bassesses et de rudesses. La violence y est extrême, l'odeur âcre de la mort s'y mélange aux effluves poivrés de la poudre. Les attentats de 2015 ont révélé la barbarie, mais que dire de la détresse des victimes du quotidien ? Cette femme dont le genou a explosé à l'impact d'une cartouche de chasse tirée par son conjoint ; cette jeune fille violée, les yeux dans le vide. Que dire du balancement du corps d'un malheureux qui s'est pendu parce qu'on lui avait pris sa raison de vivre ?

Explorer la misère humaine laisse des traces. Lors de filatures, nous nous confrontons à ses acteurs et à leurs existences poisseuses. Outre la tâche de ne pas perdre la cible de vue ni d'être repérés, nous devons nous imprégner de leurs vies, les observer, les écouter. Pour les sentir, mieux les comprendre, il nous faut entrer dans leur tête pour anticiper leurs actions. Pour ça, on épluche leur casier judiciaire, on épie leurs gestes, on monitore leurs conversations téléphoniques, y compris les plus intimes. On découvre leurs habitudes inavouées. Au final, on les connaît mieux que leurs proches. Nos missions nous révèlent des intimités glauques et sales. Des âmes damnées, des voyous, des grands de ce monde, des petites gens. Des hors-la-loi ou ceux qui la font.

18

Superflics ? Non, vive la PJ !

« Tout ce qui n'est que suffisant, ne suffit jamais. »

— MARIVAUX

Beaucoup de gens nous considèrent comme des surhommes, des flics ultra entraînés et suréquipés. Comme des agents spéciaux avec des capacités opérationnelles dignes d'un James Bond. La réalité, c'est qu'on surestime nos capacités et nos moyens. On ne s'en plaint pas car cette réputation nous sert aussi, parfois. La force de dissuasion est une arme à ne jamais négliger.

Quand le RAID intervient, c'est la cavalerie qui débarque. C'est vrai qu'on sauve des vies, directement ou indirectement. Mais je pense qu'on a aussi un temps de retard, parce qu'on intervient en réaction. Lorsqu'on arrive, les problèmes sont déjà là, certaines victimes sont en sang et en pleurs. On ne gagne pas les guerres en misant uniquement sur une stratégie défensive, c'est la vieille dichotomie du glaive et du bouclier. Il faut parfois brandir le glaive avant que la situation ne se soit envenimée, avant que le premier sang ne soit versé.

À mes yeux, les vrais grands flics, ce sont ceux de la police judiciaire, ceux qui bossent en civil. Ils pistent, ils reniflent, cherchent toujours à avoir un temps d'avance. Ils arpentent les nuits et les milieux interlopes, ne rechignent pas à se salir les mains et à fouiller dans les ordures. Ces flics n'ont pas l'ego dans les abdos, ils n'ont guère le temps de se mesurer le tour de biceps après une séance de musculation. Ils ont des cernes sous les yeux, l'haleine qui pue parfois la clope, ils accumulent les nuits blanches à bosser. Ils ne débarquent pas en fanfare, ils savent être furtifs pour être efficaces. Ils plongent dans les bas-fonds, au plus proche de leurs « clients ».

Dans les années 1970 et 1980, l'époque des multiples braquages de banques, celle de la neutralisation emblématique de Jacques Mesrine par l'antigang parisien, la PJ n'était pas dénigrée comme aujourd'hui. Et elle tenait mieux la rue. Un camion de matériel hi-fi braqué ? Les gars pistaient vite qui avait fait le coup. Aujourd'hui, cette police n'est plus reine, pire : elle doit faire profil bas. Un de mes collègues du RAID était un ancien des stups. Il avait fini par quitter ce service de crainte d'être « puni pour l'ensemble de sa carrière », comme on dit en interne. Il était très actif, trop aux yeux des voyous, qui, bien renseignés par leurs avocats, n'hésitaient jamais à porter plainte. Ils ont les fonds pour ça. Leurs plaintes entraînaient chaque fois une procédure de l'Inspection générale des services (IGS), la police des polices. Au bout d'une quinzaine d'enquêtes sans lendemain, mon pote savait qu'il allait fatalement subir la loi du « il n'y a pas de fumée sans feu » et en payer le prix. Trop fouiller, trop bien bosser, trop remuer le fumier peut nuire à une carrière de policier. Les « flics à l'ancienne » sont rentrés dans le rang, pour ne pas se faire embastiller. L'époque n'est plus à la figure libre mais aux plannings et aux tableaux de service. Un fonctionnaire de police qui prend son service à 9 heures et le quitte à 18 heures, c'est propre et bien cadré. C'est sans soucis, ça n'attire pas de problèmes. Hélas, ça n'en règle pas non plus. Les malfrats, eux, n'ont pas d'horaires, leur emploi du temps n'est pas régi par un tableur Excel. Comme si nos décideurs avaient moins peur d'eux que de policiers trop indépendants. Coupée de la réalité du terrain, la nouvelle hiérarchie ignore à quel point il faut parfois savoir nager en eaux troubles, pour animer un réseau d'informateurs. Ils sont aussi précieux que peu recommandables. Eh oui, ce ne sont pas de bons samaritains. Nul besoin de lire l'anthologie mondiale de la stratégie pour savoir combien le « renseignement humain » est une condition sine qua non de l'action. Une bonne balance vous donne un temps d'avance, elle permet une bonne interpellation avant que le crime ne soit commis.

Mais les politiques qui se succèdent ne connaissent rien du terrain. Pire : ils n'envisagent plus le long terme, juste préoccupés à esquiver les critiques et les emmerdes. En vingt années au RAID, j'ai connu seize ministres de l'Intérieur ! Et une flopée de cadres aux carrières éclair. « Pas de couilles, pas d'embrouilles », dit-on entre nous à propos de ces types qui sont plus obnubilés par leur curriculum vitae qu'ils désirent flatteur et sans taches que par leur efficacité réelle au service du bien commun.

L'époque veut désormais nettoyer à la solution chlorée. C'est un signe pas forcément rassurant de voir combien les « groupes d'intervention » ont fleuri partout en France. Le RAID a multiplié les antennes régionales. Longtemps, nous étions les seuls en tenues noires et cagoules. Aujourd'hui, je serais bien incapable d'énumérer tous les services qui ont une tenue identique à la nôtre. C'est une impasse. La police ne doit jamais se couper de la réalité. Et la vraie vie, c'est le terrain. La réalité, c'est la rue, sans combinaison ni badge. Sans horaires, non plus. Sans défilé ni petits-fours, sans lumière bleue sur la voiture, sans projecteurs de télévision sur ses armes et sur ses chefs bien peignés.

Tous ces supérieurs hiérarchiques qui ne visent que les médailles, la notoriété, l'avancement et une bonne mutation… c'est à en chialer. Surtout quand on les voit dissimuler sous le tapis la poussière que trouveront un jour leurs successeurs. Chacun joue sa course, soigne les apparences. Tant pis pour le manque de résultats concrets. Avec le statu quo, pas d'accrocs dans leur ascension.

De temps en temps, on frappe fort avec une bonne opération, assortie d'une forte communication. Au RAID, on a assisté, impuissants, au défilé de cadres qui se servent de l'unité plus qu'ils ne la servent. Ils s'en vont ensuite ailleurs, auréolés de son prestige. Du bureau qu'ils ne quittent pas, ils écrivent quelques romans ou bouquins menteurs, en fantasmant des rôles qu'ils n'ont jamais tenus. Les braves gens peuvent dormir tranquilles. Tant pis pour les copains sur le terrain qui en bavent plus que jamais, à écoper une barque qui semble prendre l'eau. Plutôt que ces cadres qui paradent sur les plateaux de télé, ceux qui méritent vraiment la reconnaissance, ce sont nos collègues de l'ombre de la police judiciaire. Ils sont les vrais gardiens de la paix. Et nous, opérateurs du RAID, sommes fiers de leur apporter notre renfort.

19

Patron, calme-toi !

« On ne va pas chercher une épaulette
sur un champ de bataille quand on peut l'avoir
dans une antichambre. »

— NAPOLÉON BONAPARTE

Dans un documentaire diffusé sur la chaîne C8, le 5 novembre 2020, notre ancien commissaire a menti en affirmant : « Moi, en tête de la colonne d'assaut, je pénètre dans le Bataclan. » Faux. Flagrant délit de mensonge. Un parmi tant d'autres au sein de notre hiérarchie. Peu de ces hommes de pouvoir résistent à la tentation d'acquérir les apparences de l'honneur, d'ajouter un peu de testostérone à leurs témoignages d'hommes de postes de commandement, histoire de faire plus « vrai ». Pour être franc, ces mensonges assumés nous font plus de mal, émotionnellement, que le fait d'affronter des terroristes armés de gilets explosifs et de kalachnikovs. Le combat, nous sommes forgés pour ça. Dans l'action, notre concentration est telle que peu de choses peuvent nous émouvoir. Mais une fois les opérations terminées, mieux vaut être bien assis sur votre canapé quand vous découvrez un de vos chefs mentir en direct, se palucher, se tresser des lauriers alors qu'il était loin des coups de feu. Ce genre d'inattendu, ça vous remue.

Sans complexes, nos tauliers se nourrissent de rapines de gloriole. Ils ont basculé loin de la vérité du terrain pour s'agiter tels des petits papillons ivres de lumière. Hélie Denoix de Saint Marc l'a formidablement exprimé par ces mots : « La médiatisation est une plaie de notre époque. Sous la lumière, l'être humain se gonfle et s'épanouit. Il se nourrit du regard d'autrui plus que de lui-même. Le masque du pouvoir est sans doute le plus flatteur. Il est sûrement le plus trompeur. » Nos chefs agrafent au revers de leur veste des distinctions qu'ils n'ont pas méritées. Leur valeur est virtuelle. Entre opérateurs, on ne comprend pas pourquoi ils ne se satisfont pas des histoires – pourtant brillantes parfois, elles aussi – qu'ils ont vécues depuis les postes de commandement, en liaison avec les présidents de la République, les ministres. Ils pourraient raconter la difficulté d'une prise de décision, la solitude d'un chef dans ces moments-là. Ils pourraient raconter et décrypter les bonnes stratégies qu'ils ont mises au point avec leurs adjoints. Mais non, ils s'inventent une vie, s'approprient et racontent nos histoires d'hommes d'assaut. Face à leurs mensonges, j'ai vu des copains attristés, d'autres meurtris, dégoûtés ou en colère.

Dans la police, y a trois corps de métiers. D'abord les commissaires, responsables de la conception et de la direction des opérations. Pendant les interventions du RAID, ils dirigent et valident les choix stratégiques depuis le poste de commandement. Ensuite, on a les officiers, qui constituent le corps de commandement. Certains gèrent le PC avec les commissaires, d'autres assurent la continuité de la chaîne de décision, transmettant les informations jusqu'aux opérateurs. Ils sont positionnés en fin de colonne d'assaut. Puis il y a le troisième corps, celui dont je faisais partie. C'est celui des gardiens de la paix et autres gradés (brigadiers, brigadiers-chefs, majors… ceux que dans l'armée, on appelle sous-officiers). C'est le « corps d'encadrement et d'application ». C'est nous qui constituons l'effectif de la colonne d'assaut. C'est nous qui allons au charbon.

Si on aperçoit un commissaire à une dizaine de mètres derrière le groupe d'assaut, alors on est dans un cas « non conforme » : soit il a abandonné son PC, soit il a fait le choix de ne pas en établir, et c'est une faute, soit il n'a pas été en mesure de le faire du fait d'une contrainte majeure qu'il n'a pas su surmonter. Le personnage historique qui à mes yeux est le plus à même de personnifier brillamment ce poste est le maréchal de France Philippe Leclerc de Hauteclocque. Il a été l'un des principaux chefs militaires de la France libre durant la Seconde Guerre mondiale. Une de ses caractéristiques était de ne porter aucune arme sur lui. Il disait qu'il n'en avait pas besoin, qu'à son niveau de responsabilité, si le danger arrivait jusqu'à sa porte au point qu'une balle allemande puisse l'atteindre, c'est qu'il avait fait un nombre d'erreurs stratégiques qui le mettaient en position de la mériter. Il assumait son statut de cadre et n'essayait pas de faire croire qu'il était fantassin ou pilote de char.

Les opérateurs d'assaut du RAID sont préparés physiquement, techniquement, tactiquement, psychologiquement et juridiquement pour être capables de prendre l'initiative dans un déroulement d'intervention sans attendre les directives des officiers. Quand nous fracassons la porte d'un criminel, nous pénétrons à l'intérieur à la manière d'un cours d'eau qui s'engouffrerait dans une habitation. Nous avançons dans le couloir, deux d'entre nous pénètrent dans la salle de bains. Tandis que deux autres investissent la cuisine, deux autres progressent dans le salon, un autre binôme se reconstitue pour fouiller la première chambre, etc. Tout cela dans un même temps. Il ne peut y avoir quelqu'un qui donne des ordres, des instructions ou des suggestions. Face à la menace d'une arme, il est inconcevable de demander un avis à sa hiérarchie opérationnelle. Pas plus qu'à son syndicat, à un *board* exécutif ou à un comité d'entreprise. Nos prises de décision sont instantanées. Au moment de lutter avec un individu pour le menotter, de débrayer sur une autre tactique à cause d'une évolution imprévue de la situation, on agit dans la seconde. On a à peine le temps de prévenir nos camarades. L'adaptation est immédiate. C'est donc clair : on ne reçoit pas d'ordres hiérarchiques au cœur des crises. Idem lors des entraînements. Si vous habituez un individu à obéir aux ordres, comment espérer qu'il soit apte à prendre des initiatives en cas de crise ? On s'inspire de nos schémas tactiques et de notre expérience, et puis on improvise, on s'adapte, on domine.

De la même manière, les joueurs d'une équipe de rugby savent réagir sur un terrain sans avoir besoin qu'un coach leur dise : « Avancez de dix mètres, tournez à gauche, plaquez… Vite, ici ! » Un tel système de jeu manquerait d'adaptabilité, de fluidité, d'intelligence situationnelle. Les joueurs arriveraient perpétuellement avec un temps de retard sur le ballon. En intervention, la difficulté est encore supérieure. Personne ne peut avoir une vue d'ensemble sur ce qui se passe dans un domicile. Même un champion du monde d'échecs n'arriverait pas à déplacer autant de pièces simultanément. Une colonne d'assaut est un organisme vivant complexe. Chaque membre doit avoir la possibilité de contrôler, réévaluer, ajuster, équilibrer, coordonner, reconfigurer, relancer. Chaque policier agit de manière autonome mais en interaction avec ses collègues et l'environnement. Le résultat est obtenu par une somme de petites initiatives décidées simultanément par plusieurs opérateurs. Une fois l'opération déclenchée, il n'y a ni stratège ni démiurge au poste de commandement. Une colonne, c'est une équipe de stratèges aptes à assumer un nombre incalculable de prises de décisions qui impliquent la notion de vie et de mort. Sur quelques mètres, quelques secondes. Pour réussir nos missions, nous nous entraînons en permanence. Nous peaufinons sans cesse les automatismes de nos corps et de nos esprits. Nous intégrons nos schémas tactiques jusqu'à la moelle. Nous adaptons nos capacités de réflexion aux contraintes des univers de haute tension. Les zones de crise sont régies par des règles différentes de celles de la vie de tous les jours. Pour traverser ces zones sans encombre, il faut se fabriquer des outils physiques, techniques et psychiques spécifiques. Voilà ce à quoi un opérateur du RAID passe son temps.

Le biologiste français René Quinton (1866-1925) avait décroché la croix de guerre et sept citations lors de la Première Guerre mondiale. En son temps, il avait posé un diagnostic assez juste : « Une des misères de la guerre de position, c'est que ceux qui voient ne commandent pas, et que ceux qui commandent ne voient pas (...) Il y a bien des excuses à la cécité d'un chef. Une besogne lui incombe et embrasse bien des domaines en dehors du combat. Le ravitaillement, les renforts, les questions de haute paye et de sabots, l'habillement, le matériel, le personnel, la coordination des services annexes. Les rapports et l'administration infinie de la guerre absorbent tout son temps. S'il n'y prend garde, le combat devient le moindre souci de son commandement. » Son analyse remonte à 1918 ! Depuis plus d'un siècle, le volume de responsabilités et d'interactions a bien augmenté dans les états-majors. En situation de crise, en plus de décider d'une stratégie globale et de l'organiser avec les cadres, nos chefs sont en connexion avec d'autres services de police ou de renseignements, les pompiers, les démineurs, les autorités locales, les gérants et les techniciens du site concerné par la crise. Pour une efficacité optimale, il leur faudrait faire davantage d'exercices sur table qu'ils ne sont en mesure de le faire.

Gênés par cette distanciation avec les réalités du terrain, certains tauliers appliquent par défaut ce qu'ils nomment « la politique de la porte ouverte ». Par ce geste, ils se rapprochent un peu de l'opérationnel. En laissant la porte de leur bureau ouverte, ils sont en mesure de recevoir des « retours du terrain » plus aisément. On n'a plus besoin de caler un rendez-vous auprès d'une secrétaire de direction.

Hélas, comme la plupart d'entre eux jugent cette pratique « chronophage », ils finissent enfermés dans leur tour d'ivoire avec un groupe réduit de conseillers. Très vite, ces conseilleurs deviennent des courtisans. Le collectif en pâtit. Gravement.

En vingt ans au RAID, je n'ai jamais vu un commissaire ou un officier de haut rang prendre place dans un de nos entraînements tactiques. Exceptionnellement, j'en ai aperçu certains en position d'observateurs, jamais en situation d'acteur.

Quand nos cadres s'invitent à une séance de tir, il s'agit de tir sportif, tranquille et détendu. Ils sont en tenue civile et ne portent pas nos 30 kilos de protections. Ils ne risquent pas de suer dans leur tête-à-tête paisible face à la cible, ni de prendre une balle. Nous, on s'articule en groupes, avec un rythme chronométré et des scénarios. On envisage une prise d'otages, un forcené, des terroristes. Parfois on nous coupe l'éclairage, on nous ajoute des gyrophares, des sons parasites afin de créer une atmosphère chaotique. On nous pose des problèmes à résoudre, on challenge notre discernement et notre réactivité dans l'incertitude à gérer. On finit éreintés et trempés de sueur. Nos chefs ne participent pas à ça. Ils ne participent pas non plus à ces exercices où l'on utilise de la technologie d'intervention : lunettes de vision nocturne, lampes éblouissantes, grenades, gaz, armes intermédiaires, boucliers de groupes. On ne les voit pas à nos séances de sport de combat ou collectif, pas non plus à nos séances de progression en techniques de cordes, le long des façades de bâtiments ou en descente d'hélicoptère.

Après les attentats de 2015, et l'apparition des gilets explosifs, nous avons dû faire évoluer nos stratégies. Des termes pleins de promesses funestes sont apparus dans nos prescriptions tactiques: « abnégation », « non-réversibilité », « assaut continu », « techniques sacrificielles », « dépiégeage », « gilet d'explosif primaire », « pose de garrot », « nid de blessés ». Là encore, on n'a pas vu les cadres potasser à nos côtés. Nos autorités étaient auprès des décideurs politiques, parlaient dans un métalangage de gérer le « haut du spectre », sans jamais reconnaître que c'est à nous, opérateurs d'assaut, qu'allait revenir la tâche d'affronter la réalité de terrain. Bref, on ne peut raisonnablement pas intégrer nos cadres dans une colonne d'assaut. Ils n'y sont pas préparés. Un commissaire dans une colonne d'assaut, c'est comme la vingt-cinquième heure d'une journée: ça n'existe pas. Et cela même si je reconnais que, parfois, certains leaders peuvent sortir de la norme. Le lieutenant-colonel Arnaud Beltrame, lors de la prise d'otages terroriste de Trèbes le 23 mars 2018, ainsi que le commissaire primo-intervenant de la BAC nuit de Paris, lors de la tuerie du Bataclan le 13 novembre 2015, en sont les derniers exemples en date.

Cependant, et quel que soit le nombre d'arbres en mesure de vouloir cacher la forêt, dans la poche du mollet de la combinaison noire qu'ils portent parfois, ils n'ont pas le garrot que l'on a tous dans la nôtre et qui nous servirait à comprimer une de nos artères en cas d'hémorragie.

Dans tout ce que je viens d'énoncer, je ne cherche pas à faire un concours d'attributs masculins. J'ai juste tenu à exposer concrètement la différence des compétences.

Pendant des siècles, seuls les généraux et les colonels avaient de l'instruction et étaient en mesure d'écrire. Ils faisaient le récit des victoires et des batailles, quitte à réécrire l'histoire, sans contradicteurs. La troupe était une chair à canon composée d'analphabètes, tandis que les chefs se présentaient comme des stratèges hors pair. Sur certains tableaux, on peut les admirer chargeant, sabre au clair, héroïques. Conteurs, ils chantaient leurs propres louanges. Les chefs d'aujourd'hui se la racontent tout autant, sur les chaînes de la TNT cette fois. Ils accordent un accès aux caméras de boîtes de production qui, en retour, boivent leurs paroles, encensent leur rôle, sans aucun recul journalistique. Nous autres, mecs de terrain, en sommes réduits à fermer notre gueule. On a un devoir de réserve à observer, et, surtout, des impératifs de discrétion pour ne pas être identifiés et subir des représailles de la part des criminels. On ne dit rien mais on n'en pense pas moins. Ceux qui font faire ont confisqué la parole médiatique à ceux qui agissent et à ceux qui savent.

Conscient de l'importance des impératifs de communication, l'institution monitore ses relations publiques avec un casting bien défini. L'administration choisit un « syndicaliste », un « négociateur », un « cadre de haut rang ». Brefs, que des gens qui observent de loin au détriment des hommes de terrain. Nos cadres suivent des médias trainings pour optimiser leurs capacités lexicales. Leur ego fait le reste. Ils font très vite l'ellipse du « nous » ou des « hommes de l'unité ». Ils se glissent dans la ouate du pronom personnel « je », versent dans le « moi », combinent les deux en un « moi, je ». Ils finissent par s'attribuer des faits d'armes. On pourrait presque en rire, les comparer à un président de fédération olympique qui monterait sur le podium à la place de ses athlètes en s'attribuant leurs combats, leurs victoires. Ces ego boursouflés deviennent les preneurs d'otages de la réalité et de l'histoire. Ils font le jeu d'une simplification réductrice, délétère pour leur unité. Dangereuse, surtout.

Les patrons de l'unité adorent se faire valoir grâce à leur fonction. Je me souviens un jour avoir rencontré l'acteur américain Steven Seagal. Il avait été convié à déjeuner à notre QG, où les huiles lui avaient fait faire le grand tour. Les patrons adorent côtoyer les gens du show-business. Il avait eu le droit de vider quelques cartouches dans notre stand de tir, comme c'est la tradition avec les VIP en visite. Passionné d'armes, il avait flashé sur un fusil de sniper à haute précision. A priori expert en arts martiaux, il a voulu nous faire une démonstration de ses aptitudes au combat dans le gymnase du RAID. J'avais été retenu pour servir de sparring-partner à Steven Seagal. Il était accompagné de trois élèves, je dirais même des disciples, tant il avait l'air d'un gourou. Son embonpoint était tel qu'il ne pouvait se pencher pour délacer ses souliers, alors l'un de ses larbins s'en chargeait. Vêtu d'une sorte de kimono, il nous a montré deux-trois enchaînements. Là, on a pigé qu'il avait bien quelques notions, mais elles remontaient à très longtemps. Depuis, il s'était laissé pousser l'abdomen. Au moment de nous montrer l'efficacité de ses techniques, il s'est mis en retrait et m'a désigné un de ses gars pour un simili-combat. J'étais embêté. J'avais encore un petit niveau en judo, je ne voulais pas pourrir l'ambiance devant les patrons de l'unité.

Sans forcer, ni même me montrer méchant, j'ai facilement coincé son disciple dans une immobilisation. Là, la star s'est crispée. Les tauliers aussi. Ils avaient vraiment envie de faire copain-copain avec cet acteur américain. Alors Seagal m'a envoyé un autre de ses gars. Je me suis dit que je devais y aller tout doux, me laisser faire. Le mec me bloque avec une clef de poignet interdite en judo. J'ai abandonné. Steven Seagal rayonnait. Mes tauliers aussi, heureux de faire plaisir à leur invité. Ils ont ensuite été déjeuner tous ensemble dans la salle à manger des patrons. Ils ont fait des selfies. Ils étaient ravis. Moi j'ai rejoint les copains au réfectoire, à ma place. J'en ai été quitte pour trois mois de sarcasmes de mes copains du RAID. « Dis donc, Marco, le giron du Ricain il t'a bien arrangé ! » Comme quoi, il ne faut jamais être trop gentil.

Dans le métier des armes, la fierté est une qualité motrice. L'orgueil, un défaut mortel. Il altère la perception. Certains cadres se voient tels des chefs d'orchestre alors qu'ils ne jouent que du pipeau. Dans la Rome antique, lors des cérémonies de triomphe saluant les généraux victorieux, un esclave se tenait derrière chaque récipiendaire de lauriers, avec pour tâche de lui répéter *memento mori* (rappelle-toi que tu es mortel) ou encore *respice post te, hominem te esse memento* (regarde autour de toi, et souviens-toi que tu n'es qu'un homme).

Le mensonge érigé en doctrine ne sert pas la République. En 2012, nos communicants parlaient de Mohamed Merah avec moult euphémismes : « loup solitaire », « tueur au scooter ». Le but était d'éviter de prononcer le terme exact – plus anxiogène et électoralement risqué – de « terroriste islamique ». En 1996, le ministre de l'Intérieur Jean-Louis Debré avait utilisé le même procédé pour évoquer le « gang de Roubaix » . Dans tous les médias, il n'avait eu de cesse de qualifier cette équipe de « gang de droit commun », alors qu'on savait tous qu'il était lié à la fois au GIA algérien et à l'extrémisme islamique bosniaque. Nos cadres devraient avoir un peu de décence lorsqu'ils affirment des contre-vérités à la télévision.

La peur, la mort ? Ils les ont imaginées, reclus dans un PC, parfois 100 mètres plus loin. Même pas témoins visuels. La confrontation, ils l'ont vécue en écoutant nos communications radio, puis en assistant à nos débriefings, après l'action. Ils lisent nos comptes rendus, mais que savent-ils du combat si ce n'est le résultat de l'interprétation des acteurs ? L'opérateur raconte sa version à un chef d'équipe, qui en fait la synthèse au chef de groupe, qui en fait rapport à l'officier d'alerte, qui en parle au chef de section qui le répète au chef d'état-major qui va le rapporter au chef de service. Après notre assaut de Saint-Denis, le 18 novembre 2015, la majorité des opérateurs du RAID étaient stupéfaits du nombre de bêtises et de mensonges entendus dans la presse. C'est trop facile d'en attribuer la faute aux seuls journalistes. Après analyse, on s'est aperçus que la plupart des contre-vérités exposées à des horaires de grande écoute avaient pour source nos propres cadres… Certains avaient compilé ce qu'ils avaient entendu de nous, plus ce qu'ils avaient glané dans les ministères ou même lu sur le Web. L'effet « téléphone arabe » avait fini le travail. Aberrations en boucle sur toutes les chaînes d'info.

Nos chefs ne restent pas assez longtemps en poste au RAID pour servir pleinement l'unité. Ils s'en servent… Avoir eu des responsabilités au RAID est un bâton de maréchal utile pour la suite de leur carrière. Ils défilent puis vont ailleurs, sous prétexte d'acquérir une vision intégrale des choses. Sauf qu'à force de vouloir bénéficier d'une vue globale, ils ne voient plus rien du tout. Un ancien proverbe grec dit qu'« une société grandit lorsque les anciens plantent des arbres dont ils ne verront jamais l'ombre ». Durant ma carrière, j'ai toujours vu davantage de cadres équipés de tronçonneuses que semant des graines.

Le danger qui guette notre république a besoin d'une vision à long terme, pas de cette manie du zapping carriériste. En devenant interchangeables, nos cadres deviennent moins compétents, et surtout n'inspirent plus confiance. Une opération de police – a fortiori s'il s'agit de contre-terrorisme – réclame une grande exigence en matière de compétence. Les hauts responsables policiers ne peuvent mimer les hommes politiques, qui oscillent entre le portefeuille de l'Agriculture, celui de l'Éducation ou du Budget. Tous les modèles de carrière ne sont pas transposables. Un arbre qui ne fait que monter dans les cimes sera moins solide en cas de fort coup de vent. Le tronc doit s'élargir, les racines puiser dans le sol. La verticalité des carrières est un faux-semblant dangereux pour tous. La sécurité des citoyens et d'une république ne doit pas dépendre d'un jeu de chaises musicales opportuniste. Plus que jamais, notre police a besoin de s'inscrire dans une continuité saine et constructive.

20

Négo mytho

« Longtemps j'ai pris ma plume pour une épée : à présent, je connais notre impuissance. »

— JEAN-PAUL SARTRE

Dès qu'une crise éclate, on voit fleurir sur les plateaux télé un tas d'experts et de pseudo-spécialistes. Parmi eux, d'anciens policiers qui ont un peu officié comme « négociateurs » du RAID. Ce n'est pas surprenant, après tout, ce sont des experts du verbe. Ils aiment causer et pérorer. Le hic c'est qu'à les écouter, la négociation réglerait 85 % des affaires de forcenés et de prises d'otages. Ce genre d'affirmation nous fait bondir et nous rend furieux au sein de la colonne d'assaut. Si tel était le cas, pourquoi appelle-t-on le RAID le « groupe d'intervention » ? On devrait logiquement nous appeler « groupe de négociation ».

Lors des attentats de 2012 puis 2015, nous avions cumulé les nuits sans sommeil pour démanteler les nébuleuses terroristes. On avait enchaîné les astreintes comme jamais, dormi sur des paillasses à droite et à gauche pour effectuer des « réserves d'intervention » dans des lieux sensibles. On était à l'os. Pendant ce temps, ces hâbleurs livraient un récital sur les différentes chaînes d'info. Par sarcasme, entre opérateurs, on a appelé ça le « Merah Tour », puis l'« Hyper Cacher Tour » et le « Bataclan Circus ». Faut reconnaître que les mecs sont pros : ils ont le verbe convaincant, savent alterner entre un regard pénétrant et un sourire avenant. Certains étaient même en costume de scène : ils portaient sur le dos notre tenue noire d'intervention ! Ils racontaient le danger comme s'ils l'avaient vécu, évoquaient le tacatac des kalachnikovs. Tant pis si en réalité le seul bruit de balle qu'ils connaissent est celui d'un putter ou d'un bois 7 sur un parcours de golf. Ces gars-là pourraient vendre un chasse-neige au Gabon. D'ailleurs certains se sont rendus aux États-Unis, au Canada, au Japon, et même en Nouvelle-Zélande pour expliquer comment ils avaient résolu les crises.

Grâce à l'aura du RAID et à ce « capital visibilité » engrangé sur les plateaux télé, ils peuvent ensuite donner des conférences rémunérées dans des entreprises. Ils s'érigent en spécialistes de la « gestion de crises », détaillent leur théorie, vendent une hypothétique « science des PC » : « Alors il y a le poste de commandement opérationnel, le poste de commandement négociation, le poste de commandement autorités, bla-bla-bla… » Ils s'érigent en champions du management, évoquent même des principes que l'on n'applique quasiment jamais sur le terrain. Ces fameux PC dont ils parlent, on ne les voit pas lors des interventions. Plus lors des démonstrations durant les visites ministérielles. Là on se marre, un peu. Parce que pendant qu'ils font leur show, on doit patienter, attendre qu'ils aient terminé avec nos 30 kilos de protections sur le dos. En opération, leur fameux PC mobile se résume à l'habitacle d'une voiture dans laquelle ils sont à l'abri de la pluie et du froid. Pour le reste, ils ont dû voir trop de films américains.

Je l'affirme clairement : les négociateurs ne règlent pas 85 % des affaires. Ils n'en règlent d'ailleurs pas 70 % non plus, ni même 60, 50, 40, 30, 20, 10 %. La vérité, c'est qu'ils n'en résolvent aucune. Zéro ! Aucune lors des interventions les plus emblématiques du RAID, la prise d'otages au palais de justice de Nantes en 1985 ? Nada ! Pas plus que lors de l'arrestation d'Action directe à Vitry-aux-Loges en 1987, ni face au forcené de Ris-Orangis en 1989, qui fit deux morts et un blessé grave dans nos rangs. Ni face à celui de La Courneuve en 1990. Bilan : quatre blessés parmi nous. Rien lors de la prise d'otages à la maternelle de Neuilly en 1993. Rien contre le gang de terroristes islamistes de Roubaix en 1996 qui fit deux blessés très sérieux dans notre groupe. Zéro pour Mohamed Merah en 2012 à Toulouse. Rien lors de la libération des vingt-six otages de l'Hyper Cacher de la porte de Vincennes en 2015. Rien non plus la même année lors de la libération de centaines d'otages au Bataclan. Rien lors de l'intervention contre un gang de terroristes islamistes à Saint-Denis en 2015, qui fit plusieurs blessés de notre côté et dans laquelle un de nos chiens d'assaut a trouvé la mort. Rien lors de la libération d'un enfant de policier de trois ans, pris en otage après le massacre de ses parents par un terroriste islamiste à Magnanville, en 2016. Rien lors des interventions dures et moins connues du public : la prise d'otages de Veneux-les-Sablons, en 2001 ; la prise d'otages du bureau de poste de Limay, en 2006 ; le forcené du Blanc-Mesnil, en 2007 ; celui d'Évreux, en 2010…

Zéro, zéro, zéro.

D'accord, il y a parfois quelques forcenés de moindre importance qui se rendent dès notre arrivée. En voyant nos armes, ils réalisent qu'il serait judicieux de redescendre sur terre. Ils capitulent assez vite sans que l'on puisse mettre cette reddition au profit d'une réelle stratégie verbale. Le plus souvent, l'échange d'amabilités est assez succinct : « Vous avez vu, on est là. Si vous ne vous rendez pas, vous allez ramasser grave ! Alors, qu'est-ce que vous en pensez ?
– Ouais c'est bon ! J'arrive, je me rends ! »

À une époque, c'était les chefs de service, sans formation spécifique, qui s'attelaient à cette tâche. Un haut-parleur à la main. On se souvient de la faconde des commissaires Robert Broussard, de la BRI de Paris, ou du commissaire Georges Nguyen Van Loc, surnommé « le Chinois », au GIPN de Marseille : « Rends-toi, petit, j'ai bien connu ta mère ! » Quand les tauliers ne sentaient pas venir l'inspiration, c'était un des membres de la colonne qui se chargeait de prononcer la formule de politesse proposant la reddition. On appelait ça la phase *sornonbontanpi* : « Sors ! Non ? Bon, tant pis ! » Cette étape de l'intervention était assez brève. Pourquoi ? Parce qu'elle ne fonctionnait presque jamais, ou alors sur quelques erreurs de casting. On avait affaire à des gars qui avaient un peu trop bu, qui ressentaient un peu trop de tristesse après un divorce ou un licenciement.

Les négociateurs se présentent comme des hommes providentiels, des sauveurs. Ils seraient bien inspirés de rester à leur place : ils sont un outil d'aide à l'intervention. Ils peuvent participer à stabiliser la crise et ainsi faire gagner un temps précieux au groupe, lui permettre, par exemple, de s'installer ou de s'organiser ; ils peuvent participer à la recherche d'informations utiles à l'élaboration de l'assaut ; ils peuvent aider à l'analyse de la crise afin d'éclairer la décision opérationnelle ; ils peuvent faciliter l'intervention tactique en faisant diversion, en réduisant la vigilance du criminel à notre égard. Ils peuvent, bien sûr, tenter d'obtenir la reddition, quand bien même ça ne fonctionne quasi jamais. On se doit de toujours essayer de résoudre les crises sans heurts. Notre marge d'action doit rester la plus large possible, de la main tendue au coup de feu létal. Le rôle que la négociation a à jouer est donc considérable.

Les négociateurs sont les acteurs d'une intervention au même titre que nos officiers de renseignements, nos chiens d'assaut ou nos robots caméras. Ils sont un outil, au même titre que nos lampes éblouissantes, les perches caméras, nos drones ou radars de présence. Ils sont très utiles, précieux parfois. Mais en fin de compte, ce qui règle une opération, ce n'est ni une lampe éblouissante ni une caméra thermique, c'est le groupe d'assaut. Ceux qui s'acharnent à faire croire le contraire sont des imposteurs.

Pourquoi donc ces négociateurs, bien soutenus par la hiérarchie, s'échinent-ils à mettre en avant ce chiffre mensonger de 85 % d'interventions résolues par le verbe ? Je pense qu'ils profitent de l'air du temps. L'époque est à l'euphémisation. L'idée qui veut faire croire que nous sommes en mesure de régler les crises en douceur est très politiquement correcte. Le discours politique aime rassurer les citoyens, faire l'ellipse de la force, de la violence, de la dureté, pourtant nécessaires. On intellectualise, on minimise. On nous « bisounoursise » en refusant de reconnaître, de nommer, ou même de penser le mal. On entretient le mythe d'une « guerre propre » face au crime. Sans morts ni dégâts collatéraux.

Loin de moi l'idée de développer un discours anti-dialogue. Parler et tenter de négocier, en intervention, on s'y essaye tous. « On est là pour t'aider », « Rends-toi, il n'y a pas de morts, tout peut encore s'arranger », voilà les mots qu'on délivre quand on arrive sur les lieux de crise. C'est notre première phase. La parole est le premier pas, échanger quelques mots nous permet d'analyser notre interlocuteur, de glaner des informations précieuses. On cherche toujours à entrouvrir la porte à une reddition. Le cas échéant, ce temps d'échanges permet de nous organiser, d'étudier les lieux et de nous positionner.

La seconde phase intervient après avoir fracturé la porte du récalcitrant. Là encore, nous continuons de lui parler. Tandis qu'on progresse dans son appartement, à l'abri derrière nos boucliers, le son de sa voix nous renseigne sur sa position exacte. Un échange verbal peut l'amener à se concentrer sur autre chose que notre progression tactique. Une nouvelle fois, on lui propose de mettre fin à l'affrontement avant que la situation ne s'aggrave.

À l'approche du dénouement, pour la troisième phase, on lui parle encore. On lui demande de poser son arme, de montrer ses mains. On ne lui hurle pas dessus même si notre ton doit être des plus fermes. On se laisse le maximum de chance de résoudre la crise sans violence. S'il le faut, on montera en puissance. Et si c'est inéluctable, nous irons jusqu'à l'affrontement physique. Par gradation, là encore. Avec des armes intermédiaires telles qu'un Taser. L'usage d'armes létales est un dernier recours.

L'officier, malin, qui a créé cette fonction de négociateur s'est trouvé une belle planque mais ne s'est approprié que la première phase du travail. Pourquoi ? Je m'interroge. Sûrement parce que c'est la phase la moins dangereuse. La seule qui permette de récolter gloire et médailles sans trop de risques. Elle peut même s'opérer « en distanciel », par téléphone. La fable de la résolution des conflits par le verbe est séduisante mais elle ne résiste pas à l'épreuve du réel. Au cœur de l'action, ça ne fonctionne pas. Tout être humain oscille entre deux dimensions. L'une qu'on appelle la « zone de confort », l'autre qui est la « zone de haute pression ». Dans la première, on est tous aptes à parler, échanger et discuter face à des problèmes d'une intensité modérée. On négocie la demi-heure de console de jeu avec nos enfants contre deux heures de devoirs, une soirée entre potes contre la promesse d'un week-end en amoureux ; on marchande une réduction commerciale ; on pilote nos relations avec tact, on organise le travail de nos subordonnés équitablement, on anime nos équipes avec subtilité. Dans cette zone de confort, on peut créer du lien et renforcer la confiance, trouver la bonne distance, faire preuve de bienveillance.

On n'est pas encore dans la zone de haute pression, acculés dans nos retranchements. On ne cherche pas à dominer, à ordonner ou à surenchérir. Le train émotionnel n'est pas encore entré en gare, vous n'êtes pas encore assis dans le wagon des colériques, des revanchards, des frustrés, des jaloux, des radicaux et des extrémistes. Disons que vous maîtrisez encore votre cerveau reptilien, très impulsif. Vous êtes encore dans une recherche d'harmonie, de relation gagnant-gagnant. C'est la zone idéale pour effectuer un travail de prévention. On est encore dans l'écoute, capables d'entendre, de trouver des points d'accord. L'ancien ministre Edgar Faure avait coutume de dire : « Un ennemi, c'est quelqu'un avec qui vous n'avez pas encore pris le temps de déjeuner. »

La promesse est belle. Le hic, c'est qu'en intervention on ne se retrouve jamais face à des individus en zone de confort. S'ils en sont arrivés à se retrancher, à prendre des otages, c'est qu'ils ont basculé en zone de haute pression. Là, ce n'est pas la même limonade, cher Edgar Faure. Un repas avec Ayman al-Zawahiri à votre table tourne vite au vinaigre. Comme avec n'importe quel mec en zone de crise aiguë. Le conflit est engagé avec toute sa radicalité. Les repères de la zone de confort ne fonctionnent plus, le point de non-retour est atteint. On ne peut plus communiquer ni manager un individu qui a basculé dans la colère et la violence.

Le terme « négociation de crise » est un oxymore, une figure de style qui rassemble deux notions contradictoires. C'est surtout une arnaque, une escroquerie et un gros mensonge. Le temps de la crise n'est plus celui du discours. Quand on se cogne au réel et au chaos, il est temps de se battre, plus de débattre. On est face à des loups qui ne sont plus guidés cognitivement, on ne peut plus négocier quoi que ce soit. C'est triste, mais réel : passé un cap, les mots manquent de puissance. Nos « clients » sont dans une dynamique de confrontation jusqu'au-boutiste. On peut gagner du temps, les fatiguer, mais ce faisant, on risque aussi de les surexciter. Dans ce cas, l'éloquence est vaine et inefficace, on ne peut que compter sur notre maîtrise du tir de riposte. On ne persuade pas un fou. Quelle prétention de vouloir ramener un être à la raison alors qu'il a quitté cette dimension !

Avec l'emphase d'un discours bien rodé, les négociateurs prétendent que « les mots sont des armes ». En même temps, ils se contredisent : ils nous racontent que pour négocier, l'aspect « non verbal » du langage corporel pèse pour 60 %. Ils ajoutent que les mots et le lexique n'opèrent qu'à hauteur de 10 %. Les 30 % restants sont attribués à la prosodie des inflexions de la voix. C'est risible quand on sait que la majorité des négociations se font au téléphone ou derrière une porte, sans possibilité de visualiser l'interlocuteur. Le mythe de la négociation a inspiré deux ou trois bons scénarios hollywoodiens, mais ce n'est que du cinéma.

En juin 2016, dans le Loir-et-Cher, suite à une mésentente conjugale, un homme avait tué sa femme d'un coup de fusil de chasse. Il était 21 h 30 et la police locale avait alors tenté de négocier sa reddition. Il avait son fusil sous la gorge et menaçait de se faire sauter la cervelle. On a parcouru 150 kilomètres jusqu'au lieu de crise. Nos négociateurs étaient à l'œuvre. En vain… Au sein du groupe d'assaut, on en avait plein les bottes, on tombait de sommeil : cette nuit blanche prolongeait une grosse semaine ponctuée par deux opérations nocturnes, une affaire de terrorisme et une autre de stupéfiants. Notre patron et nos négociateurs, eux, semblaient très en forme. Normal, ils ne sont jamais d'astreinte une semaine complète comme nous. Alors ça a duré, traîné en longueur, sans qu'ils soient parvenus à faire mieux que le commissaire local, à savoir faire en sorte que le forcené décolle le canon de son menton. Au petit matin, enfin, on a reçu l'ordre de pénétrer dans la maison. On s'est exécutés et, sans négociateur, on a parlé avec le gars dix minutes, le temps de le neutraliser avec une arme intermédiaire. On l'a remis à la justice puis on est repartis sur Paris, pour reprendre notre astreinte. Sur le chemin, on était si épuisés que nos yeux se fermaient. Chaque véhicule de notre convoi a bien dû faire deux ou trois embardées. On a pris sur la route plus de risques que sur l'intervention, rien que pour des raisons d'apparence et de prétention. À moins que nos chers négociateurs aient été en train de se faire la main.

Les négociateurs rédigent des « procédures de reddition », des « protocoles de psychociation », des « méthodes de médiation ». Des doctrines alambiquées saupoudrées de mots savants. Tout ça se vend, ils en vivent. L'institution leur offre des stages de quinze jours à Scotland Yard et au FBI. Mais on ne les voit jamais en Yougoslavie, en Afghanistan ou en Colombie. Ils s'attribuent le prestige du travail accompli par d'autres. Ils séduisent en vous racontant la messe de l'hypnose ericksonienne, les stratagèmes d'Arthur Schopenhauer pour avoir toujours raison. Comme ces joueurs de bonneteau, ils passent de la programmation neurolinguistique à l'analyse transactionnelle ; ils vous parlent d'analyse systémique ou de méthode assertive. Beaucoup de bla-bla, beaucoup d'exposition médiatique. Mais si peu d'actes et zéro résultat.

21

Frères d'armes

Pendant très longtemps, on n'a pas décerné de médailles au RAID. Ou alors très peu, au compte-gouttes. Nombreux sont nos glorieux anciens qui n'ont jamais été décorés, pas même après une longue carrière bien dense, remplie d'actes de bravoure et de risques au service du bien commun. Même pas la petite médaille de bronze de Courage et Dévouement. Les gars ne s'en plaignaient pas. À leurs yeux, les breloques faisaient partie de la culture militaire, pas de celle de la police. Elles n'étaient pas un moteur pour nous. On n'y connaissait rien en médailles. On ne savait même pas ce qu'était une prime de risques. La nôtre, qui s'élève à 650 euros mensuels, n'est arrivée qu'assez tard, en 2005. C'est étrange d'attribuer des récompenses à un individu parce que, le plus souvent, c'est l'unité dans son ensemble qui fait le travail.

Dans une unité de cette envergure, il est difficile de trouver une méthode de mise à l'honneur n'engendrant pas plus de problèmes qu'elle n'apporte de satisfaction. Antoine de Saint-Exupéry l'a si bien dit: « Force-les à bâtir ensemble une tour et tu les changeras en frères. Mais si tu veux qu'ils se haïssent, jette-leur du grain. » Il n'en demeure pas moins que la reconnaissance qu'on porte aux hommes méritants peut aider à entretenir la motivation, peut-être même à cicatriser certaines blessures mentales.

Avec le temps, le RAID est entré dans une nouvelle ère de surenchère. On a vu des services de renseignements médaillés de toutes les couleurs au titre d'interventions que nous avions nous-mêmes réalisées. En tendant l'oreille, on a découvert que certains services se voyaient attribuer des primes aussi imposantes que les risques qu'ils prenaient étaient fins.

Les distinctions, c'est compliqué. Lors d'une intervention, la spirale de la réussite tient à une somme d'initiatives prises tour à tour par des opérateurs, des gestes aussi décisifs qu'insignifiants au premier regard. C'est exactement la même chose pour la résolution d'une enquête dans laquelle plusieurs policiers se sont relayés, des mois ou des années durant.

Comment discerner objectivement celui qui a fait le plus avancer l'affaire ? Doit-on gratifier celui qui conclut l'action d'assaut ou ceux qui ont redoublé d'efforts durant la phase d'investigation ? Une arrestation bénéficie d'un travail de fond auquel beaucoup de policiers ont contribué à différentes étapes. Ne retenir et ne récompenser que quelques éléments, c'est risquer d'engendrer des tensions, de nuire à la cohésion globale, voire de dissuader les jeunes de s'investir.

Comment choisir celui qui mérite la lumière et reléguer un autre dans l'ombre ? Célébrer le policier qui passe les menottes ? Voilà qui aurait un effet pervers. À chaque arrestation domiciliaire à l'aube, certains collègues pourraient être tentés de filer directement dans la chambre du suspect pour l'appréhender, sans prendre le soin de sécuriser les pièces annexes.

Honorer systématiquement les blessés ? La piste a été abandonnée : certaines blessures peuvent être dues à une faute qu'il serait délicat de mettre en avant. Récompenser les plus anciens pourrait froisser et démotiver les plus jeunes, dont la valeur n'a pas attendu le nombre des années. La reconnaissance d'un mérite est plus appréciable quand elle est attachée à un acte précis plutôt qu'à l'ensemble d'une œuvre, si brillante soit-elle, ou pire encore, associée à un copinage ou à un « échange de services ».

À un frère d'armes qui a risqué sa vie, un des patrons a osé dire : « Tu as déjà eu une médaille, il y a trois ans. On a choisi de récompenser quelqu'un d'autre. » Sous-entendu : « On va donner celle que tu mérites à un autre. On va faire tourner pour ne pas faire de jaloux. » C'est amusant cette vision très communiste au sein d'une institution qu'on taxe à longueur d'année de sympathies droitières. Imaginons un tel discours dans le monde du sport : « Tu es champion de France, mais on ne va pas te donner la médaille, car tu as déjà gagné, il y a trois ans. On va la donner au cinquième pour le récompenser d'avoir participé au championnat. Allons, ne sois pas égoïste. »

De nombreux coups d'éclat du RAID ont été traités modestement, sans aucune médaille. Par exemple l'arrestation de membres de l'ETA, dont plusieurs numéros 1 successifs. Des interpellations qui s'étaient déroulées en toute discrétion après un gros travail impliquant de gros risques. Outre les soucis de management qu'elle pose en interne, la reconnaissance du mérite des opérateurs du RAID se heurte à la lourdeur de l'administration. Toute demande de récompense doit être validée par des commissions paritaires, constituées pour moitié de membres de la hiérarchie et pour l'autre de syndicalistes. Il nous revient régulièrement aux oreilles que telle distinction n'est pas méritée : ces commissions jugent que nous n'avons fait que notre métier. Il est donc inutile de nous récompenser. Qu'importe la bravoure.

Bref, mieux vaut ne pas attendre les breloques et la reconnaissance. Pour ma part, je me suis toujours répété : « N'oublie pas d'être joyeux ! » Cette phrase n'est dans aucune consigne opérationnelle, moi j'en ai fait un mantra. Pendant vingt ans, je me suis levé chaque matin pour rejoindre la section intervention du RAID. Je n'arrive toujours pas à dire que j'y ai « travaillé ». Comme pour mes années en équipe de France de judo, je ne « bossais » pas à l'INSEP. Travailler fait référence à un labeur, parfois pénible. Ma vie avait davantage de sens que cela, j'ai toujours eu une double motivation. La première a été de m'instruire et de progresser sans cesse, à l'affût des meilleurs moyens de m'entraîner. Il me fallait être prêt pour l'action, en kimono ou en tenue d'intervention. J'ai été opérateur du RAID avec l'état d'esprit d'un judoka en compétition.

Ma seconde motivation a été de partager des amitiés profondes et vraies. Je me rendais au RAID ou à l'INSEP comme si j'allais bouffer chez des potes. Certains soirs, à la maison, mon épouse râlait : « Tu viens de passer dix heures avec tes collègues et tu es encore au téléphone avec eux ? Mais enfin, tu les reverras demain. » C'est la force d'une pratique délibérée, plus motivante et épanouissante qu'une pratique forcée. Les potes d'un groupe de rock ne disent pas qu'ils « bossent ». Ils font du rock. Moi, j'ai été raider, avec mes potes, vingt ans durant.

Pendant tout ce temps, j'ai porté une arme à la ceinture. En intégrant l'unité, chacun se voit remettre un pistolet automatique. On reçoit aussi un flingue de secours. Ces armes ne sont pas neuves, elles ont appartenu à un ancien. Elles nous sont « affectées personnellement » et ne quitteront plus notre hanche, notre placard ou notre clou à l'armurerie.

Elles pèsent bien plus lourd que leur poids, elles portent la pesanteur des interventions passées. Elles ont vécu, tremblé, grondé dans d'autres mains. Le jour où l'on quitte l'unité, à notre tour, nous transmettons notre arme à un nouveau venu. Il en ressentira la chaleur et la force, le sens de l'engagement et de la droiture.

Durant mes vingt années au RAID, je me suis serré contre mes camarades, au cœur de la colonne. On s'articulait bien ensemble, guidés par un même but, chacun avec sa spécialité. Chacun tenait son rôle au sein d'une même partition. De l'action de l'un dépendait la réussite de tous. Cette interdépendance était source de cohésion.

La colonne d'assaut du RAID, c'est comme une équipe de rugby. Un sport où il y a les grands, les petits, les gros et les moins costauds. Pareil chez nous : il y a les gars du groupe varappe, des chats maigres, habiles et véloces ; il y a des gabarits plus lourds qui se chargent des boucliers les plus encombrants ; ceux qui aiment prendre les angles au fusil d'assaut ; ceux qui préfèrent l'arme courte et le combat rapproché pour menotter. Il y a ceux qui aiment aller droit au but, et les « dépiégeurs » d'assaut qui préfèrent avoir un regard désaxé ; ceux qui aiment les armes intermédiaires comme le Taser et ceux qui s'en méfient ; ceux qui aiment conseiller et ceux qui préfèrent écouter. Les « cyno » avec leurs chiens d'assaut ou renifleurs d'explosifs, les « tireurs fusils », qui récoltent du renseignement via leurs lunettes en plus de maîtriser le tir de précision, les « tech » qui aident à mieux voir et à mieux entendre. Et puis il y a « l'effrac ». On est tous des passionnés en quête d'excellence.

La réussite individuelle n'a de sens que dans un élan collectif. Comme au rugby : un ailier a beau aplatir deux essais et briller aux yeux du public, il le doit au travail de l'ombre de ses avants.

À tel point que si un de nos gars fait une connerie, on doit tous le suivre dans son erreur pour amoindrir les risques d'échec. On ne se désolidarise pas. Le copain qui entre dans une zone de danger a plus de chance de s'en sortir si on le suit. Partager le risque abaisse sa capacité de nuisance. La notion d'équipe est si présente au RAID qu'elle dicte toutes nos doctrines tactiques. Chez nous, le plus petit nombre pour travailler est deux. Quelle que soit la tâche à accomplir, on ne descend jamais sous ce chiffre. On ne pénètre jamais seul dans une pièce, histoire de se répartir, au mieux et dans le délai le plus bref possible, dans toutes les directions de danger. Le but est de « saturer » l'endroit de notre présence. Et aussi, d'offrir au criminel plusieurs cibles de sorte qu'il hésite, une nanoseconde de plus, dans sa prise de décision.

À l'effrac, on bosse en binôme pour une raison simple : il y a autant de choses à penser qu'à porter. Les snipers sont en duo, eux aussi, car la vision parcellaire de l'un, dans sa lunette de visée monoculaire, doit être élargie par un autre regard, plus large, avec des jumelles binoculaires. Deux cerveaux valent mieux qu'un. En plus, notre organisation ne doit pas pâtir en cas de blessure de l'un d'entre nous. Nous sommes solidaires en binôme, en trinôme, en colonne.

Avant chaque assaut, on se presse l'épaule. C'est notre langage gestuel. On communique avec la paume de la main ou une simple pression de nos doigts, sans bruit. Une main sur l'épaule signifie « je suis là, je suis prêt », « si tu y vas, je te suis ». Avec ce geste, on rassure : « Tu gères le danger à droite, je me charge de celui à gauche. » On se forge à l'entraînement, on s'affûte en opération. Une main sur l'épaule, ça réconforte : « T'inquiète pas, si tu fais une erreur, je serai là pour la compenser. » Toute la notion de *frère d'armes* tient dans ce geste de la main.

Il arrive qu'on ne sache même pas quel copain a pressé votre épaule. Peu importe, c'est un frère d'armes. On ira de l'avant avec le sentiment et la conviction d'être épaulé. Comme chez les soldats, après les grandes opérations, quand on demande à un gars du RAID pourquoi il a pris tant de risques, il ne répondra jamais : « J'ai fait ça pour le chef » ou « J'ai agi pour la Patrie ». Les gars qui ont été au carton répondent toujours : « J'ai fait ça parce que mon pote aurait fait la même chose pour moi. » Pour un frère d'armes, on ne se pose pas de questions face au danger. On y va, quitte à en oublier notre propre famille, nos épouses, nos enfants, nos parents.

La nuit où j'ai pris deux balles de Mohamed Merah, dès que j'ai repris mes esprits, je n'ai eu qu'une idée en tête: prévenir les copains par radio. J'étais touché, mais ça allait. J'étais en mesure de m'exfiltrer seul, je ne voulais pas qu'ils viennent m'aider. Je savais qu'ils trépignaient pour venir me secourir, mais ça les aurait fait entrer en zone de danger. Si un copain avait pris un pruneau à cause de moi, j'aurais eu l'impression de recevoir une troisième cartouche.

La dynamique de notre groupe est un moteur puissant. On sent un collectif solide autour de soi, on se sent stimulé. L'équipe nous donne confiance et nous apporte un sentiment de sécurité, elle nous rassure, car on se sait performants, ensemble. Nous sommes nombreux, nous disposons de moyens techniques adaptés. Nous sommes bien formés, expérimentés. Nous n'avons pas peur d'échouer. La sérénité apportée par le collectif facilite la concentration de chacun. Cette dynamique d'équipe réduit l'hésitation. La confiance mutuelle évite à chacun d'être soucieux, de vouloir vérifier si l'autre a bien fait son job.

La notion d'équipe responsabilise chaque opérateur. Elle conduit chacun à se dépasser, voire à se sacrifier. Elle opère sur lui comme une dépersonnalisation. Voilà qui peut faire peur, vu de l'extérieur. En situation de danger, on crée un vide autour de soi, on focalise son esprit sur la tâche à accomplir, pour ne plus sentir les émotions, la fatigue, la douleur, pour optimiser ses capacités, pour ne plus avoir conscience du risque, parfois. On échappe à notre intimité profonde en devenant un autre, un « professionnel ». Un membre de l'équipe. Presque un pion dans un jeu de stratégie.

C'est jouissif d'entendre sa partition s'accorder avec celle des copains. Comme le formulait Aristote, « la totalité est plus grande que la somme de ses parties ». Aujourd'hui dans le monde de l'entreprise, les managers parlent de « synergie ». Ce terme renferme la notion de complémentarité. Mais ça va bien au-delà de la complémentarité stricto sensu. La capacité de performance d'un groupe est le résultat d'interactions, de coopérations, de relations. Le RAID est comme une bonne crêpe bretonne : elle ne ressemble ni au lait, ni à la farine, ni aux œufs, ni au beurre. Tous ces ingrédients se sont fondus pour elle.

Lors de la dernière guerre mondiale, les unités mobilisées en hâte, reconstituées après dislocation, n'ont pas fait preuve d'une grande efficacité. Ce sont les régiments constitués et soudés qui ont effectué le gros du boulot. En Afghanistan, au Mali ou en Syrie, nos forces spéciales ont été les maillons forts de l'engagement de la France. Elles agissent en très petites unités d'une quinzaine d'opérateurs, des commandos dont la complicité est quasi familiale. Ils se connaissent bien et ont un sens de l'obligation morale les uns envers les autres. Dans ces petites structures, il n'est pas envisageable de négliger l'opinion de chacun, à l'inverse des grosses structures, où la notion de l'autre s'étiole et où chacun compte moins.

La proximité au sein de ces groupes restreints est une école de vérité. Les faux-semblants n'y ont pas leur place.

La dimension « sociale » retrouve sa noblesse. On se doit d'assumer sa responsabilité individuelle avec la conscience et le sens de l'autre. Celui qui se cache derrière le groupe ment aux autres et à lui-même. Au RAID, mentir aux autres c'est les mettre en danger. Chaque membre est dépendant du groupe, le groupe est dépendant de chaque membre. Par dignité personnelle, respect des anciens aussi, on se doit de garder le bon cap. Notre conscience nous dissuade de profiter de choses sans les mériter. Porter l'écusson du RAID, c'est sentir qu'on appartient à un groupe construit par d'autres, au péril de leur vie.

Ce groupe, c'est une petite république qui a besoin de cohésion sociale. J'ai aimé nos troisièmes mi-temps épiques. La richesse des rencontres et la diversité des profils. Des gars venus de la BAC, de la PJ, d'autres des CRS, d'anciens sportifs. Des hommes au caractère fort, dont l'engagement professionnel n'a d'égal que leur sens de la convivialité. Il faut un brin de folie pour accepter un boulot aussi risqué.

Cet état d'esprit faisait merveille lors de nos rassemblements festifs. Les anciens de la PJ, nos « tontons flingueurs », anciens de l'antigang ou des stups, avec leur gouaille à la Audiard, connaissaient toutes les anecdotes de la police parisienne des trente dernières années. D'autres gars arrivaient au RAID après un parcours de baroudeurs militaires. Ils apportaient leur recul, formateur, sur la vie et le métier. Ils étaient des garde-fous pour ceux qui se voyaient plus beaux qu'ils ne l'étaient. C'est assez récurrent dans les métiers d'armes : certains se voient comme des guerriers du grand écran, se croient redresseurs de torts. Ils se pensent forts et virils, sauveurs de la veuve et de l'orphelin. C'est dangereux, ça. La réalité du terrain ne pardonne pas les erreurs de jugement, ni les capacités mal évaluées. Ces anciens soldats, avec leurs airs rigolards, nous ont permis de garder les pieds sur terre.

Les ex-CRS, rodés à la vie de groupe, étaient précieux pour l'ambiance. Les anciens boxeurs, lutteurs, rugbymen ou judokas, habitués à sillonner le monde en compétition, ont apporté leur sens de la fête érigé en art de décompresser après la fureur et la peur.

Un ancien judoka surnommé « le Furet » avait la particularité de mieux cicatriser que les autres. Les soirs de fête, il écrasait ses mégots sur ses avant-bras, en mettant les collègues au défi de l'imiter. J'ai tenté, je n'aurais pas dû ; j'ai eu de méchants trous remplis de pus pendant des semaines. Pendant ces soirées-là, ça dégoupillait fort. Un soir, il avait voulu faire « frère de sang » avec des nouveaux qui venaient d'intégrer l'unité. C'était sa façon à lui de signer un pacte. Devant son regard un peu trop fixe, les gamins qui fêtaient la fin de leur formation ont fait un pas de retrait. Pas téméraires, mais bien avisés. Preuve que, faute d'audace, ils avaient du flair. Par forfanterie, un autre ancien a accepté, à leur place. Histoire de montrer aux mômes qu'il leur restait du chemin à faire. On a dû le transférer aux urgences, le Furet avait trop appuyé la lame et avait tailladé profondément le bras de son complice. Ce dernier en a été quitte pour une belle cicatrice aux airs de fermeture éclair.

Le Furet, qu'on surnommait aussi « Quatre cuisses » du fait de la taille de ses bras, était une force de la nature.

Un gars du Nord, né au pied des terrils. Calme et posé, sportif et super pro, avant l'apéro. Il avait juste besoin de décapsuler de temps en temps. Ces soirées-là nous en donnaient l'occasion. Il y avait toujours une performance à la clef, un truc qu'on racontait ensuite pendant six mois. Pour la soirée de ses 50 ans, j'ai appris à cracher le feu, j'avais à cœur de lui faire une petite surprise.

On réglait une partie de nos soucis de boulot lors des débriefings. Nos susceptibilités froissées s'arrangeaient sur le ring. Pour finir, on se retrouvait tous autour d'un barbecue, avec une viande rouge et un bon vin. La liste est longue de tous les caractères forts qui se sont succédé au service. Ange Mancini, qui fut le premier patron du RAID, avait ces mots : « Le plus dur, ce n'est pas de gérer l'exceptionnel, mais l'ordinaire. Les fortes têtes, c'est bien en temps de crise. C'est le profil que l'on recherche. Mais au quotidien, c'est dur à gérer, car ce sont des loups, et les loups, il faut leur donner à manger. »

Une telle unité ne peut pas fonctionner avec des moutons ou des caniches dociles. La photo de famille a pu impressionner ou inquiéter vue de l'extérieur. Mal éclairée, elle semblait être composée de mecs *borderline*, de gars un peu désaxés. En pleine lumière, on y voit surtout des hommes passionnés au tempérament bien trempé. C'est vrai, oui, on sait faire la fête, dégager une grande énergie dans nos moments de convivialité. Ça bouillonne, ça crépite et explose dans tous les sens. Pour le bonheur de tous.

Mais on sait, à la seconde, se discipliner pour les entraînements et les interventions. Dans ces cas-là, chaque lumière individuelle se fond pour former un seul faisceau. Les individualités, fortes ou échevelées, savent s'effacer pour constituer un bloc cohérent, puissant, audacieux, quasi indestructible car animé d'une volonté profonde de réussir. C'est ce que j'ai tant aimé, c'est ce qui m'a fait vibrer. Le groupe, l'unité, m'a poussé et aidé à me surpasser. Au RAID, tout seul on n'est rien. Un peu comme dans la vie.

Un policier vêtu de noir. En tenue d'intervention, avec mes 40 kilos de protections balistiques et armement, je pesais 120 kilos. Et, plus encore : 150 kilos avec mon matériel d'effraction d'urgence ! Il nous fallait connaître notre poids opérationnel pour renseigner les pilotes en cas d'embarquement en hélicoptère.

Un combattant en kimono blanc. J'ai remporté le tournoi de Paris en 1990. C'est l'un des plus prestigieux au monde, l'équivalent en judo de Roland-Garros en tennis. J'avais 25 ans. Une première grosse performance internationale qui m'a permis d'intégrer l'équipe de France de judo pour cinq inoubliables années.

Tournoi des USA (Los Angeles 1993). J'ai remporté ce tournoi avec le Racing Club de France, club avec lequel j'ai gagné également la coupe d'Europe des clubs champions par équipe.

Le judo, une école de vie. Dès mes débuts, j'ai envisagé cet art martial de manière atypique. J'ai constaté qu'il me serait profitable de cultiver ma différence en étant moi-même. Je sollicitais mon cerveau autant que mes muscles. Quand l'entame est difficile, on apprend mieux à observer, à réfléchir. On devient plus créatif. Tout au long de ma carrière de policier, je n'ai jamais cessé de pratiquer ce sport. En novembre 2021, j'ai même obtenu mon sixième dan.

Protéger et servir, le visage masqué. La cagoule sert à préserver notre anonymat puisque, en dehors du terrain, l'administration ne couvre ni notre identité ni notre affectation. Elle a également un impact psychologique sur les individus interpellés. Quand on l'enfile, après notre tenue d'intervention noire, on se sent différents. C'est l'ultime déclic psychique qui nous fait nous sentir prêts pour l'intervention.

Force et riposte maîtrisées. Notre but principal est d'interpeller les criminels pour que la police judiciaire poursuive sa fonction. Cette mission tombe à l'eau si l'individu appréhendé passe le temps de sa garde à vue à l'hôpital plutôt qu'en audition. C'est pourquoi nous utilisons des techniques que nous avons développées nous-mêmes. Elles font la part belle au judo qui permet de maîtriser les personnes sans altérer leur intégrité physique.

Répéter les gammes de l'intervention. Chaque semaine, nous effectuons en moyenne deux entraînements tactiques avec différents thèmes: forcenés, suicidaires, arrestations judiciaires, prises d'otages, terroristes… Et régulièrement nous procédons à des entraînements en « structures spéciales », comme ici un assaut de bus.

À l'assaut sur la Seine. Les Jeux olympiques de Paris de 2024 donneront la part belle à la Seine qui traverse la ville. Contrairement aux apparences, ce type d'opération pose de nombreuses difficultés: régulation du tempo des bateaux et des hélicoptères en soutien, placement judicieux des snipers, gestion de la circulation routière et fluviale, risques de chute dans l'eau avec nos équipements lourds.

Pirates de l'air. Bus, métros, trains, avions, Disneyland, tunnel sous la Manche, centrales nucléaires, aéroports, centres commerciaux, barrages hydrauliques... La liste des « entraînements spéciaux » que l'on doit mener est longue. En plus de notre domaine de compétence principal : la pénétration d'habitations.

Le repère d'Yvan Colonna. Le 4 juillet 2003, après quatre années d'enquête et de traque, Yvan Colonna est enfin interpellé par les policiers du RAID dans une bergerie, près de Porto Pollo en Corse-du-Sud.

« L'homme le plus recherché de France ». Le jour de l'arrestation d'Yvan Colonna, à proximité de la bergerie qui lui servait de refuge. On a eu la délicatesse de ne pas goûter aux fromages qui semblaient pourtant alléchants. Colonna ne s'est pas débattu longtemps. Par humanité, contrairement à la procédure, je l'ai autorisé à prendre une douche. Le boulot était fait, pas besoin d'ajouter de l'inimitié.

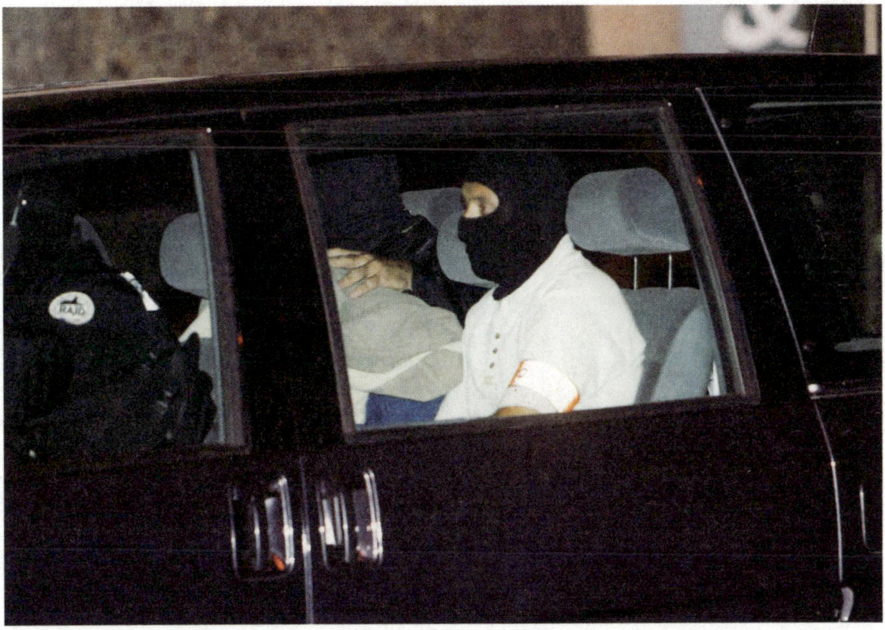

Transfert sous haute tension. Après son interpellation, Yvan Colonna sera transféré dans la nuit à Paris, dans le jet du président de la République, Jacques Chirac. Il sera mis en examen, accusé de l'assassinat du préfet Claude Érignac en 1998.

Jeux olympiques sur écoute. En 2004, je faisais partie d'une équipe du RAID missionnée pour assurer la sécurité de la délégation française aux Jeux olympiques d'Athènes. J'avais été affecté principalement à la sécurisation de l'équipe de judo, mais on m'avait aussi assigné d'autres missions préventives, comme ici la détection de microphones dans les chambres d'officiels.

Coopération internationale. Le RAID participe à de nombreuses missions d'échange avec des polices du monde entier, comme ici au Vietnam. À notre arrivée sur les champs de tir, le chef d'équipe informait les paysans au mégaphone qu'il leur fallait évacuer la zone. Placides, ils disparaissaient de l'horizon sans râler et y revenaient après notre départ.

Missions afghanes. J'ai effectué quatre séjours en Afghanistan. En tout, j'ai passé huit mois de mon existence dans ce pays. Dans certains lieux et à certains moments, on plaçait notre pistolet automatique sous notre cuisse et notre fusil d'assaut sur nos genoux. Les problèmes pouvaient jaillir si rapidement qu'une sortie d'étui aurait été trop lente. Bien plus que nos armes, c'est l'esprit qui devait rester vif et véloce.

Cachettes ancestrales. L'Afghanistan n'en est pas à son premier conflit armé. Des caches y sont creusées depuis des temps ancestraux. De nombreux conquérants s'y sont cassé les dents : Cyrus le Grand, Alexandre le Grand, Gengis Kahn, Tamerlan, les Britanniques, les talibans, les Soviétiques, les Américains…

Policier en temps de guerre. Le « stand de tir » était installé à flanc de montagne. Toujours plus ou moins au même endroit, mais jamais matérialisé pour ne pas subir de piégeage de la part des talibans. On installait nos cibles là où nous le sentions.

Opex ou Baladex ? Quand des hommes politiques de premier plan ou des diplomates désiraient visiter des camps militaires avancés en hélicoptère, nous étions chargés d'assurer leur sécurité. Les militaires appellent ce genre de missions de survol en hélicoptère des Baladex, un acronyme réunissant les termes « balade » et « Opex » (opération extérieure).

La mort rôdait au Blanc-Mesnil. Un forcené s'était retranché dans son pavillon de la rue André-Kervazo au Blanc-Mesnil, en Seine-Saint-Denis. Il avait fait usage de grenades artisanales sur l'huissier et les policiers venus lui signifier son expulsion. Il était équipé d'une vingtaine d'armes, de plusieurs kilos de munitions diverses et de poudre noire dont il remplissait des boules de pétanque transformées en grenades explosives.

Une effraction sensible. Les pompiers étaient présents car le forcené avait menacé de faire exploser plusieurs bouteilles de gaz à l'approche des forces de l'ordre. Les collègues me reconnaissaient à mon casque sur lequel était inscrit TAZ, mon surnom en opération.

Une négociation impuissante. Des policiers se tiennent près du pavillon où l'homme armé est retranché depuis 9 h 45. Les habitants ont été évacués sur un rayon de 150 mètres. Après de longues heures de négociations infructueuses, le forcené fut interpellé par la colonne d'assaut qui essuya plusieurs coups de feu et une tentative de mise à feu des bouteilles de gaz.

Les deux balles de Mohamed Merah. Le 21 mars 2012, à la troisième heure de l'intervention du RAID (qui dura trente-trois heures au total), j'ai reçu deux balles de calibre 11,43 du terroriste. La première a été stoppée par la dernière couche de Kevlar de mon casque. J'en serai quitte pour une hémorragie cérébrale. Sous l'impact de l'ogive, mon corps a pivoté. La deuxième balle visait ma gorge. Grâce à la rotation de mon buste, elle frappera l'arrière de mon épaule. Un miracle.

Le RAID récompensé. Après l'intervention face à Merah à Toulouse, le président de la République Nicolas Sarkozy a reçu l'unité à l'Élysée. Les blessés ont été autorisés à venir, accompagnés de leur famille. Sur mes genoux, mon fils âgé de 5 ans. Ma fille, alors âgée de 8 ans, s'est glissée derrière le pupitre présidentiel pour faire retentir dans la salle un sonore : « Bonjour, micro ! » Ce jour-là, tout était permis.

La gratitude des innocents. Ce couloir de près de vingt-cinq mètres dessert les bureaux de notre section et les salles de repos des opérateurs d'assaut. Au lendemain de l'opération Merah, et pendant plus de six mois, les deux murs ont été tapissés de lettres de remerciements, de félicitations et de dessins d'enfants. Touchant. Des homologues policiers et militaires du monde entier, ainsi que des anciens militaires, nous ont également témoigné leur sympathie.

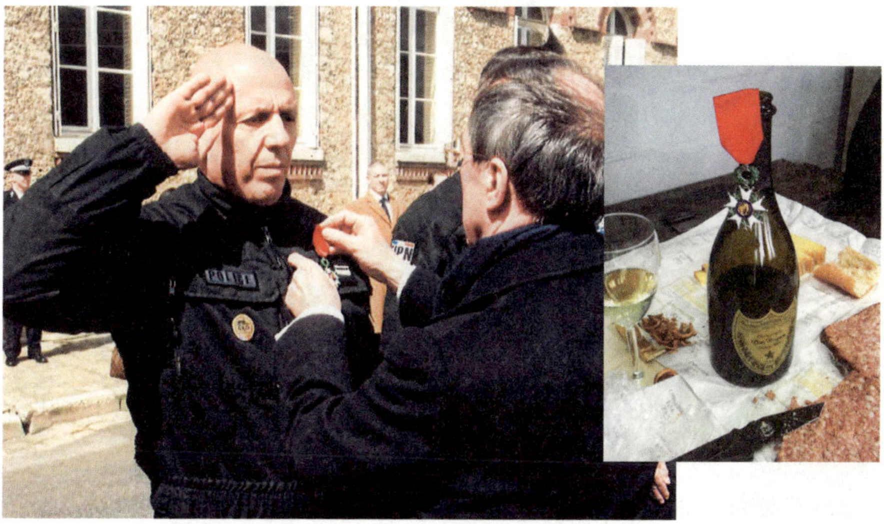

Légion d'honneur pour faits d'armes. Il est rare qu'un sous-officier reçoive cette médaille autrement qu'à titre posthume. Ce jour-là, on a arrosé ma Légion d'honneur au champagne, pâté, comté et noix, dans mon bureau au sein de la cellule effraction, en petit comité. Bien sûr, mieux valait ne pas fumer car c'est là que j'élaborais mes montages explosifs.

Au cœur de la cellule effraction. J'ai dirigé la cellule effraction de 2012 à 2018. Ma responsabilité était de progresser sans cesse dans nos techniques d'ouverture de portes, de fenêtres, de vitrines, de grilles, de murs, de sols, de plafonds. Mon bureau était l'endroit où on centralisait l'information, concevait nos dernières inventions, et où on recevait nos homologues des forces spéciales françaises et étrangères. Il était devenu un musée. La porte de ma cellule a même été conservée tel un « tableau de maître ».

Recherche et développement en explosifs. Mon bureau me servait d'atelier pour mettre au point des montages explosifs originaux. Nous avions carte blanche. La liberté d'action et la confiance qui nous étaient accordées intéressaient grandement les forces spéciales des autres unités: elles appréciaient de travailler avec nous. Ces collaborations nous ont permis de progresser mutuellement.

Fierté nationale. J'ai été engagé dans une compétition inter-police, l'Urban Shield, à San Francisco. Le RAID a été la première équipe étrangère à participer à cet exercice annuel américain. Par équipe de 8, nous avons dû résoudre 25 situations de crise face à 24 unités de SWAT américaines. On a fini cinquième après avoir enchaîné 52 heures d'épreuves sans dormir. Grandiose !

L'extraordinaire pour ordinaire. Un opérateur du RAID doit pouvoir s'adapter à toutes les situations. Pour ce faire, il est important de prendre l'habitude de sortir en permanence de notre zone de confort. Ici, par exemple, un exercice d'ascension et de descente par corde, au milieu de la prestigieuse tour Eiffel.

Saut en « dérive sous voile ». Pour ce genre d'exercice, nous sommes largués à environ 10 kilomètres de notre cible, à une altitude de près de 6 000 mètres. On ouvre la voile dès la sortie de l'aéronef puis, avec notre GPS, on suit un itinéraire élaboré en amont. Le but est d'atteindre un objectif de manière furtive et silencieuse, sans être repéré.

L'assaut suicide. Le 9 janvier 2015, près de la porte de Vincennes, dans le magasin Hyper Cacher, le terroriste Amedy Coulibaly tient en otages 26 personnes. Nous ne sommes pas maîtres du temps. À 40 kilomètres de là, les frères Kouachi, auteurs d'un carnage dans les locaux de *Charlie Hebdo* et dans les rues adjacentes, viennent de mourir sous les balles du GIGN. À l'Hyper Cacher, le terroriste a prévenu les otages : « Si une de nos équipes est attaquée, vous mourrez. » Coulibaly avait déjà tué quatre clients sur place, et une policière la veille à Montrouge.

Effraction sous grosse tension. Mon binôme et moi avons pour mission d'ouvrir une brèche à l'explosif, du côté de la porte de service de l'Hyper Cacher. Pas simple : elle était d'une conception inédite. Nous avons utilisé un montage explosif de notre invention que nous avons dû adapter à la dernière seconde. C'est une grande fierté d'avoir réussi.

Sains et saufs. Nous sommes parvenus à sauver les 26 otages retenus dans le magasin par le terroriste. L'un d'eux nous remerciera avec émotion en citant cette phrase du Talmud : « Qui sauve une seule vie sauve le monde entier. » Ce jour-là, nous en avons sauvé 27, si on compte l'enfant à naître d'une des otages. Du côté du RAID, nos blessés s'en sont sortis sans séquelles. Nous avions de quoi être satisfaits. Même si, comme toujours, nous avions le cœur lourd en pensant à ceux qui avaient perdu la vie juste avant notre arrivée.

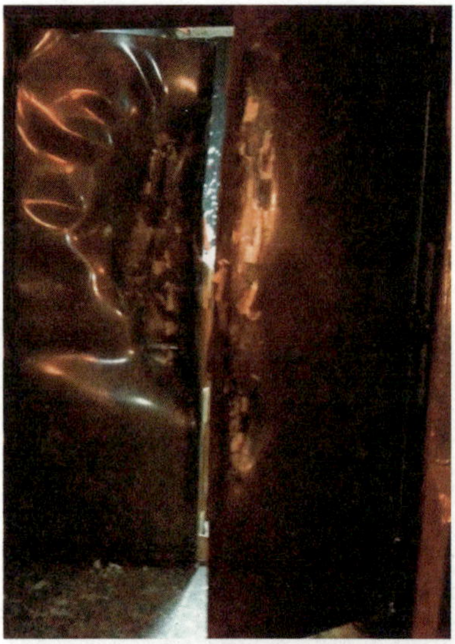

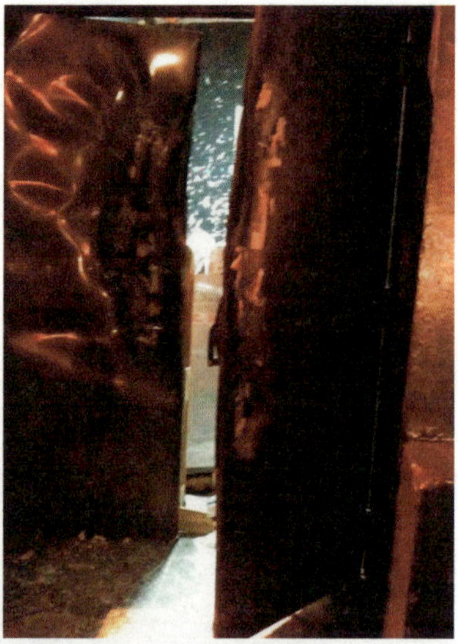

La porte de la réserve de l'Hyper Cacher. Un casse-tête pour un artificier : cette porte métallique et semi-blindée disposait d'une barre de sécurité en renfort. Pire, elle s'ouvrait vers l'extérieur et non l'intérieur. Le terroriste avait placé des palettes de marchandises derrière la porte, pour obstruer le passage. Enfin, et surtout, il détenait deux kilos d'explosifs avec lesquels il pouvait piéger cet accès.

Des médailles pour panser les maux. Dans la police, on a longtemps moqué les médailles, trop souvent usurpées par les autorités. Mais après la terrible année 2015, on a trouvé qu'un peu de reconnaissance aidait finalement à cicatriser les blessures physiques comme psychiques. Ici, pour le travail effectué à l'Hyper Cacher, le ministre de l'Intérieur de l'époque, Bernard Cazeneuve, me décerne la médaille de la sécurité intérieure, échelon or avec agrafe « attentats janvier 2015 ».

Les terrasses attaquées. Le 13 novembre, deux équipes du RAID ont pris la direction du Bataclan ; deux autres, dont la mienne, celle des terrasses parisiennes. À côté du bar La Bonne Bière, on a cassé onze portes d'un immeuble. Des témoins avaient vu deux terroristes s'y réfugier. Des douilles de kalachnikovs dans le hall d'entrée laissaient penser que la piste était bonne. Mais les terroristes n'étaient plus là. La fouille achevée, on se rendit au Bataclan.

Retex Bataclan. Paris a vécu une série de huit attaques coordonnées en trente minutes. Il faudra un peu plus de deux heures aux équipes du RAID et de la BRI pour mettre fin à la dernière, la principale, dans la salle de spectacle du Bataclan. Le retour d'expérience (retex) établi après l'intervention du Bataclan fut d'une importance particulière. Pour la première fois en France et peut-être dans le monde, des terroristes s'étaient équipés de gilets explosifs en explosif primaire, un explosif suffisamment sensible pour s'initier à l'impact d'une balle. En réaction, nous avions créé deux tactiques spécifiques pour faire face à ce nouveau type d'attaques.

Scènes de guerre à Saint-Denis. Le 18 novembre 2015 à Saint-Denis, au nord de la capitale, cinq jours après les attentats de Paris et du Bataclan, l'intervention pour arrêter le chef d'équipe des terroristes a été très violente. On savait depuis le 13 qu'ils disposaient de gilets explosifs suffisamment sensibles pour exploser à l'impact d'une balle. Il était donc hors de question qu'ils puissent s'approcher de nous. D'où le choix tactique de tirs nourris de notre part. Un de leurs gilets explosera et ils réussiront à nous balancer trois grenades. Les trois terroristes seront neutralisés après avoir blessé plusieurs des nôtres et tué Diesel, un de nos chiens d'assaut.

La salle d'honneur du RAID. C'est le seul endroit où on peut parfois s'autoriser à gonfler la poitrine, mais toujours avec humour. Le reste du temps, un opérateur d'assaut se doit de rester humble, car on sait tous que, entre une opération manquée et une opération réussie, il n'y a que d'infimes détails : une prise d'initiative judicieuse ou pas, souvent décidée dans l'urgence et le déséquilibre. Entre le statut de héros et celui de zéro, il n'y a pas l'épaisseur d'une feuille de cigarette.

Frères d'armes. La notion de frère d'armes résiste au temps. Je suis jeune retraité de la police nationale, mais je suis toujours reçu en frère lors de mes passages conviviaux à l'unité. Au cœur de l'assaut, quand une difficulté nous obligeait à temporiser pour attendre un soutien, sans un mot, d'une seule pression de la main sur l'épaule, on signifiait à l'autre : « Je suis là, avec toi. Je suis prêt. » On se lançait alors vers le danger sans se retourner ou s'interroger sur l'identité précise de notre partenaire. C'était un frère d'armes, cela suffisait à nous rassurer.

La détente, cœur de l'esprit de cohésion. La réussite dans une intervention sous haute tension commence dans le partage de moments de convivialité. Comme ce jour-là, à l'occasion de la fête organisée pour les vingt ans de l'unité, mais aussi pour toute autre réception ou tout retour de mission. Je n'étais jamais le dernier pour chanter ou improviser des sketches. Ici, une scène du film *Braveheart*, dans la peau de Mel Gibson.

Le yin et le yang. À diverses occasions, on célèbre la vie avec joie et envie. Ces moments de décompression renforcent notre cohésion de groupe. Mon classique au micro c'était *Highway to Hell* du groupe AC/DC. Les copains ont souvent frôlé les acouphènes après ma prestation. J'ai aussi appris à cracher du feu à l'occasion d'une fête organisée pour les 50 ans d'un glorieux ancien de notre unité.

Voilà, c'est fini. Avant mon départ en retraite, façon papa Noël, j'ai légué l'ensemble de mes montages explosifs sophistiqués et spécifiques à mes camarades. Ils serviront lors d'une prochaine intervention ou d'un prochain entraînement. Que du « fait maison ». Aucune société commerciale spécialisée dans les explosifs ne peut rivaliser avec notre expérience de terrain. La transmission entre générations est vitale et essentielle.

Au péril de la vie. Ce n'est pas une tête de mort qui est représentée sur l'insigne de l'association des membres de la Légion d'honneur « décorés au péril de leur vie » (DPLV), c'est une « gueule cassée », en référence aux poilus de la guerre de 14-18. Cette décoration a été un sésame : elle m'a permis de côtoyer avec honneur, joie, mais aussi grande curiosité, des anciens combattants de toutes générations ; tous avaient des parcours extraordinaires et exemplaires.

Crédits photos

Toutes les photographies sont de Marc Verillotte sauf: p. 341 © Stéphane Bouquet; p. 348 (haut et bas) © Olivier Laban-Mattei/AFP Photo; p. 349 (bas) © Pool Arrestation Colonna/Getty Images; p. 354 (haut) © LD/SIPA; p. 355 (haut et bas) © Jacques Demarthon/AFP Photo; p. 362 © Thomas Samson/AFP Photo et p. 363 (bas) © Thomas Samson/AFP Photo.

Remerciements

Je remercie mes parents de m'avoir appris la droiture et la persévérance.

Merci à mon épouse et mes enfants d'avoir compris et soutenu mon besoin de défis.

Je remercie le judo d'avoir réussi le paradoxe de me donner l'esprit de compétition tout autant que celui de l'entraide et de la prospérité mutuelle.

Un hommage à la vieille Police judiciaire, dont les regrettés Patrice Boutin, « le Kid », et Pascal Rudeaux, « le Nouche », qui m'a insufflé le goût de la police d'intervention, les poings serrés, le cœur ouvert.

Merci au RAID et à mes frères d'armes, pour m'avoir aidé à m'accomplir professionnellement avec rigueur et enthousiasme.

Une pensée à nos morts en opération : Fernand Seither, Christian Caron, René Canto.

Je remercie Karim Ben Ismaïl et les éditions Les Arènes de m'avoir aidé à mettre sur papier ces vingt années exaltantes de colonne d'assaut.

Marc Verillotte

Merci à Abdelaziz Ben Ismaïl, entre Libye et Limousin, pour sa force de vie et sa lumière éternelle. Merci à Louis Adrien Guyon de Chemilly qui, de la Mandchourie au Vietnam, m'a initié au sens céleste des arts martiaux. Merci à Takemi Takayasu pour l'énergie venue d'Okinawa. Merci à Marco pour sa confiance, sa générosité et sa bonne humeur, nom de Dieu ! Merci à Laurent Beccaria pour son oreille et sa curiosité. Merci à Jean-Baptiste Bourrat et à la belle équipe des Arènes pour leur soutien opérationnel. Enfin, et surtout, merci à Hakima Bouchemal, binôme d'intervention, pour sa contribution totale et sans faille.

Karim Ben Ismaïl

Table

L'exemplaire que vous tenez entre les mains
a été rendu possible grâce au travail de toute une équipe.

Couverture et conception graphique : Éric Pillault
et Jean-Philippe Meier
Révision : Isabelle Paccalet, Laurent Raymond et Vladimir Sichler
Mise en page : Soft Office
Photogravure : Point 11
Fabrication : Lucie Le Bon
Commercial et marketing : Pierre Bottura
Coordination : Jean-Baptiste Noailhat
Relations libraires et réseaux sociaux : Laura Darmon
et Damien Nassar
Presse et communication : Françoise Doux TV
Conseil : Françoise Doux et Manon Plasterie
Les Arènes du savoir : Pierre Bottura avec Marc Blactot, Laura Darmon,
Adèle Hybre, Guillaume Lollier et Clémentine Malgras

Rue Jacob diffusion : Élise Lacaze (direction),
Katia Berry (grand Sud-Est), François-Marie Bironneau (Nord et Est),
Charlotte Jeunesse (Paris et région parisienne),
Christelle Guilleminot (grand Sud-Ouest), Laure Sagot (grand Ouest),
Diane Maretheu (coordination), Charlotte Knibiehly (ventes directes)
et Camille Saunier (librairies spécialisées)

Distribution : Interforum

Droits France et juridique : Bertille Comar, Geoffroy Fauchier-Magnan
et Anne-Laure Stérin
Droits étrangers : Sophie Langlais
Accueil et librairie : Laurence Zarra et Lucie Martino
Envois aux journalistes et libraires : Vidal Ruiz Martinez
Comptabilité et droits d'auteur : Christelle Lemonnier,
Camille Breynaert et Christine Blaise
Services généraux : Isadora Monteiro Dos Reis

L'ensemble de cet ouvrage a été réalisé dans le respect
des règles environnementales en vigueur. Il a été imprimé par un imprimeur
certifié Imprim'vert, sur duMunken Print White
pour l'intérieur et une carte Invercote G PEFC pour la couverture.

IMPRIM'VERT®

Achevé d'imprimer sur les presses de l'imprimerie Corlet Imprimeur
à Condé-en-Normandie (Calvados) en mars 2024.

ISBN : 979-10-375-0694-8
Numéro d'impression : 24030506
Dépôt légal : Septembre 2022